이 책은 우리에게 무엇을 알려줄까. 법의 본질과 의미, 그 발생과 변천, 민주주의 사회에서 법이 가지는 가치와 기능, 최고 규범인 헌법에 담긴 기본 원칙, 우리 사회의 각 기관이 지켜야 할 법의 정신…. 법의 정신과 원리를 여러 의미 있는 사례와 함께 설득력 있게 풀이한다. 그리하여 우리를 법의 세계로 깊숙이 안내한다.

김진한이 강조하는 것은 법의 주인은 바로 시민이라는 것이다. 법을 제정·해석·적용하여 그 이익을 향유할 주체도 바로 시민이 되어야 함을 거듭 말한다. 시민이 법의 주인이 되어 법의 정신과 원칙을 온전히 살릴 때, 법은 우리 주변에서 오묘한 작용을 하는 마술 램프가 될 수도, 공동체의 희망과 미래를 열어주는 신비의 문이 될 수도 있다는 것을 깨닫게 한다.

박시환 | 변호사, 전 대법관

김진한은 세상을 탐구하는 호기심 많고 진지한 법학자이다. 특히 정직과 깊은 통찰에 기반한 '균형 잡힌' 법의 해석과 그 적용을 탐구하는 데에 탁월하다. 그는 법을 단순히 정치의 연장선으로만 보려는 유혹을 거부한다. 하지만 현대의 정치 사회 갈등을 해결하는 데에 있어서 좋은 법의 역할과 쓸모를 누구보다 예리하게 인식하고 있다.

콜야 나우만Kolja Naumann | 독일 연방행정법원 판사

보통의 사람들이 왜 법을 알아야 할까. 오늘날 우리 주변에는 예전에 없던 새로운 것들이 자꾸 생겨나고 있다. AI 시대를 맞아 더욱 그렇다. 모든 시민이 낯선 환경에 친숙해지도록 도와주는 것이 법이기도 하다.

이 책 『법의 주인을 찾습니다』는 법의 출생의 비밀부터 시작해, 법이 행복한 죽음의 안내자가 되기까지 흥미로운 이야기가 펼쳐진다. 친절한 법률가 김진한은 이 이야기를 통해 법의 세계에서 부딪히는 문제의 답을 스스로 찾아가게 만든다. 심지어 답을 찾는 것을 넘어 새로운 문제를 만드는 데까지 나아가려 한다. 결국 우리 모두가 법을 사용하고 만드는 주인이다. 책에 나오는 뮌헨 법정의 아주머니처럼 누구나 법을 내 편으로 만들 수 있다. 이 책을 안내자로 삼기만 한다면.

차병직 | 변호사, 《법률신문》 편집인

법<u>　　</u>의
주인을
찾습니다

세상을 지배하기도
바꾸기도 하는 약속의 세계

김진한 지음

지와인

프롤로그

뫼렌도르프라는 독일 바이에른주의 작은 마을에 살았던 적이 있습니다. 이웃 마을에 큰 저수지가 하나 있었고, 마을을 둘러싸고 도나우강과 라인강을 연결하는 운하가 흐르고 있었습니다. 어느 해 겨울 오후 무렵 그 운하 길을 걸었습니다. 며칠 전부터 내린 대설로 세상은 하얀색이었습니다. 한참 걷던 중 숲으로 이어진 작은 길을 발견하고 호기심을 느꼈습니다. 그 길을 따라가다 보니 전혀 보지 못했던 세계에 다다랐습니다. 벌써 1년 이상 살고 있었던 동네에 모르는 곳이 있다는 사실이 신기했습니다.

발목까지 푹푹 빠지는 눈길 속에서 한참 허우적거리다 보니 어느덧 날이 어둑어둑해지기 시작했습니다. 도로가 나타났습니다. 모르는 도로입니다. 도로를 따라 또다시 걸었습니다. 끝이 없는 낯선 길에 불안감이 엄습했습니다. 그렇게 한참을 걷던 어느 순간 저도 모르게 '그렇구나!'라고 소리를 질렀습니다. 익숙한 풍경이라는 사실을 깨달았던 것입니다. 자동

프롤로그

차로 수십 차례 오갔던 이웃 마을 저수지로 가는 도로였습니다. 끝도 없이 이어질 것 같았던 낯선 길에서 내가 알고 있는 곳이라는 발견은 안도감을 주었습니다. 알고 나니 세상을 바라보는 마음이 바뀌었습니다. 그날 오후의 설경은 그림처럼 아름다웠습니다.

법에 무지한 것은 동정의 대상은커녕 무시의 대상이 되기 십상입니다. 권력은 법을 아는 사람들에게 친절하며, 법을 모르는 이들에 냉담합니다. 그래서 법이 무엇인지 알고 싶습니다. 하지만 법 공부는 만만하지 않습니다.

법은 인간이 생각해낸 개념을 짜고 맞춘 추상 덩어리입니다. 의학을 공부한다면 사람의 신체를 만져볼 수 있고, 인체 해부 과정을 참관하며 그 대상을 볼 수 있겠지만, 법은 그 대상을 볼 수도, 만져볼 수도 없습니다. 이래저래 우리를 당황하게 합니다. 그런데 법이 우리가 이미 알고 있는 것이라면 어떨까요? 낯선 길에서 익숙함을 발견한 것처럼 반가운 비명을 지르지는 않더라도, 적어도 안도할 수 있을 겁니다.

법이 담고 있는 것은 인간의 생각이라고 했습니다. 그런데 하늘 아래 새로운 생각은 없습니다. 법을 만든 생각들은 이미 세상에 존재하는 것들입니다. 우리가 살고 경험하면서 드는 생각, 남의 주장을 통해 공감한 생각, 신문이나 방송, 영화 또는 드라마를 보면서 스며든 생각…. 법은 이미 알고 있는 생각들을 이리저리 뭉쳐놓은 것입니다. 그러니 법의 세상에 겁먹을 필요가 없습니다.

자, 그럼 이미 알고 있다는 안도감을 가지고 법의 세계로 들어가봅시다. 법이란 무엇일까요? 사람들은 법이란 '강제된 약속'이라고 합니다. 하지만 '약속'이라니요? 아무도 우리에게 '같이 이런 법을 만들어볼까?' 또는 '이런 법을 만들면 지킬래?'라고 묻지 않았습니다. 그러니 당연히 약속한 적도, 동의한 적도 없습니다. 그런데 '나는 그 법에 반대한다'라고 명확하게 의사를 표시하더라도 지켜야 합니다. 그러니 법이 약속이라는 말은 사실이 아닙니다. 거짓말에 가깝습니다.

법은 상식이라고도, 정의라고도 합니다. 선량한 생각이지만 다른 측면에서 보면 위험한 생각이기도 합니다. 나를 공격할지도 모르는 법을 막연히 신뢰하는 것은 위험한 믿음입니다. 법을 만드는 국회의원들의 생각이 항상 공정한가요? 법관, 법률가, 법학자의 생각이 항상 옳은가요? 아닙니다. 그들의 생각이 정의에 반하고 헌법에 어긋나는 경우, 커다란 세상을 보지 못하고 우물 안 관점에 머무르는 경우는 얼마든지 있습니다.

그렇다면 가장 솔직하게 법이란 무엇이라고 할 수 있을까요. '명령하는 힘'입니다. 그 명령은 국가 권력에 의해 실현이 보장되기에 막강한 힘을 부립니다. 국가의 힘을 사용하는 가장 효과적인 방법이 있기에 나라를 만들고 운영하는 데에 없어서는 안 될 불가결한 수단입니다. 사람들을 움직이고 사회를 통제합니다.

가장 효과적이고 강력한 힘을 가진 법. 하지만 선하고 정의롭다는 보장이 없는 법. 그래서 법은 '힘을 가지고 있는 도구'에 가깝습니다. '도구'

의 쓰임새는 사용하는 주인에게 달렸습니다. 법을 소유하고 명령하는 사람이 누구인가에 따라 악한 도구로도, 선한 도구로도 사용될 수 있습니다. 법이란 무엇인가라는 질문보다 '법을 소유하고 사용하는 이는 누구인가'라는 질문이 더 중요하다 할 수 있습니다.

오늘날 민주주의 국가의 주인은 주권자인 국민입니다. 입법권도 주권자로부터 나옵니다. 그러니 '법의 주인이 누구인가'라는 질문의 답도 너무 당연해 보입니다. 하지만 민주주의 사회라고 국민의 뜻대로 법이 만들어지는 것은 아닙니다. 국민은 선거에서 투표권을 행사할 뿐입니다. 법을 만드는 이들은 따로 있고, 그들의 생각이 국민의 생각과는 다르니 법은 국민의 생각으로 만든 것이 아닙니다.

그뿐이 아닙니다. 만일 국민이 법을 만들고, 모두가 투표로 법을 결정한다고 해도 정의롭고 지혜로운 법이라는 보장은 없습니다. 법은 도구라고 했습니다. 아무리 선한 사람이 사용한다고 해도 잘못 사용하면 사고가 발생합니다. 누가 소유하는가의 문제만으로는 도구가 갖는 위험을 해결할 수 없습니다. 법이란 도구는 누가 사용하는가 못지않게, 어떻게 사용하는가가 중요합니다.

법을 잘 사용하려면 잘 알아야 합니다. 법을 아는 것은 결국 법을 만들어낸 생각을 아는 것입니다. 법이 탄생하는 데에 개입한 다양하고 많은 욕망, 부딪히는 관점, 그리고 새로운 상상력을 아는 것입니다.

하지만 법의 문구는 이런 생각을 구체적으로 드러내지는 않습니다. 그래서 법을 알기 위해서는 '이해력'과 '상상력'이 필요합니다.

법에는 지금 이 시대 사람들의 생각들만 담긴 것이 아니라, 수백 년의 역사에서 닦이고 깎인 오래된 원칙들도 담겨 있습니다. 가령 인간의 존엄과 자유, 공정한 재판을 위한 여러 원칙들이 그렇습니다. 이는 인류가 수많은 시행착오를 거쳐 발견한 것입니다. 법을 작동시키는 엔진이 되는 이 원칙들은 공동체의 법을 떠받치는 기둥이기도 합니다. 이 원칙은 인류의 위대한 유산입니다. 우리가 과거에 겪었던 불행한 비극을 매번 반복하며 다시 법 원칙의 가치를 깨달아야 한다면, 그만큼 안타까운 일은 없을 것입니다. 법의 원칙들을 알기 위해서는 시공간을 뛰어넘는, 더욱 깊은 상상력이 필요합니다.

여러분들은 어떤 법이 좋은 법이라고 생각하시나요? 그런 것을 생각할 여유도 없고, 생각할 이유도 모르겠는지요? 우리에게는 좋은 법이 필요합니다. 세상에는 여러 종류의 나라가 있습니다. 여행 경험을 떠올려보시죠. 여러 나라를 여행하다 보면 하루빨리 벗어나고 싶은 나라도 있고, 오래 살고 싶은 나라도 있습니다. 누구에게나 공평한 법이 있는 나라, 모두가 존중받는 나라, 안전하고 평화로운 나라. 오래 머물고 싶은 나라에는 좋은 법이 있습니다. 살기 좋은 나라, 구성원이 행복한 공동체가 되려면 좋은 법이 필요합니다. 좋은 법은 세상을 한 걸음 더 전진시키는 도구가 될 수 있습니다.

다른 나라의 법이 좋으면 가져오면 되지 않을까요? 좋은 법을 베껴 온들, 좋은 주인을 베낄 수는 없습니다. 결정적인 것은 주인들의 생각과 상상력입니다.

저는 대한민국 시민이 가지고 있는 밝은 눈과 지혜로움을 신뢰합니다. 문해력이 떨어지는 시대라고 하지만, 저는 우리 시민이 그 어떤 사회보다 남다른 문해력을 갖고 있다고 생각합니다. 지식과 논리를 쌓는 데에 부지런하고, 남다르게 세상의 변화를 경험해왔습니다. 예사롭지 않은 능력과 경험이 누구 못지않게 풍부한 상상력과 결합된다면, 어쩌면 법률가들조차 쉽게 도달하지 못하는 지혜로운 법의 세계, 법이 가진 미지의 영역에까지도 성공적으로 닿을 수 있으리라 믿습니다.

끝으로 감사의 마음을 전합니다. 서툰 독일어 실력으로 무려 박사 논문을 쓰겠다고 책상에 머리를 박고 있던 어느 아침. 안면 없는 분으로부터 한 통의 메일이 도착했습니다. 법 원칙에 대한 책을 출판해보자는 제안이었습니다. 지금 하는 공부에 전념해야겠다는 생각에 거절했습니다. 한 해가 지나 다시 같은 분으로부터 또 한 번 권유 메일을 받았습니다. 독일어 읽기에 질려가던 때였고 틈틈이 자유롭게 표현할 수 있는 한국어로 글을 쓰고 싶다는 욕심에, 그리고 6개월이면 끝낼 수 있을 것이라는 달콤한 유혹에 그만 승낙했습니다.

정작 원고는 꼬박 3년이 지나서야 나왔습니다. 그사이 코로나 펜데믹이 세상을 훑었고, 박사 논문을 완성했고, 독일 생활을 정리했으며, 6년 만에 귀국해 평범한 직장인으로 복귀했습니다. 그리고 어머니께서 돌아가셨습니다.

그 시간 동안 저를 지켜봐주고 친구가 되어준 것이 이 책의 글쓰기였습니다. 새벽에 깨어났을 때, 산을 오르고 숲을 바라보며 호흡을 가다듬을 때에도 제 생각은 원고의 어느 지경을 걸었습니다. 작아지고 외로울 때마다 원고를 찾았고, 위로받았습니다. 막혔던 생각을 풀 실마리가 떠오르면 세상 누구도 부럽지 않고 행복했습니다.

저에게 글쓰기라는 큰 선물을 주고, 끝없이 용기를 불어넣어준 지와인 김보경 대표 그리고 편집의 노고를 함께해준 김지혜 편집장에게 감사드립니다. 두 분은 조악한 초벌 원고를 몇 번이나 읽어주고, 지루하고 볼품 없는 부분을 걸러주고, 억지 문장을 순한 문장으로 바꾸어주었습니다.

이 책에 작년부터 《법률신문》에 실었던 몇 편의 칼럼을 발전시키고 수정하여 포함했습니다. 생각이 거칠고 문장이 거친 저에게 지면을 너그럽게 할애하고, 틈날 때마다 격려해주시는 《법률신문》 이수형 사장, 오래전 글을 좋게 기억해 칼럼 쓰기의 기회를 주고 항상 지원을 아끼지 않는 석정희 차장께도 감사드립니다.

가장 가까이 있는 스승이며, 가장 재미있는 친구, 그리고 자랑스러운 동료인 이 세상 최고의 가족들인 나의 아내와 기태, 태희에게 사랑과 감사의 마음을 보냅니다.

2024년 새봄 인왕산 자락길에서
김진한

차례

프롤로그   007

1   법은 어떻게 생겨났을까

복수로부터 태어나다   019
현대 법은 로마로부터   032
엄한 법이 좋은 나라를 만들까   040
법치주의와 준법정신은 다르다   045
인간이 만든 절차, 신이 하는 재판   053

2   법을 아는 법, 읽는 법

솔로몬의 지혜를 가지려면   061
법이 내는 네 가지 목소리   078
나쁜 법인지 알아내려면   087
나와 너의 약속이 법보다 앞서는 이유   100

잔인한 약속의 세계에서 살아남으려면 107

소송을 잘하려면 116

내가 범죄자가 된다면 120

변명할 기회가 운명을 바꾼다 129

3 법을 내 편으로 만들기

스스로를 변호하지 않는 이는 보호되지 않는다 143

마음속의 죄는 왜 벌할 수 없는가 150

미국 로스쿨의 수업법 157

마술 램프를 잃어버린 사람들 164

법의 주인은 누구인가 172

인공 지능 시대와 판결문 공개 184

미국 연방대법원 앞의 새벽 행렬 189

4 좋은 법으로 좋은 나라 만들기

법률가들은 왜 미움받는가 195

독일 헌법재판소의 송년회 204

전관예우가 뭐기에 209

대법원장은 왜 수사 대상이 되었나 214

재판을 재판할 수 있는 나라   220

우리는 검찰 개혁에 왜 실패하는가   227

개헌하면 좋은 나라가 될까   238

5   법은 상상력이 세다

게으름뱅이에게도 실업 급여를 주는 이유   249

'어리석은' 선택을 할 자유   256

법은 나쁜 사랑과 좋은 사랑을 물을 수 없다   261

시끄러운 도서관이 있는 나라   265

의대 입시에 개입하는 헌법재판소   273

당신은 죽음의 주인인가   280

에필로그   295

우리 헌법 개정에 대한 여섯 가지 제안   305

1

법은 어떻게 생겨났을까

01

복수로부터 태어나다

"복수가 개인의 문제가 아니라
국가의 과제가 된 순간, 법이 태어났다."

드라마와 영화에서 가장 자주 접하는 소재가 '복수'입니다. 가난하고 부모에게 보호받지 못한 아이가 친구들 또는 동네 어른들에게 학대당합니다. 그 아이를 지켜준 것은 사회의 시스템이나 따뜻한 마음을 지닌 어른이 아닙니다. 언젠가 그 폭력과 학대를 되갚겠다는 스스로의 결심입니다. 그 아이는 자라면서 힘을 키웠고, 차근차근 복수를 준비했습니다. 그리고 가해자들을 찾아 잘못을 낱낱이 깨닫게 하고, 가장 소중한 것을 빼앗음으로써 복수에 성공합니다. 어린 시절 학대의 끝에서 세상을 하직하는 경우도 있습니다. 그 경우 힘이 없었던 아이는 원귀가 되어 힘을 갖게 되고, 그 힘을 통해 죄지은 이들에게 복수합니다. 드라마 속 복수 대사는 대법원 판결문보다도 정의롭고, 헌법보다 더 큰 울림을 줍니다. 우리는 현실에서 일어나기 어려운 정의 실현을 드라마 속 복수를 통해 느낍니다.

생존을 위해 복수하다

복수는 원시 사회에서 법과 같은 것이었습니다. 리처드 도킨스는 『이기적 유전자』에서 "복수란 동물의 세계에서 유리한 생존 법칙"이라고 말합니다. 그래서 동물의 진화는 '복수하는 유전자'를 갖는 방향으로 이루어졌다고 합니다. 그에 따르면 보복과 응징은 인간 세계에만 있는 감정의 문제, 윤리적 문제가 아니라 모든 생물에게 적용되는 효과적인 생존 전략입니다.

인간도 동물입니다. 이웃의 불한당들이 내가 사냥한 고기, 가까스로 획득한 식량을 훔쳐 갔습니다. 막으려는 내 가족의 머리를 깨고 팔과 다리를 부러뜨렸습니다. 처벌해달라 호소할 수 있는 국가 권력은 아직 형성되지 않았습니다. 분노의 감정이 폭발합니다. 감정 문제만이 아닙니다. 만일 그 침해에 대해 제대로 응징하지 않으면 자신과 가족은 앞으로도 가장 쉬운 공격과 수탈의 대상이 될 것입니다. 혼자서 복수하기 어렵다면 다른 이들과 협력해야겠죠. 지능이 발달한 인류는 생존을 위해 약자들끼리 연합하고 협력해야 한다는 것을 알았고, 공격당했을 때에는 복수해야 한다는 것을 알고 있었습니다.

약육강식의 세상에서 복수의 법칙은 이성적인 법입니다. 복수가 있기에 강자도 함부로, 적어도 반격에 대한 대책 없이 약자를 침범하지 못합니다. 공동체의 권력과 질서가 없던 시절, 인간은 복수의 법칙에 의존해 최소한의 평화를 유지하며 살 수 있었던 것입니다.

그런데 인간 세계의 복수는 동물 세계에 비해 복잡한 문제를 낳습니다. 인간의 복수는 새로운 복수를 부릅니다. 복수하는 법의 본질적인 속성은 반복에 있습니다. 복수의 대상이 가해자 한 사람에 그치지 않습니다. 가해자를 공격하는 것뿐 아니라 가해자가 속한 가족 집단도 공격 대상으로 삼습니다. 그 가족의 희생이 가해자를 몹시 아프게 하리라는 것을 알기 때문입니다.

이렇게 복수는 개인을 넘어 가족, 가족을 넘어 가문, 가문을 넘어 씨족 단체로 집단화됩니다. 복수의 최소 단위가 되는 집단이 커지면서, 복수에서 집단의 명예가 중요한 문제가 되었습니다. 철저히 복수하지 않을 경우, 명예에 상처를 입은 구성원들의 자존감과 충성심을 해칠 수 있습니다. 복수할 용기가 없는 집단이라는 이름은 다른 가문에게 쉽게 공격당할 약점이 되는 동시에, 내부 단결과 결속을 해치는 치명적인 독배가 되겠죠.

때문에 집단들은 복수의 법을 철저하게 시행했습니다. 다시는 보복당하지 않으려고, 또한 자신들의 힘과 잔인함을 다른 집단에 과시하려고 처절하게 보복합니다. 강한 집단에 복수하려면 더 크고 강한 집단이 되어야 합니다. 평소에는 서로 으르렁거렸던 집단이 복수를 위해 단결하여 하나가 될 수 있습니다. 복수를 둘러싼 씨족의 대결은 부족을 만들고, 부족과 부족의 대결은 더 큰 권력, 국가를 만들게 됩니다.

복수는 국가만 할 수 있다

고대 바빌로니아의 6대 왕이었던 함무라비왕이 제정한 함무라비 법전은 현재까지 남아 있는 가장 오래된 법전입니다. 기원전 18세기경 만들어진 법은 2미터 남짓 되는 돌기둥에 법조문을 새겼습니다. 이 법은 범죄 행위에 대한 제재를 동해同害(동일한 정도의 손해) 보복lex talionis, 즉 '눈에는 눈, 이에는 이'라는 처벌 방식으로 규정하고 있습니다. 사람을 죽인 자는 그의 생명을 빼앗고, 눈을 멀게 한 자는 그의 눈을 파내고, 다리를 부러뜨린 자는 그의 다리를 부러뜨리는 방식으로 처벌합니다. 사람들은 함무라비법이 무서운 복수의 법이라고 말합니다. 하지만 사실 함무라비법은 그 반대입니다. 종전에 이루어지던 복수의 순환을 국가 권력과 이성으로 통제하고자 했기 때문입니다.

법의 원형은 금지와 처벌입니다. 모든 고대 국가의 법은 어떤 행위를 금지하는 법과 그것을 위반한 자에 대한 처벌로 시작합니다. 그 이유는 국가의 권력과 복수의 법이 충돌하기 때문입니다. 비록 복수라는 감정이 국가를 형성하는 엔진이 되었지만, 국가가 형성된 뒤에는 국가의 힘을 해체시키는 역방향의 동력으로 작용하게 됩니다. 국가 공동체에서 많은 이들이 복수의 희생자가 되고 또한 가해자가 되기 때문입니다.

자식을 죽인 원수를 살해하면, 그 아비가 원래 피해자의 가족을 살해합니다. 복수가 점점 확대되고 씨족과 부족 간의 전쟁을 일으킵니다. 수많은 생명이 전쟁 속에 사라집니다. 전쟁으로 말미암아 국가를 형성시켰던 여러 공동체는 분열되고, 국가의 에너지는 복수 속에 소모되고 맙니다.

그래서 이 세상에 남아 있는 가장 오래된 법, 함무라비 법전은 복수의 통제를 규정하고 있습니다. 이 법이 규정하고 있는 것은 사적 보복이 아닌 국가 권력에 의한 처벌입니다. '동해 보복'이라는 이름이 붙은 것은 처벌의 양과 정도가 가해의 양과 동일해야 한다는 기준을 따르기 때문입니다.

함무라비법의 처벌이 오늘날의 처벌과 비교해 무겁고 잔인한 것은 사실입니다. 오늘날 누군가 다른 사람의 눈을 멀게 했다고 그의 눈까지 멀게 하지는 않습니다. 징역을 살게 하거나, 금전으로 손해를 배상하는 것으로 대신합니다.

하지만 함무라비법도 당시 기준으로는 매우 관대하며 문명적입니다. 처벌을 개인의 보복 감정에 맡기지 않고 미리 법으로 정해진 기준에 따르게 했습니다. 객관적인 피해에 따른 처벌의 한계를 설정한 것이죠. 국가의 관료가 처벌이 정확하게 이뤄지는지 입회하고 감독하도록 했다는 점도 체계적인 국가법으로서의 면모를 보여줍니다.

함무라비법에 따르면 국가 권력이 재판권을 독점하고, 옳은 자와 그른 자를 가려내 범죄자를 처벌합니다. 이제 복수는 개인의 문제가 아니라 국가의 과제입니다. 이 과제를 수행하기 위해 국가 권력은 중앙으로 집중되어야 합니다. 군주의 권력이 남용될 수도 있지만, 적어도 복수가 무한으로 반복되지는 않습니다.

복수의 두 가지 종류, 민사와 형사

그렇다면 복수의 대가는 어떻게 대체해야 할까요. 사람들은 침해의 대가를 치르는 방법으로 두 가지를 생각해냈습니다. 돈으로 물어내는 것과 처벌을 받는 것입니다. 피해의 대가를 재산과 돈으로 환산할 수 있다면 충분한 액수로 물어내는 것이 적절한 보상이 됩니다. 가해자가 곡식을 훔친 경우, 또는 집에 불을 질러서 피해자가 집을 잃은 경우를 생각해봅시다. 목숨을 거둔다 해도 피해자에게 충분한 치유가 되지 않습니다. 그보다는 본래 값어치의 몇 배 되는 충분한 재산으로 그 죄를 갚는다면 보상될 수도 있습니다. 함무라비 법전도 그러합니다. 다양한 방식의 보상, 특히 물건이나 돈으로 하는 보상에 관해 정하고 있습니다. 재산을 빼앗는 것으로 복수가 되고 그 피해가 회복되는 경우라면, 가해자의 신체를 절단할 필요는 없겠죠.

때로는 처벌만이 정당한 보상이 되는 경우가 있습니다. 이때 처벌은 보복과 유사합니다. 보복은 가해자의 피를 보는 것이 목적이 아니라, 그 처벌을 통해 피해자의 감정이 치유되고, 피해자의 명예와 정의를 회복하는 데에 목적이 있습니다. 그런데 이런 보복의 감정을 인정하지 않고 오로지 경제적인 보상만을 허용하는 나라가 있었습니다.

아프리카 동북부에 자리 잡은 소말리아는 역사적으로 여섯 개의 부족이 지배했습니다. 이 중 일부 부족은 오늘날까지도 염소, 양, 낙타 등 가축을 끌고 유목 생활을 하고 있고, 나머지 부족들은 정착해 농경 생활을 합니다. 소말리아의 씨족들은 희소한 자원을 차지하기 위해 끊임없이 싸워야 했습니다. 물과 가축을 먹일 비옥한 목초지를 둘러싸고 다툼이 끊이지 않았습니다. 이웃 씨족의 가축을 훔치고 도둑질당하고, 그로 인한 싸움으로 사람이 죽고 다치는 일이 계속 발생했습니다.

1950년대에 파견된 영국 관리는 당시 소말리아의 제도와 법을 관찰해 보고합니다. 이에 따르면 소말리아는 성인 남자로 구성된 회의를 엽니다. 회의에 참석한 이들은 모두 발언권과 의사 결정에 참여할 권리가 있습니다. 하지만 회의가 전부일 뿐, 그 밖에 성문법이나 공무원, 경찰, 사법 체계라고 할 만한 것은 존재하지 않았습니다.

큰 부족 가문은 다시 여러 작은 씨족으로 나눕니다. 씨족 내 작은 가족 단위에서 가장 중요한 것은 '디야 지급 집단'입니다. '디야'는 피에 대한 배상금이란 뜻입니다. '디야 지급 집단'이란 친족이 다른 씨족원을 침해했을 때 함께 디야를 지급하고, 자기 집단의 구성원이 침해당했을 때 그에 대한 디야를 받아내는 가까운 친족으로 구성되어 있습니다. 약 천오백 명 정도로 구성된 디야 지급 집단인 '하산 우가스' 혈족의 관습법을 살펴보면 다음과 같습니다.

1. 하산 우가스의 일원이 외부 집단에 살해되면 그에 대한 보상으로 낙타 100마리 중 낙타 20마리는 가장 가까운 친족에게 주고, 나머지 80마리는 모든 하산 우가스 씨족이 나누어 가진다.

2. 하산 우가스 일원이 외지인에게 상처를 입었고 그 상처가 낙타 33.3마

리의 가치가 있다면, 10마리는 상처를 입은 자에게 주고 나머지는 가까운 친족에게 나누어 준다.

3. 하산 우가스 씨족 일원끼리 벌어진 살인 사건에 대해서는 낙타 33.3마리로 보상하며 모두 사망자의 가장 가까운 친족에게 준다. 가해자가 모두 또는 일부를 지급하지 못한다면 그의 다른 혈족이 메운다.

과연 소말리아 사람들은 평화롭게 살 수 있을까요? 재산으로 보상하는 것도 응보가 될 수 있습니다. 하지만 재산으로도 회복될 수 없는 손해가 있습니다. 누군가가 사랑하는 자식을 고의로 살해했다면, 그것은 돈으로 치유될 수 없는 침해입니다. 이 경우 가해자에 대한 적절한 처벌이 내려지지 않는다면 가족들의 아픔은 회복될 수 없습니다. 가해자가 형벌을 받는다고 피해자가 이익을 보는 것은 아니지만, 그나마 아픔에 대한 유일한 치유이자 정의를 회복하는 방법이기 때문입니다. 처벌과 보상은 법의 두 가지 주요한 기둥으로, 하나도 빼놓아서는 안 됩니다.

'가해자에 대한 보복'이라는 기원에서 침해에 대한 '처벌'과 '보상'이라는 최초의 법이 형성되었습니다. 세월이 흘러 이들은 두 개의 강줄기를 이루어 각기 다른 법을 수립했습니다. 보복이라는 기둥이 '죄와 벌'이 되어 형사법의 기원으로 자리 잡았다면, 보상이라는 기둥은 '불법 행위에 대한 손해 배상'이라고 하는 민사법 주요 영역의 기원이 되었습니다.

오늘날 형사법을 통한 회복과 민사법을 통한 회복은 각기 법에서 정한 절차를 통해 달성할 수 있습니다. 두 가지 절차의 차이를 아는 것이 중요한 이유는 각각이 요구하는 방법과 절차가 전혀 다르기 때문입니다.

침해에 대해 금전적 보상을 약속하고 받는 것은 개인들이 자유롭게 정할 수 있습니다. 합의를 보는 것이지요. 피해자와 가해자 간 합의가 되지 않을 경우, 그 침해에 대한 배상을 받기 위해 피해자 개인이 민사소송을 자유롭게 제기할 수 있습니다.

하지만 형사 처벌은 다릅니다. 우선 피해를 불러온 행위가 법에 범죄로 규정되어 있어야 합니다. 형사소송은 국가가 제기하고 국가가 실현합니다. 형사소송을 위해 피해자가 할 수 있는 일은 경찰 등 수사 기관에 범죄를 수사해달라고 고소하는 것입니다. 수사 기관이 범죄가 아니라고 판단한다면 형사소송은 제기될 수 없습니다.

이처럼 범죄에 대한 재판과 처벌 과정을 국가가 독점하는 것은 각 개인이 스스로 보복하는 행위를 금지한다는 뜻입니다. 복수 행위를 금지한다는 것은 국가가 형사 정의를 실현하겠다는 약속이기도 합니다. 하지만 국가가 형사 정의를 실현하지 못하는 경우가 발생한다면, 국가 권력이 약속을 위반한 것이고 국가 형사 사법권이 실패한 것입니다. 왜 그런 경우가 발생할까요. 우선 국가 권력의 능력 부족이 원인이 되는 경우가 일반적입니다. 범죄를 입증하지 못하는 것이죠. 종종 국가 권력이 처벌 의욕이 없는 경우도 있습니다. 어쨌든 처벌에 대한 국가의 약속이 지켜지지 않으면 피해자와 그 가족은 국가 권력에 '원한'을 갖게 됩니다.

처벌은 미래를 위한 것

"유전무죄, 무전유죄"라는 말을 알 것입니다. 전문직이나 기업인의 범죄, 즉 돈이 많고, 잘 배우고, 좋은 직장을 가진 사람들이 저지르는 '화이트칼라' 범죄에 대해 우리 사법부가 솜방망이 처벌을 내린다는 비판입니다.

이들에 대한 처벌이 낮은 경우를 들여다보면 피고인들은 대개 초범이고, 깊이 반성하고 있으며, 앞으로는 법을 잘 지킬 것을 약속합니다. 검사와 판사는 이런 범죄인에 대해 공감대와 동정심을 느끼게 되어 있습니다. 비슷한 교육을 받았고 몇 다리만 걸치면 아는 사이고, 우연히 같은 학교에 다녔기에 친구이거나 선후배입니다. 그런 경우일수록 친한 대학 동창이 변호인을 맡는 경우가 많습니다. 눈물을 흘리며 반성하는 피고인을 보면 인생이 불쌍하고 그의 가족들도 불쌍하다는 생각이 듭니다. 대개 재판 전에 넉넉한 합의금으로 피해자와 합의하기도 합니다.

'가해자를 엄하게 처벌한다고 해도 피해를 완벽하게 회복시킬 수는 없다. 어차피 일어난 일은 일어난 일이다. 굳이 한 사람의 인생을 파멸시킬 필요까지 있을까?' 이런 생각이 듭니다. 하지만 잊지 말아야 할 것이 있습니다. 피해자와 피해자의 가족은 형사 재판의 가장 중요한 당사자입니다. 비록 이들이 재판정에 출석해 함께 재판을 받고 있는 당사자는 아닐지라도, 법의 연원으로 따지면 피해자야말로 검사이고 판사이며 집행관이어야 합니다. 비록 궁핍한 형편 때문에 합의할 수밖에 없었다 해도, 그것이 진정 범죄의 피해에서 회복됐음을 의미하지는 않습니다. 이들의 피해는 재판정에서 명백하게 밝혀낸 범죄의 진실과 죄에 합당한 피고인의 처벌로 보상돼야 하겠지요.

그것이 형법의 정신입니다. 법은 피해자의 복수를 국가가 대신하는 것에서 비롯되었습니다. 복수의 욕구가 본능이나 감정이라고 하여, 이성보다 낮은 차원에 있는 것은 아닙니다. 짓밟힌 존재를 회복시켜달라는 요청이며, 원한으로부터 자신을 해방시켜 일상으로 복귀시켜달라는 청원입니다. 사랑하고 존경하는 이를 지켜주지 못한 것에 대한 속죄이며, 이를 조금이라도 회복시키고자 하는 헌신입니다. 이런 요구는 파괴의 본능보다는 치유의 본능으로 이해해야 합니다.

적정한 처벌로 갚아주는 것은 범죄자에게 괴로움을 주는 게 아니라, 피해자와 피해자 가족의 아픔을 치유하는 데에 중점이 있습니다. 범죄자 처벌로 피해자의 아픔을 완전히 치유할 수는 없지만 발생한 범죄의 진실을 모두 밝히고, 제대로 처벌하는 것이 치유의 출발점이 됩니다. 제대로 응징되지 않을 때 그 상처는 언제든 덧나고 헤집어지게 되어 있습니다. 그리고 이는 법을 집행하는 국가에 대한 불신으로 이어집니다.

2023년 여름에 비가 많이 왔습니다. 국방부는 수재가 난 경상도 예천 지역에 수재민들의 구호 작업과 실종자 수색을 위해 해병대 병력을 투입했습니다. 해병대원들이 서로 손을 잡고 인간 띠를 만들어 실종자를 수색하는 과정에서, 미처 물이 빠지지 않은 내성천의 급류에 한 해병대 병사가 휩쓸려 사망하고 말았습니다.

사망 사건에 대한 조사가 이루어집니다. 해병대 수사 단장은 사단장을 포함한 여덟 명의 지휘관에게 과실 치사 혐의를 적용합니다. 그런데 해병대 사령관은 사단장 등 고위 지휘관들에 대한 죄명을 제외하라고 지시합니다. 수사 단장은 이를 거절합니다. 해병대 수사 단장은 사단장 등을 포함한 지휘관들의 범죄 혐의를 인정한 수사 자료를 경찰청에 송부합니다. 이어 사태는 급반전됩니다. 해병대 수사 단장이 집단 항명 수괴 혐의로 국방부 검찰단에 입건된 것입니다.

실종자 수색 작전의 책임자에게는 다양한 정보와 지식이 집중되어 있습니다. 여러 증거와 정황상, 책임자는 필요한 안전 조치를 무시했습니다. 더 안타까운 것은 병사들의 안전에 관한 건의는 여러 번 무시한 사단장이, 해병대 구조 활동에 대한 언론 홍보에는 민감하게 대응하고 지시했다는 점입니다. 그에게는 집중된 여러 정보와 능력이 있었지만 위험을 예견하지 못했고, 안전을 위해 군 조직을 지휘할 모든 권한을 가졌음에도 불구하고 생명을 보호하지 못했습니다. 인명 구조라는 업무에서 가장 먼저 생각해야 할 인명과 안전을 소홀히 해 병사를 희생시킨 것입니다.

그런 사단장에게 법적 책임을 물으려는 해병대 수사 단장에게 공격이 가해졌습니다. 왜 잘못한 사단장이 아니라 수사 단장을 공격했을까요? 사단장을 봐주려는 권력의 외압 때문이라는 추측이 제기됩니다. 권력 핵심부에 있는 이들이 사단장을 개인적인 인연으로 돌봐주고 있다는 소문이 있습니다. 하지만 그게 전부는 아닐 겁니다. 가장 밑바닥에는 동정론이 자리 잡고 있습니다. 이미 벌어진 일인데 유능한 인재의 인생까지 망치게 해야 할까, 한 번 더 잘할 수 있는 기회를 주어 사회에 기여하도록 하는 게 낫지 않을까, 당사자도 후회하고 반성하고 있을 텐데 굳이 형사 처벌까지 할 필요가 있을까, 이런 관점이 스며들어 있습니다.

최고위층의 권력뿐만 아니라, 우리 사회의 많은 시민이 사회 권력층의 범죄에 대해 이와 같은 시각을 가지고 있습니다. 그러나 처벌은 단지 과거에 대한 응보 또는 피해자를 위한 치유의 수단인 것만은 아닙니다. 처벌은 미래를 위한 것입니다. 처벌하는 것은 감정적인 일이고, 실수를 인정해 용서하는 것이 이성적인 일이라고 생각하기 쉽습니다. 그렇지 않습니다. 책임을 묻는 것이야말로 냉정하고 합리적인 이성에 기초합니다.

앞으로도 병사들은 여러 재난 구조 활동에 투입되고 지휘관들은 병사들을 지휘할 것입니다. 병사들의 안전을 지켜줄 수 있는 것은 오로지 지휘관의 명령입니다. 그런데 지휘관이 병사들의 안전장치에 대한 건의를 묵살했다면, 장갑차도 견딜 수 없었던 급류 속으로 구명조끼도 없이 들어가라고 명령했다면, 언론에 사진이 어떻게 나왔는가에만 관심을 기울였다면, 지휘자로서 저질러서는 안 될 중대한 과실입니다. 그로 인해 사망 사고가 발생했다면 범죄 행위입니다.

책임을 져야 할 지휘관에게 죄와 벌을 면해준다면, 장래에 그런 일이 다시 생길 것을 초래하는 행위입니다. 병사들의 안전에는 관심이 없고 오로지 자신의 출세에만 관심을 기울이는 명령자에게 시민의 생명을 맡기는 꼴이 됩니다. 책임질 것은 꼼꼼히 따져서 책임지게 하는 것이 이성이고, 법의 시원始原입니다.

현대 법은 로마로부터

02

"로마법의 위대함은 그 논리에 있는 것이 아니라,
논리가 펼쳐질 수 있는 공정한 심판정을 만든 데에 있다."

독일의 법학자 예링은 저서 『로마법 정신』에서 "로마는 첫째, 무력으로 둘째, 그리스도교로 셋째, 법으로 세계를 세 차례 지배했다"라고 말합니다. 로마인은 멀리 볼 줄 아는 사람들이었습니다. 거대한 수로, 도로 체계와 같이 공동체 구성원에게 이익을 주는 인프라를 건설했고, 그것을 유지하고 개선하는 일에 아낌없이 투자했습니다. 권리를 보장하는 법과 소송 제도도 그와 같은 공공재로 다루었습니다. 모든 법의 기원이 로마법이라면 과장이겠지만, 법학의 발전에 로마법이 결정적인 영향을 미쳤다는 점은 누구도 부인할 수 없습니다. 그들이 도대체 어떤 법을 만들었기에 오늘날 문명국가의 법이 로마법에 빚을 지고 있다고 말할 수 있는 것일까요?

시민들이 알 수 없는 법은 법이 아니다

기원전 500년경 이탈리아반도 테베레강 하구의 조그마한 도시 국가로 시작한 로마는 기원 전후로 대제국을 건설합니다. 기원후 6세기경 황제 유스티니아누스의 명에 따라 그동안 편찬된 법률 문헌들이 집대성되었으며 그것이 후대에 '로마법 대전'이라는 이름으로 전해집니다. 하지만 로마법은 어느 한 시대의 창조물도, 어느 황제의 창작물도 아닙니다. 천 년에 걸쳐 선포된 법과 제도, 집적된 판례와 경험, 학문과 문화의 산물입니다.

로마 시민법 발전의 결정적 계기는 최초로 도입된 성문법인 12표법입니다. 로마법의 핵심은 바로 이 12표법이라고 해도 과언이 아닙니다. 12표법은 과연 어떤 힘을 갖고 있었던 것일까요? 그 법이 제정되기 전의 로마에는 법이 없었던 것일까요? 조금 더 과거로 거슬러 올라가 보겠습니다.

기원전 6세기 말 로마에서는 왕이 축출되고, 귀족과 시민 들의 통치로 운영되는 공화정이 시작됩니다. 하지만 공화정이 시작된 이후에도 로마인을 규율하는 시민법은 글로 쓰여 공포된 법, 즉 성문법이 아니었습니다. 그 법은 심판관이 아닌 보통 사람은 읽을 수 있는 것도, 법으로 확정되어 공포된 것도 아닌 관습법이었던 것입니다. 때문에 사건이 발생한 후에 심판관이 관습 형태로 생활 속에 스며든 법을 찾아내 해석했습니다. 그러니 재판의 근거가 객관적으로 존재하는지, 판단자의 편견에 기초한 게 아닌지 의문이 제기될 수밖에 없었습니다.

당시 로마의 법 판단자는 귀족인 사제들이었습니다. 평민들은 사제단이 귀족들에게 유리하게 법을 해석하고 적용한다고 의심했을 것입니다. 이에 로마 시민들은 관습법의 내용을 미리 알 수 있도록 성문의 법으로 만들고 널리 공개할 것을 요구합니다.

기원전 451년, 10인의 시민들로 구성된 10인 위원회가 만들어집니다. 10인 위원회는 관습법의 규정들을 하나의 법전으로 체계화해 민회에 제출했고, 로마의 민회는 이를 통과시킨 후 법의 내용을 12개의 동판에 새겨서 로마의 중앙 광장에 게시합니다. 이것이 이후 로마 제국의 멸망 때까지 로마법의 중심이 된 12표법입니다.

12표법은 다른 고대 국가의 법과는 근본적으로 달랐습니다. 군주의 필요에 따라 군주가 만든 법이 아닙니다. 평민인 시민이 요구해 성문의 법률로 제정한 것입니다. 평민들도 법의 내용을 미리 알 수 있게 했습니다. 자신의 권리를 더욱 잘 보호할 수 있게 된 커다란 성취인 것이죠.

12표법이 선포된 지 500년이 지난 후, 역사가 리비우스는 "12표법이 모든 공법과 사법의 원천"이라고 칭합니다. 12표법의 어떤 특징이 모든 법의 원천이 되도록 했던 것일까요. 우선 12표법은 권리가 침해된 경우 구제받기 위한 절차, 즉 소송 절차를 구체적으로 규정합니다.

12표법 제1조는 원고가 법원에 피고를 소환하는 강제 절차를 규정하고 있습니다. 권리를 침해당한 사람이 자신의 권리를 구제받으려면 일단 피고를 법원에 데리고 갈 수 있어야 합니다. 법원에 피고를 소환하지 못하면 권리 구제는 허사로 돌아가니까요. 피고가 코웃음을 치며 법원에 출석하지 않는 경우에는 어떻게 강제할지를 정하고 있습니다. 그 밖에도 피고나 심판관이 중병에 걸려 출석하지 못하는 경우, 그 대책에 대한 규정도 상세하게 만들었습니다. 그리고 12표법의 끝부분은 소송 종료 후 판결 집행 절차를 다루고 있습니다.

고대 국가에서 국가가 개인 간의 다툼을 해결하러 나서고, 개인의 침해된 권리를 구제하기 위해 국가가 자신의 힘을 사용한다는 것은 좀처럼 보기 어려운 일입니다. 더욱 보기 어려운 것은 신분이 다른 사람들이 공정하고 대등하게 싸울 수 있는 법정을 마련하는 점입니다. 로마인은 그것을 달성했고, 제도를 성공적으로 운영했습니다.

재판 과정에서 전개된 다양한 법리 논쟁은 로마법의 발전으로 이어집니다. 자신의 권리를 주장하는 각각의 피고들은 법률가의 도움을 받아 새로운 법적 논리를 주장했고, 그런 주장과 법적 판단이 모여 권리의 새로운 경계를 설정하게 됩니다. 이로 인해 그 후 천 년 동안 발전한 로마법의 기초가 마련됩니다. 로마인에게 법학이란 사람들의 권리와 그 경계를 합리적으로 판단하는 실용적인 생각의 체계였습니다.

로마법이라는 탁월한 법이 발전할 수 있었던 것은 로마인의 우수함 때문일 것입니다. 하지만 다른 민족에게는 없는 특별한 지능이 있어서라고 생각하지는 않습니다. 로마인의 우수함은 대립하는 논리들이 등장할 수 있는 통로와 공정한 판단의 장을 만들었다는 점에 있습니다. 논리를 생각해내도 이를 진술할 수 있는 공정한 심판정이 없거나, 판단자가 그 논리를 경청하지 않는다면 힘을 발휘하기 어려웠을 것입니다. 굳이 법적 논리를 생각하려 노력하는 사람을 세상 물정 모르는 바보로 여겼을 것입니다.

　　　　　　　　　　　　　　　　　1 | 법은 어떻게 생겨났을까

민법이 법의 핵심이라는 착각

어느 나라의 법이든 그 출발에는 여러 법 분야가 분리되지 않은 채 섞여 있지만, 결국 죄를 지은 자를 처벌하는 형법이 중심을 이룹니다. 로마법에도 형법의 비중이 낮지 않았습니다. 12표법이 제정되었던 시작 단계에도 그러했습니다. 가령 살인이 벌어진 경우에는 정무관이 공동체를 대신해 살인범을 기소하도록 했습니다.

반면 상해의 경우에는 민사와 형사의 구분 없이 법적 규율이 혼합되어 있었습니다. 심각한 신체 상해가 가해진 경우 가해자와 피해자는 적절한 배상 금액을 합의하도록 권장했고, 합의가 이뤄지지 않으면 피해자가 가해자에게 같은 수준의 상해를 가하는 동해 보복을 허용했습니다. 덜 심각한 상해에 대해서는 유형별로 미리 정해진 액수의 배상금이 지급되도록 규정했습니다.

로마 공화정 후기에는 소송 제도와 당사자들이 주장하는 구제 수단이 점차 복잡해집니다. 그리하여 법전문가들이 본격적으로 양성됩니다. 초기에 재판을 담당했던 법무총감이나 심판인은 법을 배운 사람들이 아니었고, 당사자를 대변하는 변론인도 웅변가일 뿐이었습니다. 하지만 점차 다양한 권리와 구제 수단이 제시되고, 새로운 해석과 주장이 등장합니다.

로마인은 이렇게 귀중한 해석과 주장을 사장시키지 않았습니다. 법률가들의 논리와 주장은 법원의 판단과 학설이 되어 황제의 법과 함께 법전의 체계를 이루어 편찬됩니다. 이것이 바로 로마법 대전을 위시한 로마인의 법전입니다.

로마법의 발전은 민법 분야에서 압도적으로 이루어졌다는 특징이 있습니다. 개인 간의 다툼을 다루는 분야에서 발전한 것입니다. 그 이유는 민법 분야에서 소송이 활발하게 일어나고 법률가들이 적극적으로 활동했기 때문입니다.

개인의 권리와 재산 관계에 중점을 두었던 법 전문가의 연구는 이후 모든 법 분야의 기초가 됩니다. 로마인은 민법을 재료로 삼아 법이라는 수단을 통해 달성할 수 있는 생각의 한계를 최대한 넓혔습니다. 특히 개인 자유의 한계를 정하는 관습과 편견의 장벽을 더 멀리 바깥으로 밀어붙이는 데에 공헌합니다. 오늘날에도 개인의 권리와 자유 그리고 그 한계를 로마법에서 찾는 것은 바로 이 때문입니다. 물론 환상은 금물입니다. 로마법이 경제와 사회의 중요한 기초로 노예 제도를 삼았다는 역사적 한계는 잊지 말아야 할 것입니다.

로마법은 기원후 1세기와 2세기에 가장 세련되고 정제된 경지에 도달합니다. 놀랍게도 최전성기는 네로, 칼리굴라 등 폭군들의 야만적 통치와 그들이 제정한 악법이 지배하던 시대였습니다. 민법과 민사소송법을 정치로부터 분리하는 것을 폭군인 황제조차 받아들이고 승인했기에 로마법은 더욱 발전할 수 있었습니다.

현대 사회에서도 민법과 민사소송법을 연구하는 법학 분야는 정치 혼란, 민주주의의 위기나 쇠퇴와 관계없이 발달하는 현상을 보이곤 합니다. 한국의 경우, 권위주의 정권 시절에도 적어도 민법 분야만큼은 정치와 무관하게 독자적으로 생존하고 발전했습니다. 정권의 안위에 민감한 시국 사건 등에서 정치 권력으로부터 독립된 사법을 이루지는 못했던 우리 사법부이지만, 적어도 민사 사건에 관해서는 독립적이고 자율적인 재판을 했습니다. 정치적인 상황과 무관하게 운영되는 민사법 분야가 있다는 것은 당시 사법부 자존심의 최후의 보루가 되었습니다. 그러면서 법률가들과 법학자들 사이에서는 법학의 중심은 민법이라는 생각이 유행합니다. 법학이 권력이나 정치와 상관없는 진정한 진리 탐구의 학문이길 바라는 법률가들의 순진한 소망이었다고 생각합니다.

1960년대부터 1980년대에 걸친 권위주의와 독재 정권 시절에 형사 재판은 왜곡되고, 헌법학 등 공법학은 위축되고 왜소화되었습니다. 반면 민법과 민사소송법이 정치에 크게 영향받지 않고 발전할 수 있었던 것은 그 영역이 권력자들의 이익과 배치되지 않았기 때문이고, 자기 정권의 정당성 유지에 불가피하다고 판단했기 때문일 뿐입니다. 민법이 법의 중심이거나, 사법부가 독립적인 권한을 가지고 있었기 때문이 아닙니다.

약육강식의 법칙은 어느 사회, 어느 시대든 작동합니다. 강자들은 다른 사람의 자유와 권리를 노립니다. 끊임없이 경계하지 않는다면 기존 법과 제도의 차원을 넘어 다른 각도에서 타인의 자유와 권리를 공격합니다. 법률가의 진정한 임무는 그런 공격을 방어하는 것입니다.

하지만 어떤 법률가의 시야는 생각보다 매우 좁습니다. 법률가 중 상당수는 이미 권력 공동체의 일부를 형성하고 있습니다. 그래서 법의 발전을 위해서라도 시민이 법률가를 감시해야 합니다. 법률가가 공동체의 수호자 역할을 다하고 있는지 관찰하고 살펴야 합니다. 법률가에 대한 감시를 놓치는 순간, 법은 주권자의 손에서 벗어나 엘리트 법률가의 해석에 따라 정해지게 됩니다. 그것이 과연 로마 신관들의 관습법 판단과 다를 거라고 생각하시나요?

그 옛날 로마 시민들은 신관들의 법을 거부하고 12표법의 제정을 요구했습니다. 이는 시민들이 자의적인 권력으로부터 자유를 쟁취한 시발점이 되었습니다. 로마법이 우리에게 가르쳐주는 것이 있습니다. 자유롭고자 한다면, 억울하게 당하는 계급이 되지 않으려면 법에 대한 통제권을 놓지 않고, 법의 제정과 해석에 관심을 기울이고, 끊임없이 그 정당성을 의심하고 질문해야 한다는 것입니다.

03 엄한 법이 좋은 나라를 만들까

"법에 대한 신뢰는 사람에 대한 관용이나 엄격함이 아니라, 일관된 적용에 있다."

한 나그네가 숲길을 걷다 멀리서 살려달라는 소리를 듣습니다. 소리를 따라가 보니 물고기 한 마리가 메마른 연못에서 죽어가고 있었습니다. "제발 저를 살려주세요. 물이 필요합니다." 나그네가 물고기에게 말합니다. "알겠다. 내가 이곳으로 물길을 내서 강물을 끌고 오마." 물고기가 말합니다. "강물을 끌고 오시거든 어물전으로 찾아오세요. 저는 밀린 물고기로 어물전 시렁에 걸려 있을 것입니다."

법가 사상의 선구자인 중국의 한비자가 유가 사상가들을 풍자하고자 한 이야기입니다. 한비자는 중국 역사에서 가장 혼란스러웠던 전국 시대를 살았습니다. 나라 간 끝없는 전쟁, 신하들의 하극상, 권력의 이합집산과 배신으로 아침저녁으로 세상이 바뀌던 시절입니다. 사람들은 전란으로 고통받았을 뿐 아니라 평화 시에도 변덕스럽고 자의적인 군주의 명령으로 힘들었습니다. 당시 유가는 군자와 성인을 만드는 교육의 필요성을 주장하는데, 한비자는 당장 폭군의 시대를 살아가야 하는 사람들에게 언제 도래할지 모르는 '성인의 정치'를 기다리게 하는 짓이라 비판합니다. 한비자는 제대로 된 도구와 시스템이 있다면 성인이 아닌 평범한 사람도 성인의 정치와 같은 좋은 정치를 만들 수 있다고 주장했습니다. 그가 말한 도구가 바로 법과 제도입니다.

예를 들어 봅시다. 독일인만큼 쓰레기 분류를 열심히 하는 사람들도 없을 것입니다. 날마다 다른 종류의 쓰레기를 수거하는 차량이 오고, 쓰레기 종류마다 통 색깔이 다릅니다. 환경 의식이 유달리 높은 독일 시민들은 쓰레기 분류야말로 양식 있는 시민을 증명한다고 생각합니다. 그런데 독일보다 한국이 재활용 수거 비율이 더 높습니다.

여러 가지 이유가 있겠지만, 한국의 종량제 쓰레기봉투의 위력을 쉽게 유추할 수 있습니다. 종량제봉투의 가격은 비싸니, 그 사용을 줄이기 위해서는 되도록 재활용 쓰레기로 배출하여 일반 쓰레기를 줄여야 합니다. 독일은 쓰레기 처리 비용을 세금 형식으로 일괄해서 납부합니다. 쓰레기 양에 따라 추가 비용을 내는 방식이 아닙니다. 우리나라는 쓰레기의 양이 많으면 비용을 더 내니 양을 줄이기 위해 노력하게 된다는 것입니다. 비용을 아끼려는 사람들의 이기심을 잘 활용한 결과, 자발적이고 효율적인 분리수거가 가능했다고 할 수 있겠죠.

인간의 이기심과 법의 상관관계

한비자의 주장도 이와 같습니다. 대다수 인간은 이기적인 존재입니다. 그래서 이익도 없는 수고로운 일을 하라고 한다면 좀처럼 따르지 않지만, 이익을 준다고 하면 행동이 빠르게 변할 수도 있습니다. 종량제 쓰레기봉투처럼요.

한비자가 살았던 시대는 전쟁, 무질서, 살인이 판을 치는 혼란 그 자체였습니다. 한비자는 시대의 절망을 극복하려면 발을 땅에 붙이고 현실의 조건 속에서 가능한 해결책을 찾아야 한다고 주장합니다. 그가 생각한 현실의 조건과 요구는 다름 아닌 인간의 본질적인 속성, 이기심입니다. 성인의 관점에서 보면 이기심은 인간의 천한 속성이지만, 한비자는 오히려 그 속성이야말로 무질서와 폭력이 지배하는 세상을 탈출할 수 있는 가장 중요한 희망이라 생각했습니다.

그 이기심을 잘 이용할 지렛대가 바로 법입니다. 한비자는 통치자가 갖추어야 할 것은 덕이 아니라 법을 이용할 수 있는 지혜와 기술이라고 생각했습니다. 한비자가 생각한 법은 '엄한 법'입니다. 관대함은 사회를 난세로 빠뜨려 오히려 사람들을 다치게 할 수 있습니다. 법을 정했으면 엄격하게 적용해야 합니다. 사람들이 엄한 벌을 두려워해 법을 잘 지킨다면 모두가 질서 있게 살 수 있습니다.

그런 그가 가장 중시한 법이 무엇이겠습니까. 당연히 형법입니다. 형벌의 목적은 경고에 있습니다. 범죄자를 처벌하면 사람들이 겁을 먹고 범죄를 저지르지 않게 된다는 것입니다. 이는 현대 형법 이론에서도 형벌의 가장 중요한 근거로 거론하고 있는 기능입니다. 이것을 '일반 예방의 기능'이라고 부릅니다. 형법과 형벌의 목적을 죄에 대한 응보나 피해자를 위한 복수로 보지 않고 일반인에 대한 '경고'로 본 것은, 고대의 형법 사상을 한 단계 극복한 것이라고 할 수 있습니다.

한비자의 법가 사상으로 중국을 통치했던 진시황은 엄하고 혹독한 형벌로 백성을 다스렸습니다. 진시황이 통치하는 동안 세상에는 통곡과 울음소리가 가득했습니다. 수많은 사람들의 신체가 잘리고, 가족들이 처형당합니다. 제국은 얼마 가지 못했고 대륙은 다시 폭력과 전쟁으로 가득한 무질서의 세상으로 전락합니다. 아이러니한 것은 법가 사상가들의 운명도 마찬가지였다는 것입니다. 한비자를 포함한 대표적인 법가 사상가들은 권력자의 손에 또는 권력의 음모로 목숨을 잃었습니다. 법이 엄하다고 하여 제대로 작동하는 것은 아닙니다. 엄한 법일수록 좋다는 생각은 법가 사상의 결함이요 한계가 아닐 수 없습니다.

오늘날의 관점에서 볼 때 그의 사상에는 여러 다른 결함이 있습니다. 민주주의 시대에는 법의 목적이 통치를 안정시키기 위함이란 논리가 성립할 수 없습니다. 그뿐이 아닙니다. 인간의 이기심에 의존하는 대전제도 다시 생각할 필요가 있습니다. 인간의 행동을 결정하는 데에는 이기심 말고도 수없이 많은 다른 여러 가지 이유와 동기가 있음을 우리는 알고 있기 때문입니다.

1 | 법은 어떻게 생겨났을까

엄한 법이 약자에게 더 도움이 되려면

법가 사상의 법은 권력자의 법입니다. 법은 권력자가 백성들을 더 효과적으로 지배하기 위한 수단이고, 백성들은 그 법에 복종해야 할 뿐 아무런 권리를 가지지 못합니다. 법이 지켜야 할 한계 같은 것은 없습니다.

하지만 한비자의 사상이 법에 대한 어떤 가치를 알려주는 측면도 있습니다. 우선 한비자는 법의 일관된 적용이 법에 대한 신뢰를 갖게 한다는 점을 강조했습니다. 법을 신뢰할 수 있을 때 사람들은 비로소 안정적인 미래를 계획할 수 있습니다. 법이 일관성 있게 적용되지 않는다면, 사람들은 금지의 범위를 몰라 불안해집니다. 법이 일관되게 적용된다면, 도리어 법이 금지하지 않는 영역은 안전한 자유의 영역입니다. 멋대로 권력을 휘두르는 군주 아래에서 살아가야 하는 사람들에게 권력으로부터 안전한 영역을 확보해주었던 그의 제안은 당시로서는 획기적이었습니다.

한비자는 법의 기본 원칙으로 동등한 적용을 선언했습니다. 법은 윗사람이나 아랫사람이나, 부자나 가난한 사람이나, 재상이나 거리의 노숙자나 동등하게 적용되어야 합니다. 이것은 당시에도 개혁적인 사상이지만, 오늘날에도 달성하기 어려운 공정한 법의 이상입니다. 한비자의 사상에 따르면 가난한 사람이나 대기업의 회장이나 동등한 효력을 집행해야 하고, 동등하게 보호해야 합니다. 그러나 과연 법은 그렇게 집행되고 있을까요. 법가 사상을 구닥다리라고 치부하기 어려운 이유가 여기에 있습니다.

법치주의와 준법정신은 다르다

04

"법치주의는 법을 강제하는 힘이 아니라,
더 나은 법을 만들려는 시민들의 노력에 달렸다."

오늘날의 법을 형성한 또 하나의 결정적인 뿌리는 법치주의 원칙입니다. 현대 민주주의 국가들의 법과 권력은 법치주의의 기초 위에 움직입니다. 법치주의 원칙의 뿌리는 영국에서 찾을 수 있습니다. 영미법계 국가에서는 법치주의 원칙을 '법의 지배Rule of Law'라고 부릅니다. '법의 지배'란 자의적인 인간의 지배, 권력자가 마음 내키는 대로 지배하는 것에 반대되는 통치 질서입니다. 군주라 해도 '미리 정해져 있는 법'을 준수해야 하며, 군주나 다른 어떤 권력자라고 해도 바꿀 수 없습니다. 이는 민주주의 역사에서 시민들이 수립한 '자유의 헌장'입니다. 법의 지배란 '자유의 법'이 지배하는 질서, 그리고 '법이 지켜야 하는 한계의 법'이 지키는 질서를 의미합니다.

영국에는 헌법이 없다

영국에는 성문으로 된 '헌법'이 없습니다. 그러나 대헌장부터 권리장전에 이르는 여러 가지 자유의 헌장이 있고, 거기에서 발달한 권력 제한과 자유 원칙들이 있습니다. 그것이 바로 영국의 '헌법'입니다. 현존하는 다양한 법들은 최고 법인 자유의 헌장과 원칙들을 위배하면 안 됩니다.

1603년 왕위에 오른 제임스 1세와 에드워드 코크 판사의 대립은 법의 지배 원칙이 수립되는 데에 중요한 계기를 형성했습니다. 제임스 1세가 "판사들은 왕의 그림자이고 대리인에 불과하다. 왕은 스스로 원하는 경우에 언제든지 스스로 재판할 수 있다"라고 주장하자, 코크 법원장은 "왕은 어떤 사람 아래에도 있지 않지만, 신God과 법Law 아래에 있습니다"라며 항거했습니다. 재판권은 군주의 권력으로부터 독립된 법원의 판사들만이 갖는다고 주장한 것입니다.

이는 영국 대헌장의 전통에 기반한 주장입니다. 1215년 영국의 귀족들은 실정을 거듭하던 존 왕과 전쟁을 벌여 승리합니다. 귀족들은 군주로부터 권력 제한, 귀족과 자유민의 자유에 관한 약속 문서를 받아냅니다. 이것이 최초의 헌법인 '대헌장'입니다. 법 지배의 전통이 시작된 것입니다. 대헌장에는 "자유민은 동등한 신분을 가진 자에 의한 합법적 재판 혹은 국법에 의하지 않고서는 체포, 감금, 추방, 재산의 몰수 또는 어떠한 방식의 고통도 받지 않는다"라는 조항이 있습니다. 코크 법원장은 바로 이 대헌장의 조항을 근거로 법관들의 재판권을 주장한 것입니다.

영국의 민주주의는 의회와 왕권의 지속적인 충돌 과정을 통해 성취되었습니다. 끊임없이 충돌하던 의회파와 왕권 세력은 내전을 벌이기도 했고, 군주가 처형되고 공화국으로 전환되기까지 했습니다. 드디어 1688년 명예혁명이 일어나고, "왕은 군림하되 통치하지 않는다"라는 의회 주권의 헌법 원칙이 수립됩니다. 의회는 혁명을 통해 확보한 결과물을 현재뿐만이 아니라 후세대에 적용될 법으로 선언하기로 합니다. 자유의 법과 민주주의의 보장을 확고히 할 필요가 있었던 것입니다. 그리하여 새로 즉위한 윌리엄 3세에게 승인을 받아내 1689년 권리장전을 선포합니다.

영국 의회는 이후 다양한 입법을 통해 권력이 반드시 준수해야 할 법과 원칙을 선포합니다. 시민의 헌법적 권리, 시민의 자유를 보장하기 위한 통치 구조의 주요 내용과 헌법적 장치를 확정하고, 이 원칙들이 왕권이나 의회의 입법에 의해 폐기될 수 없게 합니다. '법의 지배' 원칙이 확립된 것입니다. 법치주의 원칙은 학자나 사상가가 만든 이론이 아닙니다. 시민 스스로 자유와 권력 확보를 위한 투쟁을 통해 만든 원칙입니다.

독일 나치의 합법성

19세기경 독일은 영국에서 발달한 '법의 지배' 원칙을 받아들입니다. 독일의 법 발전은 영국과 전혀 다른 방향으로 전개되었습니다. 독일 사회는 19세기까지도 통일을 이루지 못해 갈등하고 있었습니다. 사실 독일이라는 나라는 처음부터 존재하지 않았습니다. 독일어를 모국어로 사용하는 지역과 민족이 있었을 뿐이죠. 19세기는 유럽 대륙 전체가 혁명과 반혁명의 에너지로 격동하던 시기였습니다. 독일어권 지역의 사람들은 공동체가 나아갈 방향이 군주제인지, 공화제인지 확정하지 못하고 분열과 방황을 거듭하고 있었습니다.

1861년 프랑스와의 전쟁에서 승리해 비로소 통일을 이룬 독일은 아직 군주가 모든 권력을 갖고 있었던 군주국이었고, 의회가 명목상으로는 존재했지만 실질적인 권력은 확보하지 못하고 있었습니다. 영국과 달리 군주에 대항해 시민들이 승리한 역사가 없었던 독일에서는 자유 헌장이 수립되지 못했고, 헌법 원칙이 법으로서의 실질을 인정받지 못했습니다. 그러나 법원이 수립되었고, 독립된 재판을 할 수 있게 되었습니다. 독일에서 법원의 독립은 스스로 확보한 것이라기보다는 군주가 허용해준 은혜였습니다. 문화와 교양으로서 통치하는 군주가 재판 독립이라는 원칙을 선물로 보장해준 것이죠.

독일에서 발전한 법치 국가 원리는 시민들의 자유 헌장이 아닙니다. 그보다는 일단 법의 형식으로 선포된 '법'은 무제한적인 효력을 갖는다는 원리로 요약될 수 있습니다. 법에 근거해야만 권력을 행사할 수 있다는 원칙은, 바꾸어 말해 법에 의거하기만 한다면 어떠한 권력도 행사할 수 있고, 어떠한 자유도 제한할 수 있다는 논리로 발전했습니다. 어떻게 되었을까요. 이 논리는 권력자들에 의해 '법률의 형식으로라면 무엇이든 합법적으로 할 수 있다'라는 논리로 변질됩니다.

제1차 세계대전에서 패한 후 공화국이 된 독일은 최초의 민주주의 헌법인 바이마르 헌법을 제정합니다. 바이마르 헌법은 보통 선거의 원칙, 시민적 자유와 사회적 기본권, 의회주의 원칙을 규정한 현대적인 헌법이었지만, 제대로 작동하지 않았습니다. 법관, 공무원 등 새로운 공화국을 작동시키는 엘리트들이 이 헌법을 진정한 최고법, 법이 지켜야 할 한계를 정한 법으로서의 효력을 갖는 법으로 받아들이지 않았기 때문입니다.

독일의 법관들은 법률과 판례에 따르기만 하면 된다는 형식적 법치주의 원칙을 신봉했습니다. 자신들이 적용하는 법과 판례가 자유의 원칙을 준수하고 있는지, 헌법에 부합하는 것인지에 관해 묻지 않았습니다. 사법부가 헌법을 법으로 받아들이지 않으니 다른 국가 기관도 헌법을 준수해야 한다고 받아들이지 않았습니다.

1932년 나치의 히틀러는 집권하자마자 '전권 위임법'을 통과시켜 그나마 존재하던 바이마르 헌법을 무력화시켰고, 이로써 시민들의 자유를 보장하는 마지막 보루가 제거됩니다. 나치 정권의 통치는 항상 법률에 근거해 이루어졌습니다. 형식적으로는 법치주의를 지켰습니다.

독일의 법률가들이 성찰하게 된 것은 제2차 세계대전에서 패한 후였습니다. 나치 시대의 판사와 검사 그리고 다양한 법률가 가운데 잔학한 반인륜적 범죄를 주도하고 가담했던 인물들은 뉘른베르크 전범 재판에 기소되었습니다. 그들은 변명합니다. "나는 법률가로서 성실하게 법을 적용하고 집행하는 사명을 다했다. 진정한 책임은 그 법을 만든 사람들에게 있다. 나는 잘못이 없다." 사람들은 악이란 평범한 직업인의 일상에 깃들 수도 있다는 것을 깨달았습니다.

1 | 법은 어떻게 생겨났을까

이제 독일의 국민들은 형식적 법치주의 사상이 얼마나 위험한지 잘 알고 있습니다. 독일에서는 헌법과 시민의 자유가 가장 중요한 최고법으로서의 지위를 온전히 가지게 됩니다. 그리고 헌법재판소가 중요한 역할을 합니다. 공무원의 법 집행, 판사의 법 해석과 적용, 그리고 재판이 헌법에 비추어 정당했는지를 최종적으로 헌법재판소에서 심판하고 있습니다.

그렇다면 독일의 헌법을 지키는 것이 헌법재판소일까요. 아닙니다. 독일 사회의 진정한 헌법 지킴이는 시민들의 권력에 대한 경계심입니다. 그들은 주권자로서 법이 정당한지 끊임없이 문제를 제기하고 토론합니다. 일단 효력을 갖게 된 법도 운영 과정에서 잘못이 발견되면 과연 헌법에 부합하는지, 시민의 자유를 침해하는 것은 아닌지에 관해 다양한 사람들이 모여 논의하고 심사합니다. 그러다 보니 권력자도 겸손해져서 무엇을 고쳐야 할지 끊임없이 되돌아보고 묻습니다.

한 나라의 헌법이 잘 작동하고 있다는 것은 이 같은 논의가 활발하다는 것입니다. 만약 어느 나라의 성치인들이 민생을 돌보고 경제 문제를 챙기느라 바빠서 잘못된 법이나 권력 구조 등을 논의할 시간이 없다고 말한다면, 그때야말로 바로 시민의 삶과 법치주의의 원칙이 가장 위태로운 시기입니다.

법치주의는 지키는 것이 아니라 만드는 것

사회의 질서가 흔들릴 때면 권력자들이 항상 외치는 단어가 있습니다. 법치주의입니다. 대통령이나 법무부 장관, 경찰청장은 광화문에서 대규모 시민 집회가 열릴 때, 지하철이나 대형 병원 또는 주요 산업체의 노동자들이 파업할 때면 법치주의 원칙을 외칩니다. 이들이 외치는 법치주의는 엄격한 처벌을 통해 질서를 유지하겠다는 뜻입니다. 법가 사상과 같은 의미입니다.

그러나 '무엇을 목적으로 하고 있는가'라는 문제에서 법치주의와 법가 사상은 구별됩니다. 사실 법가 사상과 법치주의 원칙은 전혀 다른 법을 말하고 있습니다. 물론 법치주의 원칙도 법을 준수해야 한다는 생각에 반대하지는 않습니다. 하지만 법은 단순히 '실정법의 외양'을 가지고 있는 것만으로 충분하지 않습니다.

시민들이 광장에서 자기 생각을 표현하는 것, 집회를 열고 시위하는 것은 헌법이 보장하는 자유입니다. 노동자들의 쟁의권과 파업권도 헌법의 권리이기는 마찬가지죠. 헌법적 자유를 실현하는 시민들을 진압하고 억압하기 위해 법치주의 원칙을 강조하는 발언은 어불성설입니다. 이는 권력이 하고 싶은 말일 뿐 법치주의 원칙이 아닙니다.

법은 공동체를 위한다는 명목으로 제정되지만 때로는 일부 집단의 이익을 위한 수단으로 만들어지기도 합니다. 법이 법의 형태를 가지고 있기 때문에 정당하고 준수해야 한다는 주장은 법치주의가 아닙니다. 오히려 법치주의 원칙은 실정법에 대항해 자유를 찾는 과정 속에서 수립되었습니다. 법치주의 원칙이 지켜지는 것은 실정법을 지키는 노력보다는, 더 나은 법을 만들고자 하는 사람들의 노력에 달려 있습니다.

법치주의 원칙을 잘못 이해하고 있는 경우가 너무 많습니다. 대표적인 곳이 교육 현장입니다. 여전히 학교 현장에서는 '질서의 준수와 실정법에 대한 복종'이 법치주의의 원칙인 것으로 가르치고 있습니다. 권력자와 엘리트가 과거 권위주의 시절의 잘못된 생각을 바꾸지 않고 있기 때문입니다. 다음 세대를 제대로 가르치지 않으니 잘못된 생각을 가진 권력자가 재생산되고 있습니다. 법을 만들고 집행하는 권력자가 법치주의를 잘못 이해하는 것을 용납해서는 안 됩니다. 그들은 이를 다음 세대에게 다시 가르칠 것입니다. 법치주의 원칙이란 사실 그들에 대한 명령이며, 그들이 준수해야 할 원칙이기 때문입니다.

법을 만드는 것은 공동체의 희망과 미래를 함께 만드는 일입니다. 법은 한번 만들어지면 오랫동안 사람들의 삶과 생활을 규정하기에, 그 여파가 사회 전체를 황폐하게 만들 수도 있습니다. 우리 사회를 풍요롭게 만들수 있는 좋은 법을 만들기 위한 시민들의 참여, 나쁜 법과 법 해석을 발견하고 걸러내는 시민들의 논의 속에 법치주의 원칙의 진정한 역할이 놓여 있습니다.

인간이 만든 절차, 신이 하는 재판

05

"신이 모든 재판을 할 수 없기에
적법 절차를 창조하셨다."

영화 〈대부〉 1편을 보면 억울한 일을 당한 이들이 마피아 조직의 두목, '대부god father'에게 호소하는 장면이 나옵니다. 대부는 그 사람의 말을 정성껏 듣고 위로한 후 즉시 힘을 발동시키겠다고 약속합니다. 대부에게 진실은 중요하지 않습니다. 그가 실제로 억울한 사람인지, 오히려 그가 먼저 다른 사람을 공격했던 악한은 아닌지도요. 중요한 것은 자신에게 부탁한 사람이 자신의 '가족'인지의 여부입니다.

현실은 대부의 세계가 아닙니다. 다투는 사람 각자에게는 자신의 이야기가 있습니다. 공정한 절차라면 적어도 각자 입장에서 자유롭게 이야기할 수 있어야 합니다. 자기 이야기가 진실인지 의심하는 사람이 있다면 자신의 말을 증명할 증거도 제출할 수 있어야 합니다. 무엇보다 공정한 심판관이 있고, 그 심판관이 이야기를 경청해야 합니다. 공평하게 경청해주지 않는 심판관은 이미 공정하지 않습니다.

이게 바로 적법 절차 원칙입니다. 국가 권력의 행사는 공정하고 적절한 절차를 거쳐서 행해져야 한다는 원칙이죠. 영국과 미국의 법률 전통에서 비롯된 법 원칙입니다. 미국의 수정 헌법 제5조에는 생명, 자유, 재산을 제한할 경우에는 적어도 미리 그 대상자에게 고지하고, 그가 자신의 의견을 진술할 기회를 주는 등 적법 절차 원칙을 지켜야 한다는 원칙을 뚜렷하게 규정하고 있습니다. 그리고 오늘날 민주주의 국가의 헌법들 역시 모두 이를 중요한 원칙으로 받아들이고 있습니다.

재판관은 내 이야기를 들어주는 사람

법적 절차 가운데 대표적인 것이 법원에 의한 소송 절차입니다. 소송은 자신의 억울함을 말하고 나를 침해한 이에 대한 의견을 말하는 장입니다. 진실을 밝히고 공정하게 법을 적용할 수 있도록 하는 절차입니다. 다들 소송을 귀찮아하지만, 만약 소송 절차가 없다고 상상해봅시다. 자신이 직접 싸우거나 힘이 센 사람에게 의존하게 됩니다. 그러니 공정한 소송 절차가 작동한다는 것은 정상적인 국가라는 증거와도 같습니다.

적법 절차의 원칙은 권력이 법을 준수하도록 강제하는 방법인 동시에 시민의 권리와 자유를 보장해주는 방법입니다. 행정부의 권력 행사에도 적법 절차의 원칙이 적용됩니다. 경찰의 체포와 압수 등 각종 수사 절차가 대표적이죠. 그 밖에 정부가 각종 법을 집행해 시민의 중요한 자유를 침해하는 경우 역시 적법 절차 원칙을 준수해야 합니다.

가령 정부가 어느 날 갑자기 고속도로 계획을 발표하면서 누군가의 과수원을 고속도로 부지로 지정하는 경우, 운전면허나 식당의 영업 허가를 취소하는 경우가 그러합니다. 정부가 연금과 복지 급여를 중단하는 조치를 한다면 그에 대한 적법한 절차를 거쳐야 하죠. 사안이 중요하고 여러 사람에게 영향을 미치는 문제라면 공청회를 열어야 합니다. 별도의 독립된 위원회에 자문을 얻거나 그 결정을 따라야 할 때도 있습니다. 공정한 절차와 판단을 위해 독립된 기관의 절차와 판단에 맡기도록 법에 정해놓은 경우입니다.

권력 행사로 인해 자신의 자유가 침해되었다고 생각하는 사람은 절차 안에서, 심판관 앞에서 자기 이야기를 할 수 있어야 합니다. 심판관은 그 이야기를 경청해야 합니다. 심판관이 경청하는 것은 법으로 강제되는 것입니다.

우리는 판단을 받는 위치에 있기에 심판하는 정부나 재판관을 두려워하는 경향이 있습니다. 내 이야기와 질문으로 그들의 시간을 빼앗는다며 미안하게 생각하곤 합니다. 이는 바람직하지 않습니다. 주권자인 시민으로부터 위임받은 권력을 행사하는 자는 우리의 이야기에 귀를 기울여야 할 책임이 있습니다. 시민은 말할 권리가 있고, 권력은 그것을 경청해야 합니다.

판단자가 나의 이야기를 경청하고 난 뒤에 내린 판단이라면, 같은 결론이라고 해도 그렇지 않았을 때의 결론과는 질적으로 다릅니다. 적법 절차, 즉 시민들의 이야기를 권력이 경청하도록 강제하는 절차를 통해 시민의 존엄성은 높아지고, 권력은 한층 시민의 자유를 존중하게 됩니다.

뮌헨의 아주머니와 헌법재판소

1970년대 독일 뮌헨에서 있었던 일입니다. 한 아주머니가 법정 앞에 앉아 있었습니다. 민사소송의 피고인 그녀는 며칠 전 법원으로부터 재판에 참석할 것을 통지받았습니다. 정해진 시간보다 일찍 도착한 그녀는 법정을 관리하는 공무원에게 자신이 도착했음을 알리고 명단에 이름을 기록했습니다. 법정에 사람들이 가득해, 법정 문을 나와 바로 그 앞에 있는 긴 의자에 앉아 차례가 오기를 기다리기로 합니다. 자기 사건의 재판이 시작되면 당연히 자신을 부를 거라 생각했습니다.

기다림이 두 시간을 훌쩍 넘어가자 무언가 잘못되었다는 생각에 용기를 내어 법정에 들어간 그녀는 자신이 불출석으로 처리되었고, 재판이 패소로 끝났다는 청천벽력 같은 소식을 전해 듣습니다. 아주머니는 상급 법원에 상소합니다. 상급 법원의 법관들은 뮌헨 1심 법원의 판단이 정당하다고 합니다. 판사가 법정에서 피고를 호명했으므로 불출석 처리에 아무런 잘못이 없다는 것입니다.

그녀는 포기하지 않았습니다. 연방헌법재판소에 헌법소원을 제기합니다. 1976년 겨울, 헌법재판소는 뮌헨 법원의 재판이 아주머니의 기본권을 명백하게 침해했다고 판단합니다. 헌법재판소는 형식과 관료주의에서 탈피하지 못한 법원을 다음과 같이 질타합니다.

"판사가 재판을 시작할 때 당사자를 호명하는 것은 단지 재판 진행을 위한 절차만이 아니다. 소송 당사자에게 자신의 주장을 말하고, 자신의 권리를 행사할 시간이 도래했음을 알리는 시작 신호다. 법원은 자신들의 편의를 위해 십여 건의 사건을 묶어 하나의 절차에서 재판한다. 이런 재판에서는 당사자에게 통지한 재판 시간이 아니라 법원의 편의에 맞추어 재판이 시작된다. 이런 재판이라면 더욱이 적극적인 조치가 필요하다. 직원이 법정 밖에 찾아가서 부르고 구내 스피커라도 활용해야 한다. 법원의 이러한 형식주의적인 판단은 스스로 왜, 누구를 위해 존재하는 기관인지를 잊어버린 것이다."

일생 처음 재판을 겪은 여인은 재판의 주인공은 자신이라고 생각했습니다. 그래서 재판을 시작하려면 당연히 자신이 필요하리라고 생각해 밖에서 기다린 것이죠. 하지만 법원의 판사들은 법정이 열리는 날이면 여러 사건을 한꺼번에 재판합니다. 한 사건을 처음부터 끝까지 하루에 재판하는 것이 아니고, 여러 사건을 일부씩 진행합니다. 그렇게 수십 개의 재판이 진행되기 때문에 효율이 중요합니다. 자리에 없는 당사자를 찾고 기다리다 보면 계획대로 모든 재판을 할 수 없습니다. 변호사들은 판사의 재판 진행을 돕기 위해 법정에 대기합니다.

법정에서는 먼저 순서인 다른 사건의 재판을 지켜보면서 자신의 차례가 오길 기다려야 한다는 것이 법입니다. 그러니 아주머니가 권리를 박탈당해도 어쩔 수 없다고 여겼고, 패소 판단을 했던 것입니다.

하지만 독일 헌법재판소는 책임을 다하지 않은 것은 오히려 법원이라고 판단합니다. 당사자인 아주머니는 재판에 참여하기 위해 성실하게 법원에 왔지만, 법원의 관행을 모른다는 이유로 패소 판단이 내려져 재판받을 권리와 평등권을 침해당했다고 보았습니다. 이 같은 사연이 1970년대 독일의 법원에서만 발생하는 것은 아닙니다. 2024년 대한민국의 법원은 여전히 이와 같은 관행으로 운영되고 있습니다. 그래서 대한민국의 당사자들은 법정에 왔다고 해도 사건을 호명할 때 제자리에 없으면 불출석한 것으로 취급되고, 때로는 이로 인해 패소 판결을 받게 됩니다. 이러한 판결은 언젠가 잘못되었다는 판단을 얻을 것입니다. 적법 절차의 원칙에 위반되었기 때문입니다.

엄하고 가혹하기만 한 것이 법은 아닙니다. 때로는 사람들을 따뜻하게 보듬어주는 것 또한 법입니다. "신이 모든 사람을 돌봐줄 수 없기에 어머니를 창조하셨다"라는 말이 있습니다. 이 말을 적법 절차에도 적용할 수 있겠죠. "신이 모든 재판을 할 수 없기에 적법 절차를 창조하셨다"라고요.

잊지 말아야 할 것이 있습니다. 적법 절차의 핵심은 권리를 침해당한 사람에게 '자신의 이야기를 할 기회를 제공하는 것, 그리고 공정한 심판관이 그 이야기를 경청하는 것'입니다. 그러니 기회가 주어졌는데도 자기 이야기를 제대로 하지 않는다면 적법 절차의 보호는 아무런 도움이 되지 않습니다. 하늘은 스스로 돕는 자를 돕는다고 하듯이, 적법 절차의 보호는 권리 위에 잠자는 자를 보호하지 않습니다.

2

법을 아는 법, 읽는 법

솔로몬의 지혜를 가지려면

01

"법의 판단이란 때로는
답이 없는 문제에 답을 내리는 일이다."

법을 만드는 것은 누구일까요? 헌법 제40조는 "입법권은 국회에 속한다"라고 규정했습니다. 입법안의 제안 권한은 실질적으로 대통령과 행정부에서 담당하지만, 그래도 국회의 입법권은 작지 않습니다. 국회는 정부가 만든 법률안을 수정할 수 있으며, 국회가 법률안을 통과시키지 않는다면 대통령이나 행정부도 그것을 강제할 수 없습니다.

대통령과 행정부 역시 법을 집행하는 권력뿐 아니라 법을 만들 권한도 갖고 있습니다. 입법의 계획, 제안, 구체적 시행령 제정 등을 행사하고 있기에 제왕적인 대통령 권력이라는 말이 나오는 것입니다.

사법부의 법관들은 법을 만드는 사람일까요? 그렇습니다. 법관은 구체적 사건을 재판합니다. 재판을 위해서는 법을 해석하고, 사실 관계에 그 법을 적용해야 합니다. 이 해석과 적용은 판례를 만들고, 이는 장래의 다른 재판에서 실질적인 법으로 작용합니다. 이렇게 보면 법관들은 단순히 입법자들이 만든 법을 적용하는 것을 넘어 실제로 법을 만드는 사람입니다. 국민의 일상생활에 적용되는 법은 법관이 해석한 법, 즉 판례로 구체화된 법입니다.

법을 만지는 것은 뜨거운 불을 만지는 것과 같습니다. 국회가 법을 만드는 것, 행정부가 법안을 계획하고 제안하는 것, 대통령이 시행령을 발령하는 것, 법관이 법을 해석하는 것 역시 활활 타는 불을 다루고 길들이는 과정입니다. 법은 일단 발동되면 그대로 효력을 발휘해 사람들의 이익과 운명을 결정합니다. 따라서 만드는 단계에서 신중하게 고려하고, 다양하게 질문하고, 진지하게 토의해야 합니다. 그리고 모든 과정이 주권자인 국민에게 공개되어야 하며, 참여 통로가 넓게 열려 있어야 합니다.

지각한 벌과 화장실 청소

이 뜨거운 불과도 같은 법을 어떻게 만들어야 할까요. 예를 들어 봅시다. 고등학생 수영이가 지각을 했습니다. 담임 선생님은 그 벌로 화장실 청소를 시켰습니다. 다음 날 다른 학생 셋도 지각을 했습니다. 그런데 선생님이 아무런 말씀이 없자, 수영이와 반 아이들은 선생님의 벌칙이 불공평하다며 항의했습니다. 학급 회의에서 지각에 관한 규칙을 만들기로 합니다. 그 규칙은 다음과 같습니다. "수업 시작 전까지 학교에 도착하지 않으면, 그날 방과 후 화장실 청소를 해야 한다."

선생님의 기분에 따라 달라지는 지시가 아니고, 학생이 누구냐에 따라 달리 적용되는 규칙이 아닙니다. 이것을 '일반성'이라고 합니다. 어느 하루에만 또는 어떤 개별적인 경우에만 적용되지 않고, 규칙이 폐지될 때까지 매일매일 계속 적용됩니다. 이런 성질을 '추상성'이라고 합니다. 즉, 법에는 일반성과 추상성이 있습니다.

법은 '입법자가 만든 일반적, 추상적인 규범'이라 정의할 수 있습니다. 국회가 만든 법도, 교실의 규칙도 일반적이고 추상적인 규범이라는 동일한 성질을 갖고 있습니다.

'일반적' '추상적'의 반대는 '개별적' '구체적'입니다. 법을 일반적이고 추상적으로 정하는 것에는 여러 장점이 있습니다. 제일 큰 장점은 법 집행자의 편견과 자의를 극복할 수 있다는 점입니다. 법이 인간의 편견 자체를 없앨 수는 없지만, 적어도 그것을 통제할 수 있게 도와주죠.

또 다른 장점은 사람들이 법을 통해 권력이 행사될 내용을 예측할 수 있으며, 이를 바탕으로 자신의 이익과 행복을 위한 방향으로 미래를 설계할 수 있다는 점입니다. 어떤 행위를 금지하는 법이 있으면 그 행위를 하지 않으려 노력하고, 이익을 주는 법이 있으면 그 조건을 채워 이익을 받으려고 노력하게 되죠.

수영이네 반의 규칙은 처음에는 잘 작동했지만, 곧이어 문제를 일으켰습니다. 예외를 규정하지 않았기 때문이죠. 아파서 병원에 다녀온 경우, 집에 위급한 사정이 발생한 경우, 부모님이 미리 학교에 연락을 취한 경우 등등 어떤 경우에 예외를 인정할 것인지 문제가 되었습니다. 장애가 있어서 화장실 청소가 어려운 성욱이, 방과 후 즉시 집으로 가서 어린 동생들을 돌보아야 하는 성길이를 봐줘야 하는 것인지에 관해서도 의견이 분분했습니다. 구체적인 사안에 대해 새로운 결정이 필요해지자, 선생님이 자신의 판단으로 예외적인 경우를 결정했습니다. 그러자 선생님이 누군가 편애한다고 생각하거나, 공평함을 달리 생각하는 아이들은 선생님과 갈등하기 시작했습니다.

물론 국회가 만든 법은 교실의 규칙과는 차원이 다릅니다. 내용과 분야가 방대하고, 사람들에게 미치는 영향이 심각하고 진지합니다. 적용되는 사람들의 범위와 규모가 학교 규칙과는 비교할 수 없습니다.

하지만 교실의 규칙을 만드는 것조차 간단하지 않다면, 한 나라의 법 제정은 말할 것도 없습니다. 한 문장의 법조문을 만들기 위해서는 소설책 한 권을 쓰는 만큼의 상상력과 고민이 필요합니다. 법으로 미리 정해놓는 것이 낫기도 하지만, 법을 어떻게 정했는가에 따라 자칫 법이 없는 것보다 더욱 불공정하고 불합리한 경우를 초래할 수도 있습니다.

미래에 닥칠, 일 수 없는 수많은 경우에 적용되는 것이 바로 법입니다. 그렇기에 구체적인 법을 만들 때에는 여러 사람의 이익을 고려하고, 다양한 경우의 수와 갖가지 사정이 있는 사람들을 상상해야 합니다.

한블리의 패널들은 왜 의견이 다를까

〈한블리〉라는 방송 프로그램이 있습니다. 교통사고 전문 변호사인 진행자는 사고 영상을 보여주면서 그 원인과 사후 처리 과정, 법적 책임을 분석합니다. 패널로 참석한 출연자들은 사고 영상을 보면서 함께 안타까워하고, 때로는 함께 분노합니다. 진행자는 여러 가지 사례를 영상으로 보여주는 중에 종종 패널들에게 질문합니다. "여기서 누가 책임져야 할까요?" "이쪽과 저쪽 모두 책임이 있다면 과연 몇 대 몇의 비율일까요?" 출연자들은 여러 가지 이유를 들어서 책임의 비율을 추측합니다. 진행자는 때로는 보험 회사, 경찰 또는 법원의 판단을 소개합니다.

교통사고가 있었고 커다란 손해가 발생했습니다. 누군가는 책임을 져야 합니다. 과실 비율에 따라서 책임을 분담하기도 합니다. 책임을 분담하는 데에는 설득력 있는 이유와 근거가 필요합니다. 그것이 없다면 합리적이지도 않고 정의롭지도 않습니다. 그런데 그 이유와 근거를 놓고 사람마다 다른 생각을 가질 수 있습니다. 자기 생각을 설명해주고 다른 이들의 생각을 경청하며 토론해야 합니다. 그 이유와 근거를 여러 사람이 수긍할 때, 좋은 법이 되고 좋은 판단이 됩니다.

문제가 되는 사안을 다양한 관점에서 고려해 가장 적절한 결정을 찾는 작업을 지칭하는 법률 용어가 있습니다. 영어로는 밸런싱balancing, 한자로는 형량衡量이라 합니다. 법원에서 범죄를 저지른 사람에게 벌을 내릴 때의 크기나 무거운 정도도 '형량'이라고 합니다. 한자로 보면 형량에서의 '형'은 벌을 의미하는 刑, '양'은 크기나 부피를 말하는 量입니다.

제가 이야기하려는 형량은 전혀 다른 단어입니다. 이 단어의 '형'은 균형을 맞춘다는 의미에서의 衡, '양'은 같은 한자 量을 사용하지만 '추측하여 생각한다'라는 의미를 갖고 있습니다. 영어에서는 balancing, 균형

잡기라고 하고, 독일어에서는 Abwägung, 저울질하기라고 합니다.

방송에서는 여러 패널이 공평하고 정의로운 결론을 찾기 위해 노력합니다. 각자 자신이 생각하는 판단의 이유를 설명하고, 그 이유들을 고려해 책임 비율을 추측합니다. 그런 생각의 과정을 저울 위에 추를 올려놓아 무게를 재는 것으로 비유해 만들어진 단어가 바로 '형량'입니다.

법의 여신은 저울과 칼을 들고 다닙니다. 저울 위에 놓아서 무게를 가늠하고 넘치는 쪽을 칼로 잘라내 공평한 결론을 찾습니다. 지나치게 책임을 많이 부담하는 쪽의 비율을 덜어내 책임 있는 쪽으로 부담시키고자 하는 패널들의 노력과 유사합니다.

앞서 말한 방송 프로그램은 교통법규 위반 또는 교통사고와 그 책임이라는 한정된 영역의 문제들만을 다룹니다. 그런데 현실에서 도로 교통과 관련해 실제로 법이 결정해야 할 문제의 범위는 이보다 훨씬 넓습니다. 법이 없던 영역에서 새롭게 법을 정해야 하는 경우도 있습니다.

노인들의 운전 금지는 좋은 법일까

노인이 되면 운전 능력이 떨어집니다. 운동 신경이 둔해지고, 시력도 약해집니다. 고령화 사회에서는 노인이 일으키는 교통사고가 자주 발생합니다. 그러자 일정한 연령이 지나면 운전면허증을 회수하는 법을 만들어야 하는지 논의가 있습니다.

생업으로 운전해야 하는 노인 운전자도 있습니다. 체력 조건이나 운동

신경이 각각 다른데 일률적으로 금지하는 것은 잘못이라는 주장도 가능합니다. 하지만 반대 주장도 설득력이 있습니다. 노인들이 순간적으로 대응하지 못해서 사고가 나면, 자칫 커다란 희생이 발생할 수 있습니다. 점차 노인 운전자의 숫자가 늘어나고, 그로 인해 피해 보는 사람의 숫자도 많아질 것입니다. 노인에게 운전을 허용하는 것이 그들 스스로를 위험에 빠지도록 한다는 판단도 가능합니다.

여기서 결정해야 할 것은 이미 정해져 있는 법에 따라 책임질 사람 또는 그 비율이 아닙니다. 이 경우에 서로 다투고 있는 것은 교통사고의 가해자와 피해자라고 하는 구체적인 사람들이 아닙니다. 앞으로 모든 사람에게 적용될 일반적이고 추상적인 법을 만드는 문제입니다. 여기에서 서로 충돌하는 것은 당위의 판단입니다.

'당위'란 마땅히 그렇게 하거나 되어야 하는 것을 말합니다. 법이 정하는 명령과 금지는 모두 당위입니다. 윤리나 도덕에서도 어떤 행위를 하거나, 또는 하지 않는 것이 마땅하다고 하는 당위를 말합니다. 도덕과 윤리의 당위는 법과 달리 강제성이 없을 뿐입니다.

어떤 당위들이 문제가 되는지 살펴보겠습니다. 노인의 신체와 사고 능력을 감안해 운전면허를 박탈해야 한다는 당위와 노인 역시 이동의 자유를 누려야 하므로 운전면허를 유지해야 한다는 당위입니다. 학교 교실에서도 토론이 가능한 흥미 있는 주제입니다. 이 문제를 교실에서 논의한다면 서로 찬반 논쟁을 벌여 결론을 내릴 것입니다. 하지만 국회에서 논의한다면 토론으로 그칠 수 없습니다. 여러 당위의 문제를 조정해 현실 문제를 해결할 수 있는 구체적인 법을 만들어야 합니다.

법은 여러 당위를 실현하기 위해 형량 과정을 거쳐 제정됩니다. 만일 일방적 당위로 법이 제정된다면 여러 다른 가치가 손상되고, 희생자도 많아집니다. 그래서 입법자는 여러 입장과 이익을 두루 살펴야 합니다. 공동체의 여러 문제와 장기적인 과제를 고려해야 합니다. 무엇보다 헌법의 여러 가치를 제대로 평가하고 반영해야 합니다. 상충하는 이익과 가치를 보호하기 위해 강도와 속도를 조절해야 하고, 때로는 별도의 대안도 마련해야 합니다.

법을 만드는 일이란 '여러 가지 당위를 형량하는 일'입니다. 당위와 당위 사이에서 균형을 맞추기 위해서 어느 한쪽의 당위를 양보 또는 희생시키거나, 양쪽 당위 모두 어느 정도 잘라내야 하는 경우가 있습니다.

이걸 이해하는 것이 법 세계의 핵심입니다. '법은 형량을 통해 만들어진다'라는 점을 알지 못하고 토론한다면 양쪽 모두 당위만을 이야기하게 됩니다. 양쪽 모두 타당한 이야기를 하고 있음에도 다른 쪽의 주장이 나쁘다며 비난합니다. 법이 잘못 만들어졌다면, 어느 한쪽의 당위를 고려하지 않아서가 아닙니다. 법을 만드는 과정에서 형량이 잘못되었다는 것을 의미합니다. 좋은 법을 만드는 일은 충돌하는 당위를 조화시킬 수 있는 더 좋은 방법, 더 나은 형량을 찾는 것입니다.

답이 없어도 답을 내야

법의 판단이 어려운 것은 설령 답이 없는 문제라고 해도 판단해야 한다는 점입니다. 닭이 먼저냐, 달걀이 먼저냐 하는 질문이 있습니다. 답이 없는 전형적인 경우의 예로 사용합니다. 하지만 이 질문이 법정에서 제기된다면, 법은 그에 대한 답을 내려야 합니다. 안타까운 것은 판단하는 법관이나 입법자가 사람일 뿐 신이 아니라는 점입니다. 그들이 알고 있는 것, 그들의 지혜는 한정적입니다. 인간으로서의 한계를 고스란히 갖고 있습니다. 그럼에도 답해야 합니다. 그것이 법이 갖는 딜레마입니다.

서로 자기 아기라고 주장하는 두 엄마가 등장하는 이야기가 있습니다. 유명한 솔로몬의 재판입니다. 둘 중 한 사람은 아기의 진짜 엄마고, 다른 한 명은 아기를 훔친 사람입니다. 아기를 잃어버린 진짜 엄마가 자신이 진짜임을 증명해야 했으나 방법이 없습니다. 재판장인 솔로몬 왕은 아기를 반으로 자르라고 명령합니다. 그 명령을 들은 아기 엄마는 "잘못했습니다. 이 아기는 내 아기가 아닙니다"라고 말합니다. 사랑하는 아기를 죽이기보다는 차라리 포기하기로 선택합니다.

솔로몬 왕은 아기를 포기한 엄마에게 아기를 주라고 판결합니다. 포기하는 선택이야말로 그 여인이 엄마라는 증거라고 인정한 것입니다. 만약 두 여인 모두 아기를 포기하겠다고 선언했다면 솔로몬 왕은 과연 어떤 선택을 했을까요?

명백한 진실을 밝혀줄 증거를 찾지 못한다면, 결국 솔로몬 왕도 형량을 할 수밖에 없었을 것입니다. 여기서 중요한 점은 아기를 반으로 자르는 게 어떤 경우에도 제대로 된 형량이 아니라는 것입니다. 가장 중요한 당위는 아이의 생명을 보호하는 것이며, 이를 지키지 못한다면 아이에 대한 권리를

2 | 법을 아는 법, 읽는 법

찾아준다고 해도 올바른 형량이 될 수 없기 때문입니다.

이 이야기 속에서 진정한 형량을 한 사람은 어머니입니다. 솔로몬 왕이 어떤 일도 가능한 인정 없는 군주라고 가정할 때, 어머니 입장에서는 그 순간 최선의 형량을 해야 했습니다. 적절한 중간적 결론이나 타협이란 있을 수 없습니다. 아이가 생명을 잃거나, 아니면 아이를 영원히 빼앗기거나입니다.

어머니는 최선의 형량을 했습니다. 아이의 생명을 한쪽 저울에 올려놓았을 때 그와 균형을 이룰 수 있는 대상은 그 어느 것도 없습니다. 자식을 빼앗겨야 하는 어머니의 아픔과 억울함은 사람들의 머리로 측량할 수 없는 무한정한 것입니다. 하지만 어머니는 그것을 형량해냈습니다. 사랑하는 감정이 아기를 절대로 포기할 수 없다고 할 때, 자신이 가진 모든 힘을 동원해 이성을 발동시킨 것입니다. 형량이 가능하지 않은 상황에서 최선의 형량을 해낸 것은 이성으로 감정을 설득한 사랑의 힘입니다.

당위의 형량은 수학이나 물리처럼 모든 가치를 배제하고 중립적인 공식을 적용해 결과를 산출하는 기계적인 과정일 수가 없습니다. 그렇다고 여러 가치의 중간 지점에서 적당히 타협하는 것도 적절한 형량은 아닙니다. 당위와 당위의 형량은 옳음과 옳음의 형량입니다. 어느 쪽도 그 자체로 잘못된 이야기는 아니기에 어느 것도 정답이 아닙니다. 그러니 이 저울질은 쉽지 않습니다.

정답을 알 수 있는 방법이 하나 있기는 합니다. 인간은 전지전능한 신이 아니지만 생각할 수 있는 능력이 있는 동물이기에, 시간이 흐른 후 결과를 확인하고 무엇이 더 나은 선택이었는지 판단할 수 있습니다. 형량의 정답을 알 수 있는 도구는 바로 '시간'입니다. 당장 정답을 찾기는 어렵지만, 과연 무엇이 옳았는지에 그 대략적인 정답을 미래의 시점에 알 수 있습니다.

대표적인 것이 중세 시대의 '마녀재판'입니다. 당대에 가장 지식이 높은 판관들이 특이한 행동을 한 사람들을 마녀로 몰고 대중의 환호 속에 불태워 죽이던 과거의 판결은 인류 사법 역사상 가장 부끄러운 재판이 되었습니다. 인간의 생각은 시간이 지나면서 바뀝니다.

비록 정답을 미리 알 수는 없지만, 현재 내리는 판단이 너무 어리석지 않으면 좋겠다는 관점이 중요합니다. 그러기 위해서는 다양한 가치의 중요성을 제대로 평가해야 하고, 장기적인 관점을 놓쳐서는 안 됩니다.

코로나 시대: 최선의 형량을 찾아서

코로나바이러스의 유행 속에서 세계는 종전에 경험하지 못했던 각종 위기를 겪었습니다. 이 위기는 개인을 넘어 공동체가 함께 겪어야 했습니다. 다 같이 노력해야만 대응할 수 있는 위기였습니다. 공동체를 위해 개인의 희생도 필요했습니다.

이러한 문제를 해결하기 위해서는 올바른 당위를 설정해야 합니다. 공동체 위기를 극복하기 위해 개인의 희생을 요구해야 한다면, 정말 올바른 당위여야겠지요. 문제는 고려할 이익이 한 가지가 아니라 다양하고 복잡하다는 것입니다.

방역을 위해 정부가 행할 수밖에 없었던 대표적인 형량이 바로 백신 접종이라는 정책입니다. 일부 사람들에게 부작용이 발생하고, 거기에는 사망이라는 가장 중대한 결과까지 포함되어 있습니다. 노약자와 기저질환자가 부작용에 특히 취약했습니다. 게다가 그들은 코로나바이러스로 인해 가장 큰 피해를 입는 그룹이기도 했습니다. 백신 부작용으로 인한 위험을 감수해야 한다는 사실은 모두를 어려운 선택과 결정 속에 빠뜨렸습니다. 가장 어려운 결정을 해야 했던 것은 정부와 보건 당국이었을 것입니다.

백신 접종으로 더 많은 사람의 생명과 건강을 지킬 수 있고, 그로써 얻는 이익이 훨씬 크다는 것은 명백합니다. 하지만 수학적인 통계는 부작용으로 일정 비율의 생명을 앗아간다는 점도 분명히 보여주었습니다. 마이클 샌델 교수는 저서 『정의란 무엇인가』에서 생명을 구하기 위해 다른 생명을 포기해야 하는 딜레마에 질문합니다. "다섯 명의 생명을 구하기 위해서라면 두 명의 생명을 포기할 수 있는가? 그것은 성의롭다고 할 수 있는가?"

생명과 생명의 이익 사이에서 어느 한쪽을 택하고 형량한다는 것을 쉽게 용납하기는 어렵습니다. 그렇다고 부작용의 위험 때문에 국민의 백신 접종을 포기하는 것이 옳은 정책일까요. 다수의 생명을 구하기 위해 불가피하게 발생하는 위험을 감수하는 방향으로 형량할 수밖에 없었지요. 그렇기에 보건 당국은 전 국민 백신 접종이라는 정책을 수립했고, 백신 접종이라는 당위를 제정한 것입니다.

바이러스 앞에서 토론하는 사람들

중요한 건 형량을 정하는 과정입니다. 2020년 봄이었습니다. 독일의 거리는 텅텅 비었고, 사람들의 마음은 공황 상태에 빠져 있었습니다. 유치원과 학교가 휴교하고, 카페와 레스토랑도 영업하지 않았습니다. 모든 회사가 필수 인원을 제외하고 재택 근무를 시행했습니다. 자동차 공장들도 마침내 가동 중지를 선언했습니다. 유럽 경제의 엔진이 정지한 것입니다.

공원에서의 피크닉은 물론, 두 명 이상 산책하는 것도 금지되었습니다. 이처럼 일상을 정지하면 사태를 진정시킬 수 있으리라 기대했지만, 사망자 통계를 나타내는 숫자는 계속 올라갔습니다. 병원에서는 의료진들이 사용할 마스크와 방호복이 부족해 비상이 걸렸습니다. 의료진은 의료 시스템이 붕괴될 거라고 미디어에서 경고했습니다. 이웃 나라 이탈리아와 스페인에서는 상황이 더욱 심각했고, 보호 장구 없이 중증 환자를 진료하던 의료인들이 바이러스 감염으로 희생되고 말았습니다. 이탈리아, 스페인 같은 상황이 벌어질 수 있다는 상상은 독일인 모두를 두렵게 했습니다.

하지만 이런 상황에서도 독일 시민과 언론은 차분하고 이성적이었습니다. 의료인에게도 마스크가 공급되지 않아 열흘 이상 같은 마스크를 써야 하는 상황임에도 선동이나 비난 없이 사실을 사실대로 알리는 역할에 집중했습니다.

당시 저의 가장 큰 걱정은 한국에 계신 노령의 어머니였습니다. 다행히 인터넷 뉴스로 접하는 한국의 상황은 독일보다 훨씬 나았습니다. 의료진은 마스크를 확보하고 있었고, 일반 국민은 요일제로 마스크를 구입했습니다. 인원과 영업시간에 제한은 있었지만 식당은 계속 영업할 수 있었습니다. 무엇보다도 사망자와 중환자 숫자가 독일과 비교할 수 없을 정도로 적었습니다.

한국의 방역 정책이 효과적일 수 있었던 결정적 차이는 바로 개인의 사생활 정보를 적극적으로 이용하는 정책입니다. 한국 정부는 처음부터 방역에 개인정보를 이용했습니다. 휴대전화 정보, 신용카드 정보 등을 확진자 동선을 확인하는 데에 사용했습니다. 확진자는 방역 당국의 질문에 진실로 빠짐없이 대답해야 했죠. 자기의 동선 또는 만났던 사람을 제대로 고백하지 않았을 경우에는 그 이유로 처벌받을 수 있었고, 사회적인 비난 대상이 되기도 했습니다.

위기가 한참 진행되던 어느 날 독일 언론에 효과적인 방역에 관한 정부 기관의 연구 용역 보고서가 보도되었습니다. 보고서는 개인정보를 이용한 한국과 대만의 대응 방식을 가장 추천할 민한 방역 모델로 제안했습니다. 실제 독일 정부는 비록 한국에 비해 훨씬 완화된 수준이기는 하지만, 사생활 정보 사용을 구체적으로 검토했습니다. 가장 적극적이었던 것은 보건부 장관이었습니다. 하지만 법무부 장관은 강력한 반대 목소리를 냈고, 시민들의 여론도 압도적인 비율로 반대가 많았습니다.

독일 의료 전문가들의 입장은 어땠을까요. 그들은 형량을 강조했습니다. '나는 국민의 건강을 위해 이런 정책이 필요하다는 의견이다. 하지만 정부는 국민 건강과 의료 측면 외에도 다양한 요소를 배려하고 고려해 결정할 수밖에 없고, 또한 그렇게 해야 한다. 정책은 정부가 여러 가지 요소를 형량하여 결정해야 한다'는 것이었습니다.

개인정보를 방역에 활용할 것인지에 관한 방송 토론이 열렸습니다. 진행자가 패널로 출연한 의사에게 질문합니다. 독일 내에서 권위 있는 감염병 전문가였습니다. 그는 휴대전화 정보 등 개인정보를 이용한 방역 정책에 반대한다는 의견을 말했습니다. 그동안 독일 사회가 일구어낸 자유와 법치주의의 기초가 침해될 수 있음을 우려한다면서요. 낯선 풍경이었지만 신선했습니다. 의학 전문가들이 의료 비상 시기에 의학적 관점만을 절대 선으로 여기지 않는 것, 오히려 다른 중대한 가치를 인식하고, 자기 전공 분야의 가치를 형량하는 태도. 이것이야말로 독일 지식인 사회의 저력이라는 생각이 들었습니다.

이미 수많은 노인과 기저질환자가 요양원과 병원에서 숨진 상황이었습니다. 수많은 생명을 구하지 못할 수도 있다는 점을 고려할 때, 방역에 개인정보 사용을 금지하는 것은 이해하기 어려웠습니다. 이후 다시 많은 사람이 사망했습니다. 사회가 건강 약자에게 효과적인 방어막을 제공했다면 이들의 생명은 보호할 수 있었을 것입니다. 과연 휴대전화에 남겨진 사람들의 이동 경로와 신용카드 사용 내역이 건강 약자들의 생명과 안전보다 더 소중할까요.

만일 코로나바이러스의 약자들이 노인이나 기저질환자보다 유아와 어린이라는 의학 보고가 나왔고, 여론 주도층이었던 30~50대 시민의 자녀들이 가장 취약한 위험군이었어도 독일 정부가 그같이 결정했을까요. 쉽게 답하기 어렵습니다.

그 반대를 선택한 한국 정부에 대한 질문도 여전히 남아 있습니다. 방역을 위해 개인정보를 광범위하게 사용한 결정이 정당한 것이었을까요. 단기적으로는 많은 생명을 구했지만, 그 결정에 대해 정부가 '당연하다'는 태도를 가지는 것은 아니지 않았을까요.

시민들은 공공의 안전을 위해 자신의 비밀 정보 사용을 허락해준 것입니다. 정식으로 허락할 기회는 없었습니다. 권력이 법을 통해 양보를 받아낸 것이죠. 자유를 스스로 내어준 시민들은 지위가 매우 취약해졌습니다. 코로나 시국에 언론을 통해 개인정보가 크게 공개되었고, 사람들은 기사와 댓글로 비난하고 공격하기도 했습니다. 알리고 싶지 않았던 남다른 사생활이 공개되어 직장과 사회생활에서 위기를 맞기도 했습니다.

많은 잠재적 희생자의 생명을 구했으니 결과가 좋으면 다 좋은 게 아닐까요. 하지만 문제는 사실 그다음입니다. 국가가 확보하고 수집한 정보를 잘 관리하고 있는지, 이미 사용한 과거 정보를 완벽하게 폐기하고 있는지, 그것을 과연 누가 감시하는지 우리는 알지 못합니다. 무엇보다도 걱정스러운 것은 권력과 언론, 그리고 시민마저도 어려운 문제가 있으면 언제든 개인정보를 사용할 수 있다고 생각할 것이라는 점입니다. 이것이 매우 예외적인 상황임을 권력은 물론 공동체 전체가 매우 깊이 각성하고 있어야 합니다.

독일과 한국 중 어느 쪽이 더 지혜로운 선택인지는 알 수 없습니다. 아마도 시간이 알려줄 것입니다. 설령 한국의 선택이 더 지혜로웠다고 해도, 변하지 않는 사실이 하나 있습니다. 우리의 결정은 일방적이었다는 것입니다. 사회 전체가 개인정보 활용이라는 심각한 자유의 제한 문제를 어떻게 '형량'할지에 대한 토론이 필요했습니다.

바이러스는 인류를 다시 공격할 것입니다. 우리는 십중팔구 같은 방식으로 대응할 것입니다. 정부는 개인의 동선을 공개할 것이고, 언론은 공개된 정보를 바탕으로 개인을 타격할 것입니다. 코로나는 종식됐다고 하지만 코로나가 남긴 과제는 아직 남아 있고, 열어보지도 않았습니다. 권력이 개인의 자유를 침해하는 법적 조치를 행하고, 일방적으로 형량을 부과하는 것에 대한 경계를 늦추면 안 됩니다. 이번에는 모두의 생명을 위한 일이었지만, 다음에는 어떤 일이 될지 알 수 없습니다.

2 | 법을 아는 법, 읽는 법

법이 내는 네 가지 목소리

02

"법은 문구가 아니라
현실과의 충돌을 통해 의미를 갖는다."

일반적이고 추상적인 법은 멈춰 서 있는 자동차와 같습니다. 자동차가 도로 위를 달리기 위해서는 자동차에 맞는 열쇠가 필요하듯, 법이 작동하기 위해서는 법과 그 법이 적용될 사실이 마주쳐야 합니다. 법이 사실 관계와 만나기 위해서는 법의 내용이 어떤 것인지 확정해야 합니다. 이것을 법의 해석이라고 합니다. 법은 해석을 통해 그 내용이 확정되어야 사실 관계에 적용할 수 있고, 현실 속에 작동할 수 있습니다.

장대한 폭포 소리는 어떻게 발생할까요. 그것은 '부딪힘'입니다. 미세한 물방울들이 절벽 아래의 바위, 자갈, 나무뿌리, 다른 물방울과 부딪히고 마주쳐서 내는 소리입니다. 물이 소리로 자신을 표현하기 위해서는 다른 사물들과 충돌하는 과정이 필요합니다.

법의 해석은 법이 내는 소리입니다. 법도 스스로는 소리를 내지 못합니다. 물이 소리를 내기 위해서 충돌이 필요하듯이, 법이 자신의 소리를 내기 위해서는 다른 존재와 충돌하는 과정이 필요합니다.

사비니의 네 가지 해석

독일의 법학자 사비니는 법의 해석과 관련해 문리적 해석, 체계적 해석, 목적론적 해석, 역사적 해석이라고 하는 네 가지 방법을 제시했습니다.

1. 문리적 해석

   법이 언어와 국어의 요소들과 충돌하여 내는 소리입니다. 법문의 문장, 문구에 나타난 의미에 따라서 해석하는 방법으로 모든 법 해석의 기본이며, 가장 넓은 테두리라고 할 수 있습니다. 문구와 문장의 가능한 뜻을 뛰어넘는 해석은 특별한 사정으로 정당화하지 않는 이상 허용될 수 없습니다.

2. 법 규범의 상호 관계, 관련성에 의한 체계적 해석

   법이 주변에 있는 다른 법들과 충동하여 내는 소리입니다. 법 질서의 전체적 체계에 맞도록 하는 해석으로 법 규범의 상호 관계, 관련성에 의합니다. 원래 한 법조문은 그 규정만 단편적으로 존재하는 것이 아니라, 다른 규정들과 합쳐서 통일적인 체계를 이루고 있습니다. 따라서 한 규정의 의미 내용을 다른 규정과 대조하고

관련지어 규정 간에 서로 모순이 없도록 해석해야 합니다.

3. 목적론적 해석

법을 만든 사람들의 생각, 그들의 의도와 목적과 충돌하여 내는 소리입니다. 법과 제도가 만들어진 목적과 취지에 부합하도록 해석하는 것을 말합니다.

4. 역사적 해석

오래된 법은 그 법이 만들어졌을 당시의 맥락 속에서 이해할 수 있습니다. 법이 만들어졌을 당시의 상황, 시대 정신과 충돌하여 내는 소리를 역사적 해석이라 합니다. 입법 당시의 상황이나 의회에서의 토론 등 입법 자료나 입법사적 배경에 의한 해석을 말합니다.

다른 해석 가능성이 없는 명백한 의미의 법이라면 해석하는 데에 큰 어려움이 없을 것입니다. 하지만 단순하고 명백한 법은 그다지 많지 않습니다. 어떤 사건은 사실 관계가 특별한 성격을 갖고 있어 해석에서 세심한 배려가 필요합니다. 어떤 경우는 입법자들이 예상치 못한 헌법적 가치들이 충돌해 바람직한 해석을 찾기 어려운 경우도 있습니다. 법적으로 난제 hard case라고 불리는 건 바로 해석을 찾지 못한 사건이라는 뜻입니다.

많은 법 문구를 보면 해석의 여지가 광범위한 경우가 꽤 있습니다. 언뜻 별문제 없어 보여도 사람에 따라 다양한 해석이 나오는 경우도 많습니다. 처음부터 해석에 다른 여지가 없도록 만들면 되지 않나? 이렇게 생각할 수도 있습니다. 그러나 사람들의 삶과 세상이 복잡하고 다양한데 법이 단순하고 명료할 수는 없습니다. 법의 해석이 복잡하고 어려운 것은 복잡하고 이해하기 어려운 세상을 반영했기 때문입니다. 또한 법은 그런 세상을 규율해야 하기 때문입니다.

그러니 우리는 법을 이렇게 생각하면 좋겠습니다. '법의 해석은 객관적인 진리를 찾는 과정이 아니다. 법이 만들어진 목적, 헌법과 기본권의 가치, 문제가 된 사건의 맥락 등을 고려해 현실적으로 가능한 가장 합리적인 답을 찾는 과정이다. 또한 잘못된 법이 초래할 수 있는 피해를 최소한으로 만들기 위해 노력하는 과정이다.' 결국 법이 내는 소리는 정해진 정답이 아니라 정답을 찾아가는 '과정'입니다. 법이 소리를 내기 위해서는 여러 대상과 충돌해야 합니다. 가장 중요한 대상은 다름 아닌 '해석자의 생각'입니다.

만들 수는 없고 해석만 할 수 있다

법 전문가가 아닌 일반인에게 법은 너무 어렵습니다. 사람들은 어려운 문장으로 법을 만드는 입법자의 권위적인 습관을 비판합니다. 문법적으로 옳지 않은 문장을 사용하고, 한자어를 너무 많이 사용하고, 때로는 일본식 단어를 걸러내지 못하고 사용하는 것은 개선해야 할 과제임이 분명합니다. 하지만 이런 문제들이 개선되면 법조문이 쉬워질까요?

2 | 법을 아는 법, 읽는 법

법조문을 읽기 어렵다고 불평하는 것은 비단 우리만이 아닙니다. 독일, 미국 법조문 역시 비록 정도의 차이는 있지만 어렵기는 마찬가지입니다. 사실 법조문이 어려운 본질적인 이유는 법의 추상성 때문입니다. 미술을 모르는 일반인의 눈에 추상 미술이 난해하고 지루할 수밖에 없는 것과 다르지 않습니다. 법조문은 쉽게 읽힐 수 없는 운명을 타고난 것이죠.

이는 일반인만 겪는 문제는 아닙니다. 법률가들도 잘 모르는 분야의 법조문을 맞닥뜨렸을 때 같은 어려움을 느낍니다. 하지만 법률가들은 그런 난관에서 빠져나오는 방법을 알고 있습니다. 바로 판례를 찾아보는 것입니다. 구체적인 사례에서 어떻게 해석되고 판단되었던 것인지를 알게 되면, 기호와 선의 조합이었던 그림이 풍경화나 인물화로 바뀝니다. 무엇을 위해 만들어진 법인지, 과연 어떤 사례에 적용되는 것인지, 용어들은 어떻게 해석할 수 있는지 슬슬 비밀이 풀어지는 것이죠. 비밀이 풀리는 결정적인 열쇠는 사실 관계입니다. 법이 적용된 구체적 사실 관계를 아는 것은 마치 잠금장치를 풀 수 있는 암호를 받는 것과도 같습니다.

판례란 법관의 판단, 즉 구체적인 소송에서 문제가 된 사실에 대해 법을 해석하고 적용한 판단입니다. 모든 법원이 내린 법의 해석과 적용에 관한 판단이 판례라고 할 수 있지만, 가장 중요한 판례는 최고 법원, 즉 대법원(헌법 사건의 경우에는 헌법재판소의 판단)의 판단입니다. 법을 공부하는 학생들은 판례를 법만큼이나, 실질적으로는 법보다도 더욱 정성을 들여 열심히 공부합니다. 변호사, 판사와 검사 들은 이를 법으로 주장하고, 사건을 해결하는 정답으로 주장하고 판단합니다.

법관의 해석에는 한계가 있습니다. 가장 명백한 한계는 법에 정해진 단어와 문구로, 법관은 법의 문자적인 의미 안에서 해석해야 한다는 것입니다. 형량은 해석의 한 형태이기에 법관이 해석할 수 있는 한계 안에서 형량할 수 있습니다. 법관의 형량과 해석이 법조문의 문구가 갖는 한계를 넘어선다면, 법 해석이 아니라 입법 단계로 넘어갑니다. 민주주의 국가에서 법 제정은 국회의 일이고, 법관은 제정된 법을 해석해 적용하는 역할만 담당할 수 있습니다. 법관이 입법자의 역할을 빼앗는다면 민주주의와 권력 분립의 원칙을 정면으로 위반하게 됩니다. 여기에 법관의 딜레마가 있습니다. 법관이 법을 해석하는 일은 다양한 이익과 법 목적을 형량하여 새로운 법을 만드는 것과 같은 행위이지만, 그것이 입법자가 하는 것과 같은 전혀 새로운 법을 만드는 일이어서는 안 된다는 것입니다.

법관이 내린 법 해석은 장차 제기될 다른 소송에서도 같은 법 해석이 내려질 것을 예견하게 합니다. 특히 최고 법원의 판례는 강력한 영향력을 발휘합니다. 대법원에서 새로운 해석 판단이 선언되면 그것으로 사람들과 사회의 이해관계가 새롭게 결정됩니다. 그런데 그 결정이 다른 해석으로 쉽사리 바뀌고 변경된다면, 기존의 해석을 법이라고 믿었던 많은 사람이 손해를 보게 될 것입니다. 이런 일이 반복된다면 더 이상 법을 믿을 수 없기 때문에 어떤 결정도, 계획도 세우기 어려워지죠. 법적 안정성이 침해되는 것은 무엇보다도 법에 대한 신뢰와 법치주의의 손상이라는 나쁜 결과로 이어집니다. 법관은 형량 문제와 함께 법에 대한 신뢰와 법의 안정성 문제를 고민할 수밖에 없습니다.

2 │ 법을 아는 법, 읽는 법

영국과 같은 영미법계 국가에서는 판례를 '선례법'이라고 하며 법으로 인정합니다. 독일, 프랑스 등 대륙법계에 속하는 우리나라에서는 판례를 공식적인 법으로 인정하지는 않습니다. 법원의 해석과 적용의 판단은 그 사건에 관해서만 효력이 있고, 다른 사건에는 구속력이 없다는 뜻입니다. 하지만 그것은 공식적인 입장일 뿐 판례는 사실상 법률 조항 이상이라고 할 만큼 막강한 힘을 가지고 있습니다.

종전에 구체적 사건을 재판하면서 같은 법을 해석했던 법원의 판단, 판례가 있습니다. 후에 다른 사건을 재판하는 법관은 같은 법을 적용하면서 종전의 판례를 참고하여 판단합니다. 만약 앞뒤 사건의 사실 관계 사이에 결정적인 차이가 있다면 어떻게 해야 할까요? 법관은 판단합니다. 과연 새로운 사건의 사실 관계에 종전의 판례를 그대로 적용해 판단할 수 있을 것인가?

새로운 사건을 재판하는 법관은 만일 새로운 사실 관계가 종전과 질적으로 다르다고 판단한다면 다른 해석을 할 수 있습니다. 사실 관계를 얼마나 엄격하게 구분하고, 세분하여 유형화하는가에 따라 다른 결론이 나올 수 있습니다.

법관은 구체적 사건에서 가장 정의로운 결론을 추구하려고 합니다. 이를 구체적 타당성을 추구하는 노력이라고 합니다. 한편 이미 선언된 판례를 따름으로써 법적 안정성을 보호하려는 노력도 기울입니다. 둘 다 모두 소중한 가치이며, 모두 잘 형량하여 판단해야 합니다.

결국 시간이 좋은 법을 알려준다

법관이 판례를 적용할 것인지 고민할 때 잊지 말아야 할 것이 있습니다. 바로 '시간'입니다. 법조문이 고정되어 있다고 해서 법마저도 고정된 것은 아닙니다. 인간의 의식과 사회의 현실은 계속 변화하죠. 법을 해석하는 사람들의 생각도 변화합니다. 과연 무엇이 공정한 해석인가의 문제도 현실 변화에 따라 바뀔 수밖에 없습니다. 결국 법조문이 바뀌지 않아도 형량은 바뀔 수 있고, 그에 따라 법의 내용도 바뀔 수 있습니다.

강간죄는 형법에 규정된 무거운 범죄입니다. 과거 대법원의 판례를 보면 부부 사이에는 강간죄가 성립하지 않는다고 판단했습니다. 배우자를 때리고 협박해 성행위를 했다면, 때리고 협박한 것이 범죄가 될지언정 강간죄는 아니라고 해석했습니다. 보수적인 전통적 남녀관, 결혼관이 작용한 판례였다고 평가할 수 있습니다. 즉 결혼한 여성을 남편의 소유물로 이해한 과거의 관념에 기초한 것입니다.

대법원은 2013년 판례를 변경했습니다. 그리하여 상대방이 거부 의사를 밝힘에도 불구하고 강제적으로 폭행, 협박, 성교 행위가 발생했다면 부부 사이라고 해도 강간죄가 성립된다고 판단했습니다. 부인의 인격과 존엄성을 중대하게 평가해 새롭게 형량하여 해석한 것입니다. 법관의 형량이란 이렇게 죄가 아닌 행위였던 것을 죄가 되는 행위로 변경할 수 있습니다.

판례가 변경된 점이 놀라운 것이 아니라 종전의 판례가 2013년까지 유지되었다는 게 놀랍습니다. 종전의 판례에도 타당한 당위 가치가 전혀 없었던 것은 아닙니다. 혼인 중 부부 사이의 성관계에 관한 속사정은 남이 알기 어렵습니다. 이 문제에 국가가 형법으로 개입한다면 가정생활은 파괴되고 말 것입니다. 하지만 국가 권력이 자제해 가정생활이 유지되고 보호되도록 한다는 것은, 부인 입장에서는 남편에게 강간당하고도 법적으로 아무런 보호를 받지 못한다는 결과로 나타납니다.

당위를 형량하여 볼 때 개인의 신체 자유와 인간으로서의 존엄성이 훨씬 우위에 있어야 마땅합니다. 그리하여 대법원의 다수 의견은 인간의 존엄과 가치, 양성평등, 개인의 성적 자기 결정권이라는 당위를 우선하여 형량했습니다. 가정생활 보호라는 당위 가치와 법의 신뢰, 법적 안정성의 중요성에도 불구하고 종래의 판례를 변경할 수밖에 없었던 것입니다. 법의 해석은 시간의 흐름에 따라 끊임없이 변화하는 현실에 따라 변해야 합니다.

나쁜 법인지 알아내려면

03

"좋은 결과를 추구하는 것보다
의도하지 않은 결과를 막는 것이 더 중요하다."

어린 시절 형제들과 손전등을 가지고 자주 하던 놀이가 있습니다. 캄캄한 밤중에 불을 끄고 손전등을 턱 아래에서 비추면서 "나는 귀신이다!" 하며 귀신 흉내를 내는 것입니다. 분명히 내 동생이고 형임을 아는데도 그 흉측한 모습이 귀신으로 보여 너무나 무서웠습니다.

그 시절에도, 나이가 든 이후에도 괴상한 모습으로 보이는 이유를 생각해보지 않았습니다. 아니 생각할 필요도 느끼지는 않았습니다. 최근 사진을 전공한 한 선생님의 설명을 듣고 나서야 어떤 사실을 깨달았습니다. 그분의 설명은 다음과 같습니다.

"이 세상에서 가장 큰 광원은 태양이다. 태양은 모든 사물의 위에 있다. 인간들은 위에서 아래로 비추는 태양의 빛, 그리고 그 빛이 보여주는 사물의 모습에 익숙하다. 그런데 전등을 아래에서 위로 비추면 익숙하지 않은 빛의 방향이기 때문에, 그 빛이 보여주는 물건의 모습도 전혀 친근하지 않게 보이는 것이다."

사람들이 만일 아래에서 비추는 빛에 익숙해진다면, 그 빛이 보여주는 사물의 모습에도 익숙해져서 그중에서도 아름다움과 추함을 구분할 수 있겠지요. 우리들이 판단하는 여러 가지가 어쩌면 익숙함과 낯섦이 만드는 편견일 수도 있다는 생각을 하게 됩니다. 아름다움과 추함이 사물의 실체도 아닙니다. 어쩌면 익숙하지 않은 것을 괴상하게 보는 우리의 관점이야말로 아름다움과 추함을 결정하는 자의적인 권력인지도 모릅니다.

빛의 방향을 바꾸면
아름다움과 추함도 달라진다

위에서 떨어지는 빛으로 사물을 보듯 대다수의 사람들은 세상의 권력이 만든 질서, 승자의 도도한 높이에서 바라보는 시각으로 주변과 사회를 내려봅니다. 사람들은 그 시각으로 보는 추함과 아름다움이 누구에게나 당연한 진리이며 정의라고 느낍니다.

한편, 가난한 자와 약자에게 위로를 주고 용기를 주는 관점으로 세상을 보는 이들도 있습니다. 이는 아래에서 비추는 손전등처럼 어색한 모습을 만듭니다. 하지만 그 관점에 익숙해진 뒤에는 아름다움을 발견하게 됩니다. 힘이 없고 가난하다는 게, 그래서 일상생활에서 어둠 속에 있다는 게 그들의 실체가 아니라는 사실을 깨닫게 됩니다. 그들도 당당한 빛 속의 주인공, 꽃보다 아름다운 세상의 주인이 될 수 있음을 알게 됩니다.

인간의 한정된 능력으로 편견을 극복하는 일은 쉽지 않습니다. 그나마 최대한 옳게 판단하기 위해서 여러 방향으로 바라보고, 여러 방향에서 빛을 비추어야 합니다. 그래야만 그나마 잘못된 판단을 조금이라도 줄일 수 있습니다.

형량의 옳고 그름은
과연 누가 판단할 수 있을까

국가 권력의 형량이 적절하게 이루어지는 게 우리의 소망이지만, 이는 자동적으로 달성되지 않습니다. 그래서 필요한 것이 입법 또는 국가 기관의 공권력 행사의 옳고 그름에 대한 사법 심사입니다. 잘못된 형량을 한 공권력 행사를 무효로 만들고 잘못에 대한 책임을 묻는 심사 과정이 없다면, 편견과 자의에 의한 권력 행사는 교정되지 않을 것입니다. 오늘날 대다수의 민주주의 국가들은 국가 권력에 대한 엄격한 사법 심사를 제도화하여 시민의 자유를 보호하고, 적절한 형량을 보장하고자 합니다. 더욱 바람직한 제도를 만들기 위해 궁리하고 논쟁합니다. 제도를 찾는 과정에서 가장 어려운 질문은 심사의 주체는 누구인가, 즉 그 심사를 '도대체 누가 할 것인가'입니다.

우선 의회가 담당하는 경우를 생각해봅니다. 선거에 의해 구성되었으므로 민주주의 원칙과도 잘 조화됩니다. 국민의 선거로 선출된 국민의 대표들이 법이 잘 만들어졌는지 심사하는 것입니다. 그런데 의회가 입법에 관해 형량하여 만든 법을 다시 의회가 심사하는 것은 뭔가 이상합니다.

자신들이 만든 법이 옳다는 편견과 선입관이 작용해 제대로 된 심사가 이뤄지지 않을 가능성이 높습니다.

대통령도 마찬가지입니다. 대통령의 권력은 국가 권력 중에 가장 강력합니다. 만일 대통령이 의회가 만든 법률이나 스스로 발령한 명령이 옳고 정당한 것인지에 대한 심사권을 갖게 된다면, 지나치게 강력한 권한이 집중됩니다. 이뿐만이 아닙니다. 대통령과 의회가 현실 정치에서 내리는 결정은 정치적 이해관계에 기초하고 있습니다. 이해관계에 따라 내려진 결정은 이해관계에 따라 쉽게 뒤집어져 일관성을 기대하기도 어렵습니다.

권력에게 형량의 옳고 그름을 심사할 권한을 맡길 수 없다면 여론에게 맡기면 어떨까요? 민주주의 국가의 정책 결정권자들은 주권자인 국민의 의사를 반영하기 위해 여론을 조사합니다. 여론 조사 기관의 설문 조사 결과, 언론에 등장하는 시민의 반응, 시장과 광장의 여러 의견을 종합해 여론이라고 합니다. 현대로 오면 올수록 법 제정에서 여론의 위력이 점점 커지고 있습니다. 하지만 여론이란 신뢰할 수 있는 존재일까요? 수시로 변동할 뿐만 아니라 때로는 감정이 어느 한쪽으로 가장 격앙되었을 때의 의견일 수 있습니다.

언론과 전문가도 균형을 잃을 때가 적지 않습니다. 자신들이 원하는 방향으로 여론을 이끄는 경우가 있으며, 강자의 일방적인 시각에 매혹되기도 합니다. 여론이 이런 견해에 이끌리면 일방적인 법, 형량이 제대로 이뤄지지 않은 법을 제대로 심사할 수 없습니다.

오늘날 대다수 민주주의 국가들은 형량의 옳고 그름에 대한 판단을 사법 기관에 맡기고 있습니다. 그중에서도 헌법재판의 형식으로 진행되는 사법 심사를 헌법 심사라고 합니다. 헌법은 최고법입니다. 헌법이 규정하고 있는 권력이 지켜야 할 다양한 원칙, 시민의 자유에 관한 다양한 원칙은 형량을 판단할 수 있는 적절한 관점을 제공합니다. 그렇기에 헌법은 형량의 옳고 그름을 판단하는 최고의 척도가 될 수 있습니다. 권력 행사의 형량이 옳은지, 그른지를 헌법에 비추어서 판단하는 사법 기관의 재판이 바로 헌법재판입니다.

사법 기관은 판결문을 통해 판단하는데, 그 판결문에 구체적인 '판결 이유'를 작성하고 일반에게 공개합니다. 이러한 권력 행사 방식은 그 판단에 대한 논리적인 검증과 비판을 가능하게 합니다. 또한 사법 기관은 새로운 판단이 스스로 과거에 내렸던 판단과 일관되어야 한다는 원칙을 가지고 있습니다. 그래서 새로운 판단을 할 때에는 미래의 판단을 고려해 스스로 절제하도록 만듭니다.

사법 기관의 권력은 입법권과 행정권에 비해 가장 약합니다. 정당성이 없는 판단을 할 경우, 다른 권력에 의해 쉽게 견제되기 때문에 스스로 권한 행사 남용을 경계합니다. 사법 기관이 최종적으로 헌법 해석을 하고 헌법재판을 담당하는 것은, 다른 권력 기관이 담당하는 것과 비교했을 때 상대적으로 덜 위험하고 권력 분립의 원칙에 비추어도 적합한 측면이 있습니다. 하지만 사법 기관이 헌법재판을 담당한다고 해서 위험이 없는 것은 아닙니다. 과연 어떤 장치가 사법권 남용을 방지할 수 있을까요? 헌법재판은 잘못된 형량의 위험을 어떻게 방지할 수 있을까요?

2 | 법을 아는 법, 읽는 법

올바른 형량을 지키는 것은 헌법을 보호하고 헌법 원칙을 준수하는 그 자체라고 할 만큼 중요한 문제입니다. 이것은 한두 가지 요소만으로 달성할 수 없습니다. 어느 한 국가 기관의 힘으로, 또는 천재적인 이론이나 법칙이 만들어진다고 해도 그것만으로는 불가능합니다. 여러 국가 기관이 힘을 모아서 헌법을 지키고 지탱해야 하며, 서로 견제하고 형량의 균형을 맞추어야 합니다. 다양한 주체들이 여러 높이와 각도에서 문제를 살펴 질문하고 토론해야 한다는 형량 원칙의 처음으로 돌아가는 것입니다. 즉, 시민의 '생각하는 힘'이야말로 올바른 형량을 위한 최후의 안전장치입니다.

여러 각도에서 빛 비추기

입법자는 입법을 하면서, 법관은 법 해석을 하면서, 대통령과 행정부는 입법안과 국가의 권력 행사를 계획하면서 적절하게 형량해야 합니다. 하지만 그들도 인간이기에 편견과 오만에 빠질 때가 있으며 불공정한 의견과 성급한 판단으로 불완전한 법을 만들기도 합니다. 그들이 제대로 형량을 한 것인지 어떻게 심사하고 평가할 수 있을까요?

'과잉 금지 원칙'은 애초에 경찰 권력이 개인의 자유를 제한하거나 금지할 경우 그 적절성을 판단하는 원칙으로 시작되었습니다. 이는 입법을 포함한 모든 공권력이 개인의 자유와 권리를 침해했는지 여부를 판단하는 원칙으로 발전했습니다. 오늘날은 한 걸음 더 나아가서 여러 당위 가치가 부딪히는 경우 그 가치들을 형량하는 방법 또는 제대로 형량했는지 심사하는 방법으로 사용되고 있습니다.

과잉 금지 원칙은 여러 각도에서 빛을 비추는 여러 단계의 판단으로 이루어집니다.

첫째 단계는 '권력 행사의 목적이 정당한가'를 검토합니다. 국민의 자유를 제한하는 권력 행사는, 그것이 정당한 목적을 위한 것임을 설명할 수 있어야 합니다. 국가 안전 보장, 질서 유지, 공공복리 등이 정당한 목적이 될 수 있습니다. 조심해야 할 것은 이런 목적들이 구체적이지 않고 추상적이어서 여기저기 쉽게 걸칠 수 있다는 점입니다. 정당한 목적을 내세우지만, 정작 추구하는 목적은 다른 데에 있을지도 모릅니다. 따라서 형량이 정당한지 심사하는 과정에서는 국가 권력이 내세우는 목적의 진정성을 주의 깊게 살펴야 합니다.

둘째 단계는 '수단 적절성의 원칙'입니다. 국가 권력이 자유를 제한하는 경우, 설정한 목적을 달성하기 위한 적절한 방법이어야 합니다. 만일 국가가 달성하려는 공익에 아무런 유익한 영향이 없다면 자유 제한은 허용될 수 없습니다.

셋째 단계는 '최소 침해성의 원칙'입니다. 그 방법은 목적을 달성하기 위한 가장 최소한의 수단이어야 합니다. 국가 권력이 개인의 자유를 제한한다면, 필요한 범위에서 최소의 제한인지, 같은 정도로 실현할 수 있는 수단 가운데 덜 제한적인 대안이 있는지를 판단합니다.

두 가지의 당위 가치를 형량하는 경우에도 마찬가지입니다. 어느 하나의 가치를 제한하는 형량을 했는데, 따져보니 그 방법 말고도 같은 정도로 공익을 실현할 수 있고 덜 제한적인 다른 수단이 있었습니다. 그럼에도 불구하고 그 수단을 사용했다면 적절한 형량이 아닙니다.

넷째 단계는 '상당성의 원칙' 또는 '법익 균형성의 원칙'이라고 합니다. 이 단계에서는 목적을 통해 달성되는 공익과 제한되는 자유, 권리의 이익이 적절하게 균형 관계를 이루고 있는지를 판단합니다. 달성하려는 국가의 목적이 인정되고 그것이 수단을 통해 달성될 수 있어도, 제한되는 자유가 중대하고 그로써 달성할 수 있는 공익이 그리 크지 않다면 허용되지 않습니다. 자유를 제한하는 일은 양적 측면의 계량이 아니라 질적 측면에서의 저울질, 다양한 가치와 관점으로 비추는 저울질이라고 할 수 있습니다.

이 네 단계를 가지고 있는 과잉 금지의 원칙은 개인의 자유 그리고 공동체의 다양한 당위 가치를 여러 관점에서 심사합니다. 그렇기에 민주주의 공동체와 시민의 자유, 공익적 가치 모두를 적절하게 보호할 수 있는 지속 가능한 형량 방법입니다.

금주법의 실패

법이 가진 힘은 무엇보다 '금지'에 있습니다. 좋은 법은 그 힘을 통해 시민과 공동체를 보호합니다. 그런 법들이 많죠. 마약 단속에 관한 법이 대표적입니다. 마약의 폐해는 거론할 필요조차 없습니다. 개인을 파멸시킬 뿐만 아니라, 심한 경우 공동체 전체를 병들고 타락하게 만듭니다. 그래서 입법자는 마약을 금지하고, 마약을 제조, 수입하거나 판매하는 사람이나 구입해 사용한 사람 모두를 엄하게 처벌합니다. 입법 목적이 타당하고, 목적을 달성하기 위한 수단도 적절합니다.

그렇다면 술은 어떨까요? 술의 부작용 역시 만만찮습니다. 알코올 중독이 개인과 가족에 미치는 폐해 역시 마약에 비할 바는 아니더라도 파멸적입니다. 많은 가정 폭력에 알코올 중독이 개입되어 있습니다.

그뿐이 아닙니다. 상당수의 범죄가 알코올과 연관되어 있고, 조직범죄의 상당한 이익이 불법 주류 판매에서 나옵니다. 만약 입법자가 알코올 소비의 폐해로부터 시민들을 구할 수 있는 입법을 했다면, 이는 타당한 입법 목적일 것입니다.

하지만 과연 음주에 폐해만 있는 걸까요? 입법자의 의욕이 충천해 술을 마약처럼 전면적으로 금지한다면 어떻게 될까요? 술이 여러 부작용을 가져오지만, 그 이유로 공동체 전체에 술을 금지하는 법을 제정한다면 사람들의 자유를 지나치게 제한하는 입법이라고 생각할 수 있겠죠.

적절한 정도로 즐기는 사람들의 숫자가 훨씬 많고, 우리 사회를 여러 면에서 여유롭고 즐겁게 만드는 장점도 있다는 것을 알고 있기 때문입니다. 무엇보다 문화의 중요한 일부인 술을 전면적으로 금지하는 게 현실적으로 가능하지 않다는 점도 문제가 됩니다. 술 소비 전체를 금지한다면 지나치게 과도하고, 실질적인 효과도 없이 부작용만 만들어 지혜롭지 않은 수단인 것이죠. 이미 그 실패를 역사적으로 본 적이 있습니다.

20세기 초 미국의 지도자들이 보기에 술이란 백해무익한 물건이었습니다. 도덕적인 관점, 종교적인 관점뿐 아니라 전쟁 중의 식량 절약 등 실

2 | 법을 아는 법, 읽는 법

용적인 관점에서도 금지가 타당해 보였습니다. 각 주에서 개별적으로 금주법을 제정하다가 1917년 마침내 미국 연방헌법이 개정되었습니다. 전 미국 영토 내에서 알코올음료에 대한 양조, 판매, 운반, 수출입을 금지하는 미국 헌법 수정 제18조가 연방의회를 통과했고, 각 주의 승인을 얻어 1920년 1월 발효되었습니다.

금주법에는 공동체의 건강한 삶을 위한다는 당위와 술을 마시고 즐거워할 개인의 자유를 보장해야 한다는 당위가 충돌하고 있습니다. 이제 과잉금지 원칙의 네 단계 심사를 통해 충돌하고 있는 당위를 형량해봅시다.

첫 번째 단계는 목적 정당성을 심사하는 것입니다. 법의 목적이 정당한지 심사합니다. 술로 인해 많은 사람의 건강이 침해되고 범죄의 충동에 빠지고, 알코올 중독으로 인한 가정 폭력으로 고통받는 사람들도 많습니다. 그러니 술을 금지하면 이러한 폐해로부터 공동체를 구제할 수 있으리라 보는 것입니다. 목적 자체로는 정당합니다.

두 번째 단계는 수단의 적합성입니다. 마약의 제소와 판매를 금하는 것이 마약 중독의 파멸로부터 사람들을 구하는 효과적인 수단이듯이, 술의 제조와 판매 금지는 각종 음주의 폐해로부터 사람들을 구할 수 있는 효과적인 수단이 될 것입니다.

이에 대해 의문을 제기할 수 있습니다. 과연 금주법이 시행된다고 해서 사람들이 술을 끊을까? 1920년대 미국에서 금주법이 시행된 후의 상황을 볼까요. 사람들은 몰래 술을 마십니다. 암시장에서는 비싼 밀주가 거래됩니다. 가난한 사람들은 최악의 저질 밀주를 마셨고 그로 인해 목숨을 잃는 사람까지 있었죠. 암시장을 장악한 조직범죄가 폭발적으로 성장합니다. 갱단이 금지된 밀주 거래를 장악해 커다란 이익을 얻기 시작했기 때문입니다. 전설적인 갱단 두목 알 카포네가 등장한 것도 이 무렵입니다. 갱단이 벌이는 각종 범죄와 이권 전쟁으로 인한 사상자가 음주로 인한 범죄와 그 희생자를 압도하고도 남았습니다. 수많은 부작용을 남긴 금주법은 결국 대공황 시기에 이르러 퇴조합니다. 과연 이 법이 사용하고 있는 전면 금지라는 수단이 목적을 달성하는 적절한 수단인가, 아니면 목적을 오히려 거스르는 어리석은 수단인가. 이런 의문이 남는 게 당연합니다.

세 번째 단계는 최소 침해성의 원칙입니다. 이 단계에서는 과연 그것이 최선인가를 묻습니다. 덜 침해적인 수단이 있는 것은 아닌가? 금주법에 관해 이렇게 물을 수 있습니다. 과연 모든 술의 판매와 생산을 금지하는 것이 최선인가? 과도한 금지 아닌가? 술을 과용하고 남용하는 사람들의 경우를 따로 분리해 제한하고 억제하거나, 알코올 중독에 빠진 사람들을 적절하게 치료하고 지원해 개인과 사회를 동시에 보호하는 게 덜 제한적이면서도 더욱 효과적이지 않은가? 금주법은 세 번째 단계의 심사를 통과하기가 어렵습니다.

네 번째 단계는 상당성의 원칙입니다. 술의 금지를 통해 달성하는 공익은 중요합니다. 하지만 술을 마시는 행복과 자유를 전면적으로 금지하는 것은 지나치지 않을까요? 음주가 개인과 공동체에 가져다주는 긍정적인 이익, 사회적 효용은 아예 없는 것일까요? 금주법은 이 마지막 단계의 심사도 제대로 통과하기 어렵죠. 술은 사회적으로, 문화적으로 여러 효용이

있습니다. 술을 금지하는 것은 웃음과 춤을 금지하는 것 못지않게 인간의
본성과 충돌하는 부자연스러운 법입니다. 남용과 악용이 문제지만 전면
적인 금지는 그 폐해와 효능에 비례해 정당화될 수 없죠.

과잉 금지 원칙을 손에 들고

실제 과잉 금지 원칙의 심사는 금주법의 예로 설명한 것보다 훨씬 복잡합
니다. 가장 큰 문제는 무엇보다 공동체의 이익이 단순하지 않다는 데에
있습니다. 많은 경우 공익은 서로 충돌하고 모순됩니다. 가령 부동산 가
격의 안정이라고 하는 문제는 중대한 공익으로 인정됩니다. 수도권에 새
로운 전철을 건설하는 것은 사람들이 편리하게 이용할 수 있는 교통망을
확충한다는 측면이 있지만, 동시에 수도권의 부동산 가격 상승에 직접적
인 영향을 미칩니다. 즉, 부동산 가격 안정이라고 하는 공익은 수도권의
대중교통망 확충이라는 공익과 충돌하죠. 수도권 인구 집중을 억제해야
한다는 공익은 부동산 가격을 안정시키기 위해 주택 공급을 늘려야 한다
는 공익과 충돌하기도 합니다.

공익은 다양할 뿐 아니라 끊임없이 새롭게 등장합니다. 경제적 성공과
산업 발전이라는 공익, 깨끗하고 지속 가능한 환경 보호라는 공익, 공동
체를 구성하는 개인과 가족의 건강과 안전이라는 공익, 국가의 안보와 장
기적인 평화 모두 중요한 공익이지만, 서로 충돌하는 면들이 있습니다.

결국 과잉 금지 원칙을 한 손에, 당위가 현실에서 작용하는 모습을 다

른 한 손에 들고, 입법자와 해석자 그리고 시민이 그 가치를 정밀하게 판단하고 형량하는 수밖에 없습니다.

금주법은 어처구니없는 법이었습니다. 하지만 이러한 법이 제정되는 것이 비단 과거의 일만은 아닙니다. 모든 국민에게 전면적으로 영향을 미치지 않을 뿐이지 오늘날에도 1920년대의 미국 금주법과 같은 무지막지한 법, 그래서 결국 공익을 증진시키는 것이 아니라 해치는 법이 계속 만들어지고 있습니다. 언론과 시민이 법의 형량에 관해 더 깊이 이해하고 있다면, 입법자가 말하는 공익뿐 아니라 다른 여러 관점에서의 공익과 자유도 함께 생각할 수 있다면, 입법자들이 졸속으로 법을 만드는 행태를 방지할 수 있을 것입니다. 제대로 형량하지 않은 채 일방적이고 맹목적인 법을 만드는 정당과 의원에 대한 심판도 잊어서는 안 될 것입니다.

나와 너의 약속이 법보다 앞서는 이유

04

"약속은 지켜져야 한다."
—로마 법언

거리에서 무작위로 '법이 무엇인가'라고 질문하면 어떤 법을 떠올릴까요? 아마도 형법일 것입니다. 우리는 매일 저녁 범죄 뉴스를 접합니다. 잘나가던 기업인이 유죄 판결을 받았고, 유력한 정치인에게 구속 영장이 청구되었다는 소식은 우리를 놀라게 합니다. 형법은 가장 드라마틱한 법입니다. 그래서 소설이나 드라마의 소재가 되는 것도 주로 범죄에 대한 수사이고, 형사 사건을 재판하는 법정입니다.

그런데 만일 위의 질문을 받았던 사람들에게 법에 관해 알고 싶은 점, 공부하고 싶은 분야가 무엇인가 묻는다면 어떤 것을 말할까요? 아마도 민법 분야일 것입니다. 본인이 형법을 어길 일은 쉽게 상상하기 어려운 반면, 일상생활에서 임대차나 전세 또는 근로 계약에 법률 문제가 생기리라는 것은 쉽게 예상할 수 있습니다. 본인이나 가족이 이런 다툼 때문에 골치를 앓은 적이 한두 번씩은 있기 마련이니까요.

법학을 공부한 이들은 어떨까요? '법 하면 떠오르는 것은 어느 법인가요?'라는 질문에 이들은 민법을 떠올릴 것입니다. 법학을 공부할 때 그 양이 가장 방대한 것도, 논리가 복잡하고 난해한 것도 민법이기 때문입니다.

법을 잘 쓰기 위해 가져야 할 개념 중 하나가 민법과 형법의 구분입니다. 이 두 법이 모든 법의 가장 기초가 되기 때문이며, 또한 두 법에 전혀 다른 원리들이 작용하기 때문입니다. 사막 여행에서 살아남으려면 사막에서의 생존 원리를 알고 있어야 합니다. 바다 또는 산에서 터득한 생존 원리를 사막에서 적용했다가는 큰 위험에 빠지게 됩니다.

그중 민법의 원리에 대해 자세히 알아보겠습니다. 사법이 개인과 다른 개인 사이의 관계를 다룬다면, 공법은 우월한 힘을 갖는 국가 권력과 개인의 관계를 다룹니다. 민법은 사법의 대표적인 법이고, 형법은 공법의 대표적인 법입니다.

민법은 쉽게 말해 '계약'과 '손해 배상'에 관련된 법입니다. 합의하여 계약하고, 계약을 위반하면 손해 배상을 받기 위해 소송을 제기합니다. 여기에서 계약은 '개인과 개인'이 주체입니다.

시장에서 장을 보고, 카페에서 커피를 마시고, 택시를 타고, 피시방에서 게임을 하고, 집에서 스트리밍으로 영화를 보는, 일상생활과 관련된 법입니다. 아파트를 사고, 가게 점포를 임대하는 중요한 거래 행위들도 민법이 적용되는 전형적인 영역입니다. 기업 활동이나 상인들 간의 거래를 규율하는 상법 영역도 사법에 속합니다.

흔히 법은 국가가 정한다고 생각하지만 사법에서는 개인의 결정과 합의가 법의 내용이 되기도 하고, 법에 우선하기도 합니다. 물론 민법 중에도 개인 간 합의로 법의 내용을 바꿀 수 없는 경우도 있습니다. 이런 법을 '강행 규정'이라고 하는데, 매우 드뭅니다.

판사가 판단할 때 어느 한쪽이 불합리하게 불이익을 받고 있다고 해도 그것을 교정하겠다고 나설 수 없습니다. 개인 간의 약속이고 개인의 약속이 바로 법인 사법 영역이기 때문입니다.

그렇다면 사법 영역에서 국가는 아무 할 일이 없을까요? 국가는 개인 간의 약속이 지켜지도록 강제하고, 약속 위반에 따른 책임을 지게 합니다. 사법 영역의 대원칙이 있습니다. 개인이 자유로운 의사에 따라 자기 책임하에 결정하고, 국가는 이에 간섭하지 않는다는 원칙입니다. 이를 '사적 자치의 원칙'이라 합니다. 흔히 이 원칙을 로마법으로부터 내려오는 "약속은 지켜져야 한다Pacta sunt servanda"라는 법언으로 설명합니다. 사적 자치의 원칙은 인류가 물물 교환을 하던 시대부터 자연스럽게 발전되었습니다.

왜 개인의 결정에 법과 같은 효력을?

개인들의 결정과 합의에 법과 같은 효력을 부여하는 이유는 무엇일까요. 우리는 살아가면서 수많은 선택과 결정을 합니다. 직업을 선택하고 결혼하는 등 자신의 인생을 결정하는데, 자기 운명의 주체가 스스로 결정해야 합니다. 국가가 이런 결정을 해줄 수 없고, 해서도 안 됩니다. 개인 자유의 문제이며 독립성의 문제이기 때문입니다. 사법 영역에서 개인의 결정을 우선하는 이유는 바로 이 자유를 보장해주기 위해서 입니다.

커다란 시장을 상상해봅시다. 서울의 남대문 시장 또는 베를린의 크리스마스 시장, 이집트 카이로의 골동품 시장 또는 터키 이스탄불의 향신료 시장이어도 좋습니다. 이런 시장은 사람들로 붐빕니다. 물건을 배달하는 이들, 물건 값을 흥정하는 이들, 그 사이로 차와 식사를 배달하는 사람들이 머리에 뜨거운 음식을 이고 위험천만하게 지나갑니다. 상인과 고객, 점포를 임대하는 건물주, 상인에게 물건을 공급하는 사업자, 여기에 시장을 구경하러 온 관광객까지…. 사람, 자전거, 오토바이, 자동차가 뒤엉켜 있습니다.

수많은 사람의 이기심과 욕망이 충돌하는 공간이지만 누구도 감히 이곳에 질서와 규율이 없다고 할 수 없습니다. 규칙과 질서가 없다면 애당초 시장은 존재할 수 없었을 테니까요. 그렇다면 이렇게 복잡한 시장을 움직이는 규칙과 질서는 무엇일까요. 바로 개인 간의 약속, 즉 합의입니다.

시장에 물건을 팔러 온 사람은 물건을 살 사람과 흥정합니다. 각자 원하는 가격과 수량, 품질과 기타 여러 조건을 합의합니다. 때로는 그 자리에 없는 물건을 거래하기로 약속하기도 합니다. '그 물건이 언제까지 준비되니 언제, 어디에서 물건을 넘겨주겠다'라고 약속하기도 합니다. 뭔가 생각나는 게 있지요. 시장의 수요와 공급이 가격을 결정한다는 '보이지 않는 손의 법칙'이 떠오를 겁니다. 이 보이지 않는 손의 힘이 작동할 수 있는 것도 사적 자치가 있기 때문에 가능합니다.

사적 자치가 지켜지기 위해서는 합의를 지키지 않을 경우 불이익이 예상되어야 하고, 자신이 입은 손해를 복구할 수 있다는 믿음이 필요합니

2 | 법을 아는 법, 읽는 법

다. 무엇을 통해서일까요. 손해 배상을 받아내기 위한 민사소송입니다.

앞에서 다루었던 로마법을 기억해봅시다. 로마법의 정수는 시민의 계약과 재산권 등 개인의 권리를 정하는 사법이었습니다. 이러한 사법을 발전시킨 것이 바로 민사소송이었습니다. 12표법에는 개인 간의 다툼을 해결하는 방법으로 소송법 규정을 정해놓았습니다. 이를 기초로 권리 침해를 구제받기 위해 소송을 걸고, 법원의 판단이 쌓이면서 민법이 점차 발전한 것입니다.

민사소송 제도는 약속을 지키지 않은 사람, 또는 다른 사람에게 손해를 끼친 사람을 상대로 국가가 약속의 이행 또는 손해 배상을 강제하기 위해 만들어졌습니다. 국가는 재판권을 통해 사법의 영역에 개입합니다. 그러나 이는 국가가 약속의 당사자가 되는 것을 의미하지는 않습니다. 국가는 개인들의 약속이 실제적인 의미를 갖게 돕는 것입니다. 반면 공법 영역에서는 국가 권력이 당사자로서 직접 개입하고, 명령하고 집행합니다. 공법에서는 국가가 주연이나, 민법에서 국가는 조연입니다.

개인의 약속에 왜 국가가 나설까요? 약속을 밥 먹듯이 어기고, 어긴 다음에도 아무런 벌을 받지 않는다면 계약을 신뢰하기 어렵습니다. 누구도 상대를 믿고 거래할 수 없습니다. 특히 보이지 않는 물건을 다룰 때에 더욱 그렇겠지요. 화폐도 은행도 믿을 수 없으니, 모든 거래는 물물 교환 시대로 돌아가게 될 것입니다. 그래서 국가의 조력이 필요한 것이죠.

베니스의 상인

사법의 세계는 개인 간의 약속이 우선하니 국가가 나서서 가두고 처벌하는 형법 세계보다 덜 무섭게 느껴집니다. 하지만 때로는 형법의 처벌보다 더욱 잔인하고 무서운 세계이기도 합니다.

셰익스피어의 희극 『베니스의 상인』은 이 사적 자치의 어두운 면을 보여줍니다. 한 젊은이가 무역을 하고자 돈 많은 고리대금업자에게 돈을 빌렸습니다. 고리대금업자 샤일록은 만일 약속한 날 돈을 갚지 않을 경우 살덩어리를 베어 갚을 것을 약속하도록 했습니다. 젊은이는 운이 없어 약속을 지키지 못하게 되었습니다. 무역선이 난파해 물건을 모두 잃고 말았던 것입니다. 샤일록은 소송을 걸어 엉덩이 살을 요구했습니다. 다행히 지혜로운 재판관은 피는 한 방울도 가져갈 수 없으니, 살덩어리만으로 약속한 분량을 가져가라고 명합니다. 이 재판관의 해석으로 인해 젊은이를 해치려던 샤일록은 뜻을 이루지 못합니다.

이 이야기는 사법의 영역에서 개인의 합의를 인정하고 그 자유를 보장하는 것이 중요하지만, 정도가 지나쳐 상대방의 삶을 말살하고 존엄성을 침해하는 경우, 국가가 그에 대한 협조를 중단할 수 있음을 보여줍니다.

『베니스의 상인』에서는 다행히 판관이 꾀를 내는 덕분에 사악한 샤일록은 계약상의 권리를 포기할 수밖에 없었습니다. 그런데 만약 샤일록이 정밀한 기계를 가져와서 판관의 명령에 따라 정확하게 약정한 양의 살만 베어서 가져갈 수 있었다면 어떻게 되었을까요. 판관은 과연 그것을 허용해야 할까요?

희극이 아닌 현실 세계에도 사일록과 같이 신체 포기 각서, 장기 매매 계약 등 사람의 목숨을 노리고 신체 일부를 요구하는 약속이 실재합니다. 대부업자, 조직폭력배 등 뒷골목의 강자들이 약자를 착취하는 도구인 이 약속은 언제나, 어떤 조건이 달린 경우라도 무효입니다. 쌍방이 합의했다 해도 허용되면 안 되는 약속이기 때문입니다. 마약을 사는 계약, 도박하기 위해서 돈을 빌려주는 계약 등도 모두 무효입니다. 우리 민법 제103조는 "사회 질서에 반하는" 계약은 무효라고 정하고 있습니다.

사적 자치의 세상에는 어두운 면도 있습니다. 평등하고 대등한 개인 사이의 계약이라고 해도 사실 강한 개인이 있고 약한 개인이 있습니다. 이 사적 자치의 영역에는 약육강식이라는 잔인한 자연법칙이 둥지를 틀고 있습니다.

예를 들어 불법 체류자들의 약점을 이용해 그들의 노동을 부당하게 착취하는 사업체가 생기기도 합니다. 인신매매, 성매매가 행해지는 홍등가, 아동 노동을 착취하는 공장, 마약과 밀수품이 거래되는 뒷골목이 생기기도 합니다. 이런 세계도 형식상으로는 사적 자치의 원칙이 지배합니다.

사적 자치의 원칙은 민법 최고의 원칙이지만, 공동체 최고의 법도 아니고 가장 아름다운 법도 아닙니다. 사적 자치의 원칙이 이기심과 탐욕으로 가득한 무법자와 강자의 손쉬운 착취 도구로 전환되지 않도록 공동체를 보호하는 법이 필요한 것입니다. 노동법, 근로 기준법, 독점 규제법 같은 법들이 그러합니다.

잔인한 약속의 세계에서 살아남으려면

05

"권리 위에 잠자는 사람은 보호해주지 않는다."

민법 세계를 지배하는 원칙에 신의 성실의 원칙이 있습니다. 민법 제2조는 "권리의 행사와 의무의 이행은 신의에 좇아 성실히 이행해야 한다"라고 규정하고 있습니다. 이 원칙은 상대방의 정당한 이익을 고려하고 상대방의 신뢰를 저버리지 않도록 행동해야 한다는 뜻입니다.

'신의 성실의 원칙'에서 파생된 원칙으로 '권리 남용 금지의 원칙'도 있습니다. 이는 권리를 행사하되 남용해서는 안 된다는 뜻입니다. 권리의 남용은 권리를 자신의 이익을 추구하지 않고, 상대방에게 고통을 주려는 목적으로 사용하는 경우에 발생합니다.

'신의 성실의 원칙'은 자신의 이익을 포기하고 상대방의 이익을 배려할 것까지 요구하지는 않습니다. 자신의 이익은 자신이 알아서 추구하라는 것이 민법이며 사적 자치의 원칙이죠. 때문에 거래 경험이 많아 앞뒤를 잘 계산하여 어려운 결정을 해내는 사업가나 상인 들은 이 원칙에 최적화되어 있습니다. 반면 자신의 이익에 별 관심이 없는 사람들, 어리숙해서 잘 이용당하는 사람들, 생계 압박 때문에 자기주장을 할 수 없는 사람들은 사적 자치의 세상에 적합하지 않습니다.

사적 자치의 원칙은 합리적인 동시에 잔인하죠. 샤일록이 만약 살을 베는 약속이 아니라 자신이 빌려준 돈의 열 배를 갚는 손해 배상을 정했다면 어땠을까요? 무리한 손해 배상이라고 해도 한번 맺은 약속을 무효로 돌리기 어렵습니다. 누가 봐도 자신에게 손해인 결정을 내린 경우라 해도, 계약을 맺은 이상 지켜야 합니다. 친구의 부탁으로 인정상 보증 서류에 도장을 찍었는데, 평생 빚더미에서 헤어나지 못하게 되는 것도 사적 자치의 세상이죠.

때문에 사적 자치의 원칙이 지배하는 세계에서 살아남기 위해서는 신중하게 약속해야 합니다. 계약서를 제대로 살펴보고 이것저것 따져본 후 계약해야 합니다. 그러지 않고 계약하는 것은 다른 사람의 욕망과 의지에 함부로 자신을 복종시키는 일이 됩니다. 타인의 노예가 되지 않으려면 자신의 자유와 권리를 위해 싸울 수 있어야 합니다. 인정이나 인연에 끌려 대충 넘어가지 말고, 나의 존재와 권리를 명확하게 확인하고 주장할 수 있어야 하죠.

"권리 위에 잠자는 사람은 보호해주지 않는다"라는 로마 시대로부터 내려오는 법언이 있습니다. 사실 여기에서 묘사된 사람, 즉 잠자고 있었던 사람들은 게으른 사람들이 아닙니다. 다른 사람에게 순하게 양보하거나 '그래도 인간적으로 그와 나 사이에 어떻게 소송 같은 걸 제기할 수 있느냐'며 상대방이 자발적으로 약속을 지키길 기다리는 사람들, 그래서 권리를 제때 적절하게 행사하지 않은 사람들일 뿐입니다. 그런데 법은 그 사람들을 자기 권리 위에서 잠자고 있는, 마치 차려진 밥상 앞에서 굶어 죽은 사람처럼 형편없이 게으르게 본다는 것입니다. 시험 시간에 지각한 사람에게 다시 기회를 주기 위해서 모든 시험을 무효로 할 수 없는 것처럼, 자기 권리 앞에 잠자는 사람을 보호하는 것은 권리를 보장하기 위해서라도 허용될 수 없다는 것이죠.

'법 없이 살 수 있는' 순박한 사람들을 '자신의 권리를 지키기 위한 투사'로 만드는 것, 어쩌면 이것이 사적 자치의 원칙이 궁극적으로 달성하고자 하는 목표인지도 모릅니다.

소시지 하나에도 계약의 원리가

젊은 시절 배낭여행을 다녀온 적이 있습니다. 돈을 매우 아끼면서 다녔습니다. 잠은 주로 기차에서 자고 매일 이동했습니다. 20대 초반의 저는 내성적이었을 뿐 아니라 다가올 미래를 겁내는 소심한 청년이었습니다. 갓 적응한 도시에서 다시 미지의 도시로 옮겨 가고, 그 도시에 적응했다 싶으면 두려움을 안고 또 다른 도시로 떠나는 여정을 반복했습니다. 외로움을 잊기 위해 열차에서 만난 모르는 사람들에게 말을 걸고 속이야기를 했습니다. 따뜻한 사람들을 많이 만나게 되었습니다. 그러면서 '걱정하고 두려워했던 미래란 없구나. 세상이란 많은 기쁨을 감추고 있구나'라고 생각하게 되었습니다. 여행이 저를 바꾸어 놓았습니다.

그때 있었던 일입니다. 독일 북부 뤼벡이라는 곳이었습니다. 과거 한자 동맹의 영광은 몇몇 석조 건물의 흔적으로 남았을 뿐, 이제는 조용하고 조그만 항구 도시가 된 곳. 종일 겨울비가 내리던 어느 날, 날이 저물었지만 갈 곳은 없었습니다. 곧 밤 기차를 타고 어느 도시로든 떠나야 하는 쓸쓸한 시간이었습니다. 갑자기 어디에선가 풍기는 기름진 냄새에 배고픈 여행자의 위장이 요동쳤습니다. 슈퍼마켓에서 산 식빵과 잼 그리고 1리터 우유를 매일의 식량으로 삼던 제게 그 냄새는 치명적이었습니다. 길모퉁이 노점에서 한 아주머니가 소시지를 끼운 빵을 팔고 있었습니다. 참지 못해 다가가 구운 소시지와 빵을 골랐습니다. 아주머니가 준비하는 사이에 곧 마음이 바뀌었습니다. 모처럼 누리는 호사였기에 더 맛있어 보이는 다른 소시지로 바꾸고 싶었던 것이지요. 죄송한 표정으로 주문을 바꿀 수 있는지 물었습니다.

"방금 전에 내게 그것을 달라고 말하지 않았는가?" 아주머니의 당당한 모습은 마치 불한당을 응징한 기사와도 같았습니다. 놀랍도록 무서운 표정과 무뚝뚝한 말투, 단칼에 잘려버린 부탁. 무안하고 당황스러워 자리를 뜨고 싶었습니다.

독일인은 약속을 중요하게 여깁니다. 우리와 독일 사람의 약속에 대한 관념은 완전히 다릅니다. 우리에게 약속이란 사정이 변하면 바뀔 수 있는 것입니다. 큰 손해가 없다면 상대방의 바뀐 사정과 바뀐 마음을 이해해주는 게 인간적으로 타당한 도리라고 여깁니다. 독일 사람에게 약속은 '법'

입니다. 그래서 약속을 정말 잘 지킵니다.

계약이란 어른들의 약속 도구입니다. 나중에 사실 내 마음이 그런 게 아니었으니 바꿔달라는 것은, 적어도 법의 관점에서는 '인간적인' 것이 아니라 응석 부리는 어린아이 같은 태도입니다. 여러 가지 사정을 말하고 변명해도 법은 약속 변경을 도와주지 않습니다. 헛된 기대를 하다 보면 법에 서운함을 갖게 되고, 심각한 오해를 하게 됩니다. 법과 평화로운 관계를 유지하기 위해서는 하루빨리 성숙한 어른의 태도로 바뀌어야 합니다.

여행을 다니면서 돈 쓰는 법에 대해 가장 많이 배웠습니다. '돈이 없어서 못 쓰지 돈 쓰는 방법을 모르겠냐?'고 생각하는 분이 있을 것입니다. 하지만 돈을 잘 쓰는 것은 만만찮습니다. 돈을 쓴다는 것은 계약을 맺는 것을 의미합니다. 낯선 곳, 낯선 문화 속에서 잠자리부터 먹거리까지 생존을 유지하기 위해 계속 계약을 맺는 것은 쉽지 않았습니다. 처음 몇 주간은 돈을 거의 못 쓰기도 했습니다.

'과연 여기에 돈을 써도 되는 것일까?' 기차에서 잠자는 것이 불가능한 구간에서는 몇천 원을 주고 체육관에서 자기도 했고, 기차에서 처음 알게 된 현지인의 집에서 신세를 지기도 했습니다. 식당 가는 돈을 아끼려 몇 끼니를 굶기도 했습니다. 지혜로운 여행 방법이 아니었습니다. 위험에 노출되고, 여행을 고행으로 만드는 방법이었습니다. 만일 그 여행이 인생이라고 한다면 인생을 망치는 결정이라고 할 수 있습니다. 하지만 인생 경험이 부족한 젊은이에게 돈을 쓴다는 게 그리 간단한 일은 아니겠지요. 돈을 쓰는 계약을 한다는 것은 수많은 가능성 가운데에서 하나를 선택하는 것이고, 그 선택에 대해 책임을 지는 것이기 때문입니다.

예를 들어 봅시다. 메뉴가 너무 복잡한 양식 레스토랑을 피해 한식집이나 중국 음식점을 찾는 경우가 있습니다. 이는 계약에 대한 두려움과도 연결되어 있습니다. 내가 내린 판단이 어떤 결과를 가져올지 모르겠고, 바꿀 수 없다면 차라리 선택하지 않겠다는 태도입니다. 레스토랑은 피할 수 있지만 인생의 수많은 계약과 약속은 피할 수 없습니다. 지혜롭고 당당하게 약속하고 약속을 신뢰할 때 우리들의 인생은 훨씬 단단해지고 풍요로워집니다. 피하기보다는 잘하는 방법을 배우는 것이 좋습니다.

평범한 사람들이 계약서 앞에 척척

독일 사람들은 계약서을 잘 쓸뿐더러, 계약서 쓰는 것을 좋아하기도 합니다. 독일에 사는 동안 두어 번 이사를 했습니다. 그때마다 이들이 얼마나 상세하게 계약서를 쓰는지, 얼마나 체계적으로 준비하는지를 엿보고 깜짝 놀랐습니다. 다른 나라에서 왔지만 나는 법률가이고, 상대방은 법 공부를 한 사람이 아닙니다. 엔지니어, 평범한 회사원, 식당 주인인 사람들이 계약서를 척척 준비합니다. 작은 집의 임대 계약서 작성을 조금 과장해서 마치 대기업 인수 합병 계약처럼 치밀하고 상세하게 준비합니다. 창고에 있는 삽한 자루, 물통 하나까지 기록합니다. 임대 계약이 종료되면 물건들 하나하나 그대로 반환해야 합니다.

독일에서는 이사할 때보다 이사 나올 때가 더 어렵습니다. 사용한 집을 처음 들어갈 때와 똑같은 상태로 복구해야 합니다. 그렇지 않으면 몇백만 원의 배상금을 물어야 합니다. 청소는 물론 페인트칠, 가구나 전자제품의 흠집까지 제거하거나 변상해야 합니다. 이때 계약서가 위력을 발휘합니다. 물론 독일도 사람이 사는 곳인지라 자질구레한 다툼은 있습니다. 화장실 벽에 생긴 곰팡이를 이유로 집주인이 너무 많은 돈을 청구했다는 등의 이야기가 항상 들립니다. 하지만 계약 단계의 이야기를 뒤집어서 뒤통수치는 일은 발생하지 않습니다. 계약서는 애초에 그 계약서를 작성한 집주인도 구속하기 때문입니다. 계약에는 수많은 위험이 도사리고 있습니다. 각자 그 위험을 피해야 합니다. 계약으로 이익을 남길지는 알 수 없어도, 불확실한 계약으로 발생하는 위험을 감수할 필요는 없습니다.

약속은 반드시 문서로

계약에서는 문서가 중요합니다. 물론 문서로 하지 않은 계약도 계약입니다. 적어도 교과서상으로는 그 효력이 인정됩니다. 하지만 상대방이 그런 일이 없다고 잡아뗄 경우, 증명하기란 하늘의 별 따기입니다. 법적 다툼이 발생했을 경우 나를 보호해주는 것은 상대방의 서명이 있는 계약서입니다. 누가 봐도 명백한 거짓말인 경우에도 문서가 없으면 소송에서 이기기 어렵습니다. 판단자인 법원의 판사들은 문서를 좋아합니다. 어느 편의 주장을 신뢰할 수 없는 상태에서 믿을 수 있는 확실한 근거는 문서니까요. 그러니 말로 약속해놓고 지켜질까 노심초사하는 것보다, 확실하게 문서를 작성하는 것이 백배는 지혜롭습니다.

문서를 상세하게 기록하는 것을 두고 상대방을 신뢰하지 못하는, 혹은 절대로 손해 보지 않겠다는 야박한 태도로 볼 수도 있습니다. 하지만 그 대가로 얻는 것은 자유이며 법적인 보호입니다. 러시아에 "상대방을 믿어야 하지만, 확인해야 한다"라는 속담이 있다고 합니다. 맞는 말입니다.

앞에서 독일에서는 이사할 때보다 이사 나올 때가 더 어렵다고 했습니다. 그런 인수인계 과정에서 벌어진 일이었습니다. 아침부터 방, 화장실, 창고 청소로 기진맥진했습니다. 집주인 부부가 감독관처럼 각 방을 오가면서 상태를 점검했죠. 자신들이 만족하지 못하는 부분을 말하면 저는 항변했습니다. 마지막으로 청소 상태를 문서로 작성하고, 집주인이 복사해서 우리에게 그 문서를 돌려주었습니다. 저는 그 문서에 당연히 서로 이야기 나눈 내용들이 있으리라고 생각했습니다. 그런데 속임수를 썼습니다. 서로 합의하지 않은 내용들을 기재한 것입니다. 화장실과 방의 청소 상태가 엉망이라고 적었고, 몇 주 후 그것을 근거로 청소비를 청구했습니다.

형편이 좋은 독일인 부부, 게다가 남편의 직업이 의사인 부부가 그런 방법을 쓰리라고는 상상도 못 했습니다. 배신감을 느꼈지만, 문서 확인을 게을리한 제 탓이었습니다. 만일 인생의 방향을 정할 수도 있는 중요한 계약이었다면 지금 땅을 치며 후회하고 있을지도 모릅니다.

"법 없이도 살 사람"이라는 말이 있습니다. 정직하고 성실하며, 다른 사람들을 돕기 좋아하는 성실하고 소박한 사람을 칭하는 것이겠죠. 그 표현은 그대로 공감할 수 있지만 착한 사람이라고 해서 법을 모르고 잘 살 수 있는 것은 아닙니다. 우리의 일상은 수많은 계약으로 이루어져 있습니다. '법'은 보통 사람들의 삶과 먼 것이 아니라, 보통의 사람이라면 더 잘 알아야 하는 것입니다.

　당당하고 평화롭게 살고 싶다면 법을 알아야 합니다. 법과 내가 서로를 잘 모르면 오해가 빚어져 충돌을 일으키기 쉽습니다. 법이 무슨 말을 하는지 알아들을 수 있어야 하고, 내가 원하는 게 무엇인지 명확하게 전달할 수 있어야 합니다. 법과 의사소통을 잘해야 평화롭게 잘 살 수 있습니다. 법 없이 살 수 있는 사람은 없습니다.

소송을 잘하려면

06

"진실을 가지고 있다고 해도
주장하지 않으면 더 이상 진실이 아니다."

재판이란 무엇일까요. 한마디로 진실을 밝히는 과정입니다. 어떤 것이 진실인가를 밝히고 다투는 양쪽 가운데 정의로운 쪽이 승리해야 합니다. 이것이 우리가 바람직하다고 믿는 재판입니다. 수많은 법정 드라마들이 다루는 소송의 핵심은 결국 '진실의 실체'를 밝히는 일입니다. 독립된 사법부에 재판을 맡기고 개별 판사에게도 독립을 보장하는 것은 법관이 성실하게 진실을 밝혀줄 것, 오로지 법과 양심에 따라 공정한 판단을 내려줄 것을 기대하기 때문입니다. 재판 제도와 사법부가 신뢰를 받는 건 진실을 밝힌다는 기본 전제 때문입니다.

진실을 밝히기 위해서는 가능한 모든 수단과 방법을 동원해야 하지 않을까요. 그러나 법 제도에는 언뜻 보기에는 진실을 밝히는 데에 오히려 방해가 될 것 같은 민사 재판의 원칙이 있습니다. 바로 '변론주의 원칙'입니다.

앞서 사법상의 법률 관계에 적용되는 대원칙이 사적 자치의 원칙이라는 것을 살펴보았습니다. 개인은 자유로운 의사에 따라 자기 책임하에서 결정하고, 국가는 이에 간섭하지 않는다는 사법 원칙입니다. 사적 자치의 원칙이 권리와 의무를 정하는 영역에만 적용되는 것은 아닙니다. 권리를 주장하고 포기하는 데에도 적용됩니다. 사적 자치의 원칙은 민사소송에도 적용됩니다. 그래서 민사소송을 제기한 사람은 언제든지 소송을 취하할 수 있고, 소송을 제기당한 측에서는 상대방의 주장을 승낙하고 결론으로 받아들일 수 있습니다.

이러한 사적 자치의 원칙이 민사소송에 적용된 결과로 발달한 또 하나의 원칙이 변론주의 원칙입니다. 변론주의 원칙은 당사자가 주장하지 않은 사실을 인정하는 것을 허용하지 않습니다. 또한 증거를 수집해 재판부에 제출하는 책임을 당사자에게 맡기는 것이죠. 다시 말해 당사자가 제출한 사실과 증거로만 판단해야 한다는 뜻입니다.

법관은 아무도 돕지 않는다

이 원칙의 진정한 효과는 당사자가 사실과 증거를 제대로 제출하지 않은 경우에 발생합니다. 자신에게 유리한 사실이 있다고 해도 그것을 주장하지 않는다면, 그리고 입증할 수 있는 충분한 증거가 있어도 제출하지 않았다면 그 사실이 인정되지 않는다는 것이죠. 어쩌면 당사자는 판사가 그 정도는 이미 알고 있을 거라 여기고 말하지 않았을지도 모릅니다. 이 경우 판사가 당사자에게 그 사실을 주장하고 입증하라고 조언할 수 있을까요?

"여러 사정에 비추어 볼 때 당신에게 이러이러한 사정이 있는 것으로 보입니다. 만일 그것을 주장한다면 당신에게 유리한 판단을 할 수 있을 것 같습니다. 그렇다면 이제 당신에게 다시 묻겠습니다. 이러이러한 사실이 있었다는 것이 당신의 주장인가요? 그것을 입증할 수 있는 자료가 있어 보이는데, 그 자료를 증거로 제출하면 유리할 수 있습니다. 혹시 그 자료를 제출할 의향이 있나요?"

이런 일은 벌어지지 않습니다. 민사소송에는 민법과 마찬가지로 사적 자치의 원칙이 적용됩니다. 소송의 양 당사자는 평등하고 동등한 취급을 받는데, 만일 법관이 어느 한쪽을 도와 조언하고 권고한다면 공정한 재판에 문제가 생깁니다. 법관은 진실인 쪽을 추측하면서도, 변론주의 원칙으로 인해 이를 밝혀내려고 적극적으로 노력할 수 없죠. 결국 당사자가 소송을 지혜롭게 진행하는가에 따라 진실의 발견과 재판의 결과가 좌우됩니다.

민사소송에서 변호사의 도움이 긴요한 것은 사소한 소송 진행의 오류가 큰 결과로 이어지기 때문입니다. 변론주의에 따라 당사자가 자신에게 유리한 사실을 주장해야 하는데, 제대로 하지 못할 경우 그에 따른 불리한 결과를 스스로 책임져야 합니다. 자신의 권리가 침해되었음을 입증하는 사실들을 주장해야 할 뿐 아니라 증거에 의해 증명도 해야 합니다. 만일 중요한 사실을 빼놓고 주장한다면, 스스로 책임을 다하지 않은 것이 되어 소송에서 패배합니다. 실제로 권리가 있는 사람인지, 그 권리가 침해된 것이 맞는지는 중요하지 않습니다. 이런 과정이 복잡하기에 변호사가 필요합니다.

그렇다면 변론주의 원칙이 옳은 것일까요? 소송 능력이 좋은 쪽과 부족한 쪽이 공정한 경기를 할 수 있을까요? 그러나 이러한 안타까움에 앞서 법관이 어느 쪽을 돕고 조언하는 것이 불공정을 가져올 수 있다는 위험을 먼저 생각해야 합니다.

좋은 점도 있습니다. 사적 자치의 원칙이 개인의 자유로운 삶과 공정한 경제 질서에 긍정적으로 기여하는 것과 마찬가지로, 변론주의 원칙이 재판의 진실 발견에 도움이 되는 측면도 있습니다. 판사의 선입관과 편견이 작용할 영역이 줄어들고, 외부 압력이나 힘에 의해 재판이 불공정하게 끌려갈 가능성이 차단됩니다.

당사자 간에 공정하고 대등한 입장에서 진검 승부가 펼쳐지게 되는 것이죠. 재판 당사자는 판사의 조언과 도움을 받을 수 없는 상황임을 아는 순간 더욱 집중하고 노력하게 됩니다. 당사자들이 동등한 능력을 지닌다는 전제에서 변론주의의 원칙은 진실을 발견하는 일을 중단시키는 것이 아니라, 길게 보면 진실 발견에 더 도움이 됩니다.

내가 범죄자가 된다면

"처벌하는 것보다
억울함이 없게 하는 것이 법의 정신이다."

보통의 사람들은 법을 무서워합니다. 그 이유는 법이 금지와 처벌을 다루기 때문입니다. 형법은 금지와 처벌을 다루는 대표적인 법입니다. 그리고 국가가 범죄를 밝히고 범죄자를 처벌하는 과정을 형사 절차라고 합니다. 형사 절차에서는 우선 경찰이 수사합니다. 경찰은 범죄 혐의가 있는 사람을 조사하고, 체포하고, 범죄에 쓴 흉기를 압수하고 수색하여 증서물을 확보합니다. 검사는 범죄 혐의자를 기소합니다. 기소란 국가 기관인 검사가 범죄 혐의자에 대하여 형사 재판을 제기하는 것입니다. 공정한 재판 없이 처벌할 수는 없습니다. 수사하고 기소하여 재판하는 전 과정이 형사 절차입니다. 형사 절차는 경찰서부터 시작해서 검찰과 법원을 지나 교도소에 이릅니다. 처음부터 끝까지 국가 권력이 주도하는 절차입니다.

분노 유발자들과 이용자들

범죄가 발생하면 사람들은 그 범죄에 경악하고 범죄자에게 분노합니다. 범죄가 잔인하고 흉폭할수록 그러합니다. 사람들은 묻습니다. 가해자에게도 인권이 필요한가? 피해자를 인간으로 대우하지 않았던 범죄인들을 인간으로 대우할 필요가 있을까?

세상에는 사악한 사람들이 있습니다. 작은 이익을 위해 타인의 목숨을 빼앗기도 합니다. 회복될 수 있는 정도의 상해라고 해도 범죄자의 침해는 평생 남을 정신적인 상처로 남습니다. 범죄는 처벌해야 합니다. 그것은 정당한 응보이고, 미래에 그와 같은 범죄가 발생하지 못하도록 하는 가장 효과적인 예방책입니다.

전제가 하나 갖추어져야 합니다. 혐의자가 경찰과 검사가 주장하는 바와 같은 범죄를 범한 것이 진실이며, 그 밖에 혐의자에게 유리한 모든 사실이 공정하게 조사되어야 합니다. 다시 말해 범죄를 둘러싼 중요한 사실들이 진실인지 확인되어야 합니다.

잔인한 범죄가 발생하면, 분노한 사람들은 미처 진실을 알지도 못한 채 범죄 혐의자를 처벌하라고 요구합니다. 인간의 마음에는 선과 악이 같이 살고 있습니다. 다른 이들을 의심하고, 편견으로 판단하고, 혐오하고 증오하는 것은 인간 본능의 일부입니다. 인간의 악함은 자신보다 약한 상대, 모르는 사람을 대할 때 발현되고 폭발하기 쉽습니다. 내 친구와 가족 그리고 내 편에게는 관대하고, 모르는 타인에게는 불공정한 잣대를 들이댑니다.

권력자들은 인간의 약함이 만들어내는 편견과 분노를 자신들의 목적을 달성하는 데에 이용하곤 합니다. 수사 기관이 원칙을 제대로 준수하지 않을 때, 그들의 판단은 대중의 분노를 따라갑니다. 증거의 불법 수집, 심지어 증거 조작을 행한 수사 기관이 이런 논리를 내세웁니다. 이 모든 것이 정의를 실현하기 위한 불가피한 수사 기법이라고 말이죠.

당연히 범죄에 대한 적정한 처벌은 필요합니다. 이것을 '형사 정의'라고 합니다. 그러나 형사 정의가 실현되기를 바라는 사람들은 동시에 형사 벌이 얼마나 위험한 권력인가를 기억해야 합니다.

민주 국가인가 군주 국가인가 또는 선진국인가 후진국인가에 따라 수사 기관의 위험성이 달라지는 게 아닙니다. 어떤 체제여도 형사 절차를 주도하는 국가 권력은 위험합니다. 중요한 차이는 수사 기관과 시민이 형법과 형사 절차의 기본 원칙을 얼마나 진지하게 받아들이는가에 달려 있습니다. 범죄 혐의자들은 국가 권력 가운데 가장 무서운 수단인 형벌권 아래에 놓인 사람들입니다.

범죄로부터 시민을 보호하는 것 못지않게 이 무서운 국가 권력의 행사로부터 개인을 보호하는 것이 중요합니다. 우리가 처벌하고자 하는 것은 간교하고 잔인한 범죄자이지, 힘이 약해 법과 불화를 일으킨 억울한 사람들이 아닙니다. 권력이 때로는 사람들의 분노를 이용한다는 사실을 잊지 말아야 합니다. 처벌의 궁극적인 목적은 시민의 안전과 평화로운 삶을 보호하는 것입니다. 범죄 못지않게 위험한 국가로부터의 위협을 소홀히 할 수는 없습니다.

수사 기관은 언제든 괴물로 변할 수 있는 잠재적 범죄자임을 잊지 말아야 합니다. 그들이 비겁하고 야비하게 행동할 가능성에 대비해야 합니다. 그러려면 범죄는 미워해야 하지만, 범죄 혐의자들이 방어 권리를 행사하는 것을 응원해야 합니다. 마음속에 범죄에 대한 분노가 생긴다고 해도 참아야 합니다. 그들이 행사하는 절차상의 권리야말로 결국 우리를 지키는 방파제이기 때문입니다.

범죄라고 정해놓지 않은 것은 죄가 아니다: 죄형법정주의

어떤 방파제가 있을까요. 벌을 주기 위한 법이 지켜야 할 조건이 있습니다. 민법의 대원칙이 사적 자치의 원칙이라고 한다면 형법의 대원칙은 죄형법정주의 원칙입니다.

죄형법정주의 원칙은 사전에 범죄로 정하여 금지한다고 미리 선언하지 않은 행위는 처벌할 수 없다는 의미입니다. 즉 법률로 금지되지 않은 것은 자유라는 뜻이죠. 이 사실이 매우 중요합니다.

우리는 때로 무기력한 사법 시스템에 눈살을 찌푸립니다. 법의 허점을 노려 자기 출세와 이익을 취하는 사람들, 법망을 살짝 벗어나서 공정을 해치고 다른 사람에게 해를 가하는 이들에게 법이 아무런 처벌도 못 하는 것은 죄형법정주의 원칙 때문이죠. 사람들의 분노가 커지면 입법자들은 뒤늦게 법을 개정한다고 뒷북을 칩니다. 그러나 처벌하는 법을 만들 때가 되면 저들은 이미 다른 구멍을 찾아낼 것입니다.

그래서 이런 의문이 듭니다. 법을 새로 만들었다면 그 법으로 종전에 나쁜 짓을 한 자들도 처벌해야 하지 않는가? 누가 봐도 명백한 잘못이고 심지어 행위자 자신도 나쁜 행위인지 알고 있다면, 미처 법으로 금지되지 않은 것이라고 해도 처벌하는 것이 사법적 정의 아닌가? 인간들이 모여서 공동체를 형성했다면, 서로 성실하게 배려하면서 살 책임을 부여할 수는 없는 것일까?

죄형법정주의 원칙은 이상적인 원칙이 아니라 어쩔 수 없이 만들어진, 더 큰 불상사를 막기 위한 불가피한 원칙일 뿐입니다. 누가 봐도 비난받아야 마땅한 행위를 한 자들이 오히려 웃고 이익을 보는 일이 비일비재합니다. 그럼에도 불구하고 죄형법정주의 원칙을 포기해서는 안 되는 이유는, 이 원칙을 포기하는 순간 국가 권력에게 형벌 전권을 주게 되기 때문입니다. 가장 큰 도둑에게 칼을 주는 것과 다름없습니다.

죄형법정주의 원칙은 가장 큰 불행을 막기 위한 대원칙입니다. 바로 국가의 자의적 권력 행사로부터 시민의 생명과 자유를 보장하는 대헌장입니다. 개인의 자유를 지키기 위해 공권력을 마구 휘두를 수 있는 맹수에게 목줄을 채운 것입니다.

죄형법정주의의 정신은 프랑스 대혁명에서 찾아볼 수 있습니다. 혁명을 이룬 다음, 시민 군주와 귀족 들의 악정을 폐지하고 모든 사람이 인간으로서 존엄성을 보장받을 수 있도록 인권 선언을 발표합니다.

인권 선언 제8조는 "누구든지 범죄 이전에 제정, 공포되고 적법하게 적용되는 법률에 의하지 않고는 처벌되지 않는다"라고 규정합니다. 하지만 국가 권력이라고 하는 괴물은 선언문 한 장으로 길들여질 수 없었습니다. 민주주의와 인권을 위해 혁명을 일으킨 세력이 만든 국가 권력이라고 해도 마찬가지입니다.

프랑스 대혁명 이후 혁명 세력들은 공정하고 독립된 법원의 재판소를 설립하지 않았습니다. 불명확한 처벌법으로, 변명할 기회도 주지 않은 채 인민 재판을 통해 수천 명의 피고인들을 처형합니다. 죄형법정주의 원칙을 실질적으로 지키는 것이 얼마나 어려운지, 이 원칙을 지키는 것이 얼마나 중요한지는 수없이 반복되었던 인류의 비극적 역사가 증명하고 있습니다.

오늘날의 민주주의 헌법은 죄형법정주의 원칙을 제대로 지킬 것을 명령합니다. 죄에 대한 규정은 오로지 입법부인 의회가 정한 법률이라는 형식에 의해서 정해야 합니다. 구체적 사건에서 유무죄를 정하고 처벌을 정하는 재판은 법관이 합니다. 법관과 사법부의 독립을 보장하는 것은 피고인에 대한 유무죄 판단과 처벌을 정하는 것이 가장 위험한 임무이기 때문입니다. 법관에게 법을 정하지 못하도록 하는 것은, 사법부의 법관도 인간이라 눈앞의 죄를 보면 개인적인 편견과 일시적인 감정에 휩쓸릴 위험이 있기 때문입니다.

벌을 주기 위한 세 가지 원칙들

죄형법정주의 원칙은 몇 가지 중요한 하위 원칙들을 포함하고 있습니다.

대표적인 것이 명확성의 원칙, 형벌 불소급의 원칙, 유추 해석 금지의 원칙입니다.

첫째, 명확성의 원칙입니다. 어떤 행위가 범죄가 되는지가 불명확하게 규정되어 있을 때에는 죄형법정주의 원칙에 위반된다는 것입니다. 예를 들어 '불온한' 행위를 한 사람을 처벌한다는 규정이 있다고 합시다. 여기서 '불온한'이 무엇인지 알 수 있나요? 어떤 사람은 사상적 불온함을 생각할 것이고, 다른 어떤 사람은 폭력적인 것 또는 성도덕과 관련한 것을 생각할 수도 있습니다.

프랑스 혁명 직후 제정된 '반혁명 혐의자를 처벌하는 법'은 '혁명에 열의를 보이지 않는 자'를 반혁명 혐의자로 규정하여 처벌할 수 있게 되어 있습니다. 비록 범죄와 그 처벌을 사전에 규정하여 죄형법정주의 원칙을 지키는 듯한 모습을 띠고 있지만, 이런 불명확하고 모호한 규정은 귀에 걸면 귀걸이죠. 혁명을 이룬 세력이 자신들이 원하면 그 누구라도 처벌할 수 있는 죄를 만들어낸 것입니다.

둘째, 형벌 불소급의 원칙입니다. 형벌 불소급의 원칙은 범죄와 형벌을 정한 형법의 효력은 행위 시의 법률에 의해 결정한다는 것입니다. 어떤 죄에 대한 법이 만들어지면, 그 법이 만들어지기 전의 행위에 적용해 처벌할 수 없다는 원칙입니다.

이 원칙이 온당하지 않다고 느낄 수도 있습니다. 그러나 지금 금지하지 않는 행위를 나중에 처벌한다고 하면 어떻게 될까요? 우선 사회 전체가 공포에 빠지게 됩니다. 과연 내 행위는 괜찮은 것일까? 지금은 괜찮을지라도 후에 다른 판단을 받으면 어떻게 하지? 권력자가 바뀌어서 나중에 처벌받으면 어떻게 하지?

이런 불안이 가득한 사회에서는 일상생활 자체가 불가능합니다. 시민들이 공포 없이 일상생활을 영위할 수 있으려면, 장래에 법이 바뀌어 불이익이나 처벌을 받는 일이 생기지 않을 것이라는 신뢰가 있어야 합니다.

미래에 어떤 금지가 생겨서 죄가 될지 모르는 상태가 된다는 건, 자유의 범위가 줄어드는 것이 아니라 아예 아무런 자유도 없는 것과 마찬가지입니다. 다만 피고인에게 유리한 경우라면 새로 만들어진 법의 소급 적용이 인정됩니다. 형법 제1조 제2항에는 "범죄 후 법률의 변경에 의하여 그 행위가 범죄를 구성하지 아니하거나 형이 구법舊法보다 경輕한 때에는 신법에 의한다"라는 규정이 있습니다. 이 경우가 용인이 되는 건 개인의 자유와 권리를 더 보장하는 방향이기 때문입니다.

셋째, 유추 해석 금지의 원칙입니다. 예를 들어 구급용 자동차의 신호 위반을 허용하는 법률이 있습니다. 신호 위반을 허용하는 것은 환자의 생명과 안전을 특별히 보호해야 하기 때문입니다. 그에 못지않게 신속함을 필요로 하는 것이 소방차와 경찰차입니다. 유추 해석은 구급용 자동차에 대한 규율을 소방차와 경찰차에도 적용해 빨간불 신호에 진행하도록 허용해야 한다고 해석하는 방식입니다.

유추 해석 자체가 문제인 것은 아닙니다. 유추 해석은 원래 법을 해석하는 하나의 방법으로 허용됩니다. 법률이 없어 법 공백이 발생한 경우, 법관의 해석으로 그 공백을 메우는 일이기도 합니다. 그러나 다른 법에서는 허용되는 유추 해석이 형법에서만큼은 금지됩니다. 만일 형법에서 유추 해석을 허용한다면 법 해석자인 법관에게 법을 제정하는 입법자의 권력을 수여하는 것과 마찬가지인 결과가 되기 때문입니다. 더욱 문제는 법에 정한 적이 없는 행위가 범죄가 되고, 처벌받게 된다는 점입니다.

유추 해석 금지의 원칙은 종종 변화하는 사회 현상에 형법이 제대로 대응하지 못하고 뒤처지는 듯한 인상을 주기도 합니다. 예를 들어 문서 위조를 처벌하는 형법이 있습니다. 요즈음은 문서를 휴대전화 사진으로 찍어 사용합니다. 문서를 위조하면 처벌받지만, 문서를 위조한 이후 그 사진을 찍어서 이용하면 처벌받지 않습니다. '문서'라고 하는 문구를 '문서를 찍은 사진'까지 포함하는 것으로 유추해서 해석하면 안 되기 때문이죠. 그런데 이런 상황을 악용하는 사람이 등장하고 선의의 피해자가 발생하는 부당한 결과를 가져옵니다. 그래도 유추 해석을 허용해서는 안 됩니다. 가장 최선의 대책은 입법자가 새로이 법을 정해 그 행위를 처벌하는 새로운 법을 만드는 것입니다.

변명할 기회가 운명을 바꾼다

"법은 여러 번 말할 기회를 주지 않는다."

법을 통해 처벌이 내려지는 과정에서 개인의 힘은 매우 미미합니다. 국가 권력의 편견과 오해, 권력 남용이라는 위험에 노출됩니다. 작은 죄를 커다란 죄로 만드는 것, 다양한 폭로와 인신공격을 통해 파렴치한 죄인으로 만들 수 있는 것도 국가 권력입니다. 국가 권력 앞에서는 누구든 고양이 앞의 생선이 될 수 있습니다.

때문에 국가 권력의 처벌 절차는 적법해야 할 뿐만 아니라, 특별한 배려가 가미된 정당한 절차여야 합니다. 범죄로부터 시민의 안전을 보호하는 것 못지않게 중요한 게 바로 무서운 국가 권력의 행사로부터 개인을 보호하는 것입니다.

형사 절차에는 범죄 혐의자를 함부로 의심하고, 함부로 처벌하지 못하도록 하는 법의 원칙이 적용됩니다. "의심스러울 때는 피고인의 이익으로" "열 사람의 범인을 놓치는 한이 있더라도 한 사람의 죄 없는 자를 유죄로 벌하여서는 안 된다"라는 법언, 유죄 판결을 받기까지는 무죄인 것으로 취급해야 한다고 하는 '무죄 추정 원칙'이 바로 그것입니다.

재판 단계에서는 공정한 재판을 받을 수 있도록 형사소송 절차에서 인정하는 특별한 피고인의 권리가 있습니다. 이를 방어권이라고 합니다. 변호인의 조력을 받을 권리, 위법 수집 증거 배제의 법칙 등이 그것입니다. 충분히 의심스럽고, 어느 정도 증거가 갖추어져 있다고 해도 합리적 의문의 여지가 조금이라도 남아 있을 때는 피고인을 유죄로 선고해서는 안 된다는 '엄격한 증명의 원칙'도 그중 하나입니다.

파렴치한 범죄를 저지른 혐의가 있는 사람들이 여러 방어 권리를 행사하는 것을 보고 분노할 때가 있습니다. 하지만 억지로라도 참아야 합니다. 그들이 행사하는 절차상의 권리야말로 어느 순간 부당한 처벌로부터 우리 스스로를 지킬 수 있는 방파제이기 때문입니다.

심리적 성장에서 어려움을 겪는 어린이들을 다루는 텔레비전 프로그램 〈금쪽같은 내 새끼〉를 즐겨보곤 합니다. 그날 방송에 구제 불능으로 난폭한 아이가 등장했습니다. 화가 나면 돌고래 같은 소리를 지르며 주먹질했고, 엄마가 진정시키기 위해 몸을 잡으면 온몸을 비틀고 저항하고 물어뜯었습니다. 저 정도면 회초리를 들어야 하는 것은 아닐까 하는 생각이 들 정도였습니다.

하지만 역시 전문가는 달랐습니다. 아동 심리 전문가는 아이가 겪고 있는 전혀 다른 측면의 어려움을 발견합니다. 아이가 사용하는 단어가 적고, 발음이 부정확한 것에 착안하여 언어 능력을 측정한 결과, 또래에 비해 언어 능력이 현저하게 부족했습니다. 의사소통이 잘되지 않다 보니 말해야 할 상황에서 손과 발이 먼저 나가고, 이 때문에 처벌을 받으니 괴성을 지르고 폭력을 행사한 것입니다.

아이가 인형 친구에게 속마음을 털어놓는 장면이 있었습니다. 인형이 질문합니다. "네가 가장 사랑하는 사람은 누구야?" 아이가 답합니다. "내가 가장 사랑하는 사람은 우리 엄마야."

예민한 성격을 갖고 있는 아이가 의사소통도 안 되니 어려움이 더 심각해졌습니다. 하지만 아이는 엄마에게 때때로 화가 났던 것일 뿐 사실 엄마를 깊이 사랑하고 있었습니다. 늘 괴성을 지르고 엄마를 때리며 반항하던 아이의 행동이 자신에게 고통을 주기 위한 것이라고 오해하던 엄마는 아이의 속마음을 듣고 오열하고 말았습니다. 고통당하고 있었던 것은 아이도 마찬가지였습니다. 가해자는 없었습니다. 단지 서로를 이해하지 못했던 것이 문제였을 뿐이죠.

변명할 기회는 스스로 찾아라

중학교 2학년, 전교에서 가장 무서운 수학 선생님의 수업 시간이었습니다. 선생님이 제 앞자리에 있는 친구를 지목했습니다. 칠판에 적힌 문제를 풀라고 합니다. 친구가 앞으로 걸어 나가는 순간 제 심장은 얼어붙었습니다. '제발 들키지 않아야 하는데.' 성적이 밑바닥이었던 그 친구가 머리만 긁적이다가 야단을 맞고 자리로 오려고 돌아선 순간, 선생님이 그 친구를 불러 세웠습니다. "잠깐, 너 다시 이리 와봐!" 선생님이 그 친구 등판의 낙서를 본 것입니다. 그 친구의 등판에 검정 사인펜으로 커다랗게 낙서를 한 것은 뒷자리에 앉아 있던 저였습니다.

"이렇게 낙서한 사람 누구야?"

고개를 숙이고 앞으로 나갔습니다. 선생님의 눈에 이글이글한 분노가 느껴졌습니다. 선생님은 손목의 시계를 풀어 교탁 위에 올려 놓았습니다. 체벌이 일상이던 시절이었습니다. 선생님은 팔을 최대한 멀리 돌려 휘둘렀고, 커다란 손바닥이 제 뺨을 강타했습니다. 한 대, 두 대, 세 대… 몇 대인지 기억이 나지 않습니다. 계속해서 뺨에 떨어지는 솥뚜껑 같은 손바닥 때문에도 아팠지만, 그보다 더욱 아팠던 것은 맞을 때마다 휘청거리면서 들었던 선생님의 말이었습니다. "너는 약한 사람을 괴롭히는 아이다, 너는 못살고, 공부 못하는 아이를 멸시하고 무시하는 나쁜 놈이다." 선생님의 눈빛에서 혐오와 미움이 느껴졌습니다.

억울했습니다. 과한 장난을 쳤지만 사악한 마음은 아니었습니다. 저는 공부는 그럭저럭했지만 세상을 무서워하던 내성적인 아이이기도 했습니다. 성격을 외향적으로 만들어보겠다고 친구들에게 장난도 치고, 쓸데없는 이야기도 해보려는 마음에서 나온 행동이었을 뿐, 누구를 무시하거나 멸시하는 건 아니었습니다. 장난을 쳐본 적 없는 멍청이라 넘지 말아야 하는 선이 어디인지를 몰랐던 것입니다.

학기가 지나가고 겨울방학이 되었습니다. 당시의 억울한 마음과 오해를 풀고 싶은 마음에 선생님에게 편지를 보냈습니다. 다음 학기에 만난 선생님의 눈빛은 부드러웠습니다. 그제야 안도했습니다. 나중에 알게 된 것은 선생님이 가난한 가족을 부양하기 위해 고등학교 졸업 후 돈을 벌어야 했고, 그래서 다른 사람들보다 훨씬 늦은 나이에 가까스로 대학에 다닐 수 있었다는 사실입니다. 가난한 아이가 무시당하는 상황에 더욱 분노하셨던 이유가 그 때문이었다는 생각이 들었습니다.

프로그램을 보면서 이런 생각이 들었습니다. '그날 내게도 변명할 기회가 주어졌다면 상황은 어떻게 달라졌을까? 내게도 저런 전문가 같은 변호사가 있었다면 어땠을까?' 이 아이는 단지 장난을 쳐보려고 하는 내성적인 아이였을 뿐이라고 누군가 변호해주었다면 상황은 달라졌을지도 모릅니다. 그리고 또 한 가지. 선생님이 제 인격을 함부로 단정하지 않고, 다만 저지른 행위만으로 처벌했다면 그 벌은 훨씬 가벼웠을 것입니다.

가난하면 법과 불화한다

법과 충돌하는 사람 중에는 강자보다 약자가 많습니다. 특히 경제적, 사회적 약자들은 자기 의사를 제대로 전달하지 못하는 아이와 닮은 경우가 많습니다. 법과 소통하는 일은 쉽지 않습니다. 충분한 교육을 받지 못한 사람들은 자신의 이야기를 전달할 능력이 부족하기도 합니다. 자신을 변호해줄 변호사를 고용할 여력도 없습니다. 법정에 나갈 시간을 내는 것도 여의찮습니다. 이들이 두서없이 우왕좌왕 이야기하는 것을 듣고 있을 시간이 경찰이나 공무원에게도, 법정의 판사에게도 많지 않습니다. 점점 감정이 거칠어지고 생각이 극단으로 흐릅니다. 그러다가 법에 강타당하면 극도로 분노하게 됩니다. 심한 경우에는 자포자기하여 세상을 버리기도 합니다. 강한 성격을 갖고 있는 이들은 반대로 세상과 전면적으로 충돌합니다. 애초에 그럴 의도가 전혀 없었음에도 점차 범죄 세력으로 몰려가게 되는 것입니다.

홉스는 국가를 '리바이어던'이라는 거인으로 묘사했습니다. 이 리바이어던이 사용하는 손과 발이 바로 법, 특히 형법입니다. 국가의 가장 효과적인 통치 수단이 법이라는 뜻입니다. 리바이어던이 선량한 개인을 공격하기 위해 존재하는 것은 아니지만, 상황에 따라 공격형 괴물로 변할 가능성이 충분히 있습니다. 개인이 법이 작동하는 방식을 이해하지 못한다면, 자신의 상황과 의도를 충분히 설명하지 못한다면, 리바이어던이라는 괴물과 승부를 벌일 수밖에 없습니다. 또한 그 승부는 대개 일방적입니다.

승부에서 당하지 않기 위해서는 자신이 처한 상황을 제대로 파악해야 합니다. 자신이 어떤 행동을 하고, 어떤 의사소통을 해야 하는지 판단할 수 있어야 합니다. 자신이 사회적 약자라고 생각할수록, 억울하다고 생각할수록 법에 관한 능력이 필요합니다.

미란다 권리의 등장

영화를 보면 자주 등장하는 장면이 있습니다. 경찰이 범죄자를 추적합니다. 몸싸움 끝에 가까스로 수갑을 채웁니다. 체포의 순간 경찰은 이를 악물고 범인을 노려보면서 이렇게 말합니다.

"당신은 진술을 거부할 권리가 있고, 당신이 말하는 것은 법정에서 당신에게 불리한 진술로 사용될 수 있으며, 변호인을 선임할 권리가 있고, 자력이 없을 경우에는 국선 변호인을 선임해줄 것을 청구할 수 있습니다."

유명한 미란다 권리의 고지입니다. 미란다 권리는 1966년 미국 연방대법원이 판단한 미란다 대 애리조나 판결에서 비롯된 권리입니다. 어네스토 미란다라는 사람은 단돈 8달러를 훔친 잡범으로 수사를 받게 되었습니다. 그런데 수사를 받는 도중 여러 다른 범죄도 자백했고, 그중에는 강간과 유괴라는 중범죄도 있었습니다. 미란다는 단순한 잡범이 아니라 중범죄자였던 것입니다. 주 법원에서 이 모든 범죄 혐의에 대한 유죄 판결을 받았습니다.

사건은 최고 법원인 연방대법원에까지 도달했습니다. 연방대법원은 미란다에게 진술 거부권과 변호인의 조력을 받을 권리라는 헌법상의 권리가 있다는 점, 그런데 경찰이 수사 도중 그에게 진술 거부권이 있다는 사실을 알려주지 않았다는 점에 주목했습니다. 연방대법원은 미란다가 경찰에서 한 모든 자백과 진술은 그에게 불리한 증거로 사용될 수 없다고 판단했습니다. 유죄 판결이 무효로 돌아간 것입니다.

법정은 진실을 밝히는 곳입니다. 경찰은 미란다의 범죄를 밝혀내기 위해서 신문했지만 고문이나 강압적인 방법을 사용하지 않았고, 거짓을 강요하지 않았습니다. 미란다는 자백하지 않을 권리가 있다는 것을 몰랐을 뿐, 거짓이 아닌 진실을 자백했던 것입니다.

범죄를 저질렀고 그 진실이 밝혀졌다면 유죄 판단을 받고, 합당한 벌을 받는 것이 마땅합니다. 그것은 형사 정의라고 하는 중요한 당위입니다. 하지만 연방대법원은 진실, 정의와는 정반대의 판단을 했습니다. 사건의 판단에서 적법 절차의 원칙을 지켜 절차적 정의를 세울 필요성을 발견했고, 두가지 중요한 가치, 즉 절차적 정의와 형사 정의의 가치를 형량한 것입니다.

만일 진술 거부권을 알리지 않고 한 자백, 변호인에게 조력받을 권리를 알려주지 않은 수사를 통해서 얻은 자백과 증거로 유죄를 인정한다면 어떻게 될까요. 그다음부터는 미국 전역의 경찰이 피의자의 절차에 관한 헌법적 권리를 무시하는 수사를 할 것입니다. 진술 거부권을 행사하는 사람에게 자백을 강요하는 강압적 수사의 길도 열릴 수 있습니다.

연방대법원이 판단한 것은 자백은 어떤 경우에 적법한 증거가 될 수 있는가의 문제였습니다. 연방대법원은 단순히 진실과 정의만을 중요하게 고려한 것이 아니라 피의자의 인권 보호, 적법 절차라고 하는 당위를 중요하게 고려했습니다. 그리고 형량을 했습니다.

형량은 두 가지 고려 사항을 적당하게 섞거나, 중간을 택하는 것이 아닙니다. 어떤 가치가 현저히 중요한 경우, 다른 쪽 당위에 대해서는 매우 엄하고 가혹한 판단을 내려야 할 때도 있습니다. 연방대법원이 내린 미란다 판결이 그러했습니다. 두 가지를 형량하고, 중간적 판단을 하지 않았습니다. 인권 보호라는 더욱 중요한 당위를 위해, 그 또한 매우 소중하여 소홀히 할 수 없는 '실체 진실과 형사 정의'라는 당위를 칼로 쳐낸 것입니다.

연방대법원의 미란다 판단은 당시에는 박수를 받지 못했습니다. 오히려 명백한 범죄인을 풀어주라는 판결로, 상식에도 반하고 정의에도 반하는 납득하기 어려운 판결이라는 반대 여론에 직면했습니다. 하지만 세월 속에서 그 가치가 증명되었습니다. 경찰이 미란다 권리를 고지하는 것은 단지 미국뿐 아니라 다른 국가들, 한국 경찰의 수사 관행까지도 변화를 이끌어냈습니다.

단 한 사람의 누명도 없도록

또 하나 중요한 것이 있습니다. 형사소송에서는 민사소송의 대원칙인 변론주의 원칙이 적용되지 않습니다. 법관은 언제든지 피고인에게 유리한 사항에 관해 질문할 수 있고, 검사에게 요구할 수 있으며, 법관 스스로 진실 발견을 위해 노력할 수도 있습니다. 형사소송에서 피고인 반대편의 당사자는 검사입니다. 피고인의 유죄를 받아내기 위해 노력하는 검사이지만 피고인이 주장하지 못한 유리한 사실도 밝힐 의무가 있습니다. 피고인의 변호인뿐만 아니라 검사도 역시 피고인에게 유리한 주장과 증거를 발견했을 때에는 이를 주장하고 제출해야 합니다.

형사소송에서 가장 중요한 두 가지가 있습니다. 첫째, 억울한 누명을 쓰지 않도록 방어권을 보장하고 적법 절차를 보장하는 것입니다. 둘째, 실체적 진실 규명을 위해 노력하는 것입니다. 죄지은 사람에게 정당한 처벌을 부과하기 위해서는 진실을 밝혀야 하기 때문이죠.

이 두 가지 목적은 서로 충돌하고 모순되기도 합니다. 가령 수사 기관이 수사 과정에서 피고인의 방어권을 제대로 보장하지 않았지만, 또는 증거 수집 방법이 정당하지는 않았지만 중요한 증거를 발견한 경우입니다. 이 경우 진실을 우선한다면 확보한 증거를 이용해 피고인에 대한 유죄를 판단해야 합니다.

하지만 그렇게 되면 적법 절차와 피고인의 방어권 보장이라는 형사소송의 또 하나의 이상은 물거품이 되겠죠. 그 판단은 장래의 수사 방법에 결정적인 영향을 주게 됩니다. 수사 기관의 욕망에 날개를 달아주기 때문입니다. 수사 책임자는 수사관들에게 지시합니다. "강요된 자백, 고문, 위법한 도청 등 어떤 수단을 동원해도 좋아. 저놈이 나쁜 놈이라는 것을 밝혀내야 해. 증거만 찾으면 돼. 우리가 무슨 짓을 하더라도 유력한 증거만 확보한다면 유죄를 받아낼 수 있어!"

진실보다 법을 지키는 것이 더 중요

민사소송의 대원칙이 변론주의 원칙이라면 형사소송의 대원칙은 '위법 수집 증거 배제' 원칙입니다. 아무리 중요한 증거라고 해도 법이 정한 절차를 어겼다면 유죄를 위한 증거로 사용할 수 없다는 원칙입니다.

종전의 우리 대법원은 위법 수집 증거 배제 법칙을 완벽하게 적용하는 것을 주저해왔습니다. 그러다 1990년대부터 범죄 자백과 같은 진술 증거에 대해서는 이 원칙을 받아들였습니다. 수사 기관이 조사실에서 피의자를 수사합니다. 피의자가 변호인을 만나게 해달라고 요청했는데 변호인을 만나지 못하게 한다면, 중요한 방어권 침해이며 절차 위반입니다. 진술을 거부할 수 있다는 권리를 알려주지 않고 조사를 시작한 경우도 마찬가지입니다. 긴급 체포의 요건을 갖추지 못하고 체포한 경우도 중요한 방어권 침해이며 절차 위반입니다.

문제는 물건인 증거물에 대해서 이 원칙을 어떻게 적용할 것인가입니다. 가령 변호인을 만나지 못하게 한 상태에서 신문해 자백을 받아냈습니다. 자백을 통해 범죄 도구인 식칼을 감춘 곳을 알게 되었다면, 식칼과 식칼에 묻은 혈흔과 지문은 증거로 사용할 수 있을까요?

이전의 우리 대법원 판례는 물건인 증거에 한해서는 위법하게 수집되었다고 해도 증거로 사용할 수 있다고 판단했습니다. 증거가 물건인 경우에는 수사로 왜곡될 가능성이 없다는 것이 그 이유입니다. 그러나 2007년 대법원은 "적법한 절차에 따르지 아니하고 수집한 증거는 증거로 할 수 없다"라고 판결했습니다. 이것은 적법 절차 보장, 진실 발견, 적정한 처벌이라는 당위를 새롭게 형량한 결과입니다.

대법원의 판단이 실체 진실의 발견을 소홀히 여긴 것일까요? 그렇지 않다고 봅니다. 편견에 의한 억지 짜맞추기 수사는 실체 진실을 발견하는 데에 가장 해롭습니다. 위법 수집 증거 배제의 원칙은 이런 억지 수사가 발생할 원인을 없앱니다. 또한 위법 수사가 허용되지 않기 때문에 과학 수사가 발전하게 됩니다.

인간은 진실 앞에 겸손해야 합니다. "진실은 오직 신만이 알고 있다"라는 말이 있습니다. 그 진실에 대한 판단이 죄와 벌에 관한 것이라면 더욱 그러해야 합니다. 인간은 진실에 얼마만큼 접근할 수 있을까요? 인간이 진실 앞에서 겸손해지려면, 스스로 결점투성이라는 사실을 받아들여야 합니다. 오만한 재판의 위험을 방시해야 합니다. 그런 점에서 형사 재판은 인간 판단 능력의 한계를 인정하는 재판이고, 진실에 대한 인간의 겸허함이 강제되는 재판이어야 합니다.

3

법을 내 편으로 만들기

스스로를 변호하지 않는 이는
보호되지 않는다

01

"법은 '말 잘하는 사람'보다는
'잘 말하는 사람'을 좋아한다."

한 여론 조사에 따르면 평소 법에 관심이 있는 편이라고 말하는 응답자가 2018년 41.1퍼센트에서 2021년 53.2퍼센트로 크게 증가했습니다. 법에 대한 지식이 있어야 한다는 인식도 매우 강해졌습니다. 10명 중 8명의 비율로, 세상을 잘 살아가려면 법을 꼭 알아야 한다는 의견이 있었습니다. 이 역시 2018년 조사에 비해 높아진 수치입니다.

왜 법에 대한 관심이 높아질까요. 세상이 그만큼 살기 힘들어지는 것일까요. 법을 알고 싶어 한다는 것은 긍정적인 신호라 여깁니다. 법을 알아야 한다고 생각은 하지만, 여전히 어렵게 느껴집니다. 우선 알아야 할 법이 너무 많습니다. 이 순간에도 새로운 법률, 새로운 판례가 계속 만들어지고 있습니다. 모든 법을 다 안다는 것은 법 전문가에게도, 평생 법을 연구하는 학자에게도 기대할 수 없는 일입니다. 그렇다면 과연 보통의 시민들이 해야 하는 법 공부는 어떤 모습이어야 할까요.

　　　　　　　　　　　　　　　3 | 법을 내 편으로 만들기

법조문을 외우거나 판례를 많이 아는 것은 중요하지 않습니다. 매일매일 새로운 사건이 등장하고 그에 따라 판례도 새로 만들어집니다. 우주와 별을 이해하기 위해서라면 하늘에 있는 별의 이름을 다 외우는 것보다는 별이 생기고 움직이는 원리를 아는 게 더 현명한 일일 겁니다. 법도 마찬가지입니다. 법의 작동 방식을 이해하고, 법의 원리와 논리에 따라 '생각할 수 있는 능력'을 가지는 것이 중요합니다. 일상에서 부딪히는 문제도 법률가처럼 생각할 수 있어야 합니다.

법률가처럼 생각하기

그렇게 사고하다 보면 자신의 경험을 법과 새롭게 연결하는 징검다리도 놓을 수 있게 됩니다. 법의 원리와 논리를 각자의 지식과 경험, 다양한 세상 경험과 접목해 상상력을 만들어낼 수 있다면 어떤 법률가 못지않게 법을 잘 이해하는 시민이 될 수 있습니다.

법적인 사고를 하고, 이를 세상 경험과 접목하기 위해 가져야 할 준비 자세가 있습니다. 우선 낯선 용어와 개념을 만나도 겁내지 맙시다. 낯선 곳에서는 당황하지 않는 게 우선입니다. '어차피 나는 이방인이다'라는 생각으로 마음을 편안히 하고 천천히 관찰합시다. 다음으로 냉정함과 인내심을 가져야 합니다. 법은 인류가 수천 년 동안 수없이 많은 시행착오를 거치면서 발달시켜온 결과물입니다. 편을 가르는 방식으로는, 성급하게 화를 내는 방식으로는 그 작동 원리를 이해할 수 없습니다.

무엇보다도 중요한 것은 객관적으로 생각하기입니다. 공정한 법을 찾기 위해서는 나와 내 가족뿐 아니라 다른 사람들의 관점에서도 옳은 법을 생각해야 합니다. 또한 지금 문제가 되는 사안뿐 아니라 미래의 사안, 전혀 알 수 없는 곳에서 벌어지는 사안, 즉 일반적인 경우에도 적용할 수 있는 법을 찾아야 합니다.

그런데 이게 쉽지 않습니다. 내 눈앞에서 벌어지는 일을 판단하는 것은 쉬울 수도 있지만, 그 차원을 넘어서 보이지 않는 문제를 생각하기란 어렵습니다. 법을 만드는 사람은 그 법이 만들어낼 상상 가능한 모든 효과, 법이 애초에 목적하는 방향과 전혀 다른 장소와 방향에서 그 법이 초래할 효과, 그 법으로 인해 벌어질 일에 관해서도 생각해야 합니다. 그렇지 않으면 전혀 의도하지 않았던 부작용을 만들 수 있습니다. 엉뚱한 사람들이 그 법으로 인해 크게 손해 보고 고통받을 수 있습니다. 그래서 법을 생각하는 데에는 여러 가지 경우를 상상하고 추측하는 능력이 필요합니다.

싸움에서 지지 않는 법

대로 한가운데에서 차를 세워놓고 교통사고의 잘잘못을 따지는 광경을 보면 사람들은 말합니다. "목소리 큰 사람이 이긴다." 이런 길거리 싸움에서는 크게 소리 지르는 사람이 양보를 얻어낼 가능성이 높습니다. 싸움이 커지는 걸 피하고 싶은 사람들의 판단 때문입니다. 하지만 경찰이 등장했거나, 더 나아가서 소송이 시작됐다면 양상이 달라집니다. 정식적인 법적 절차가 시작됐다는 것은 이미 큰 싸움이 개시된 것을 의미합니다. 이때에는 목소리가 큰 것만으로는 이길 수 없습니다. 목소리 큰 사람보다 이성적인 사람이 유리합니다.

이성적인 싸움은 어떻게 진행해야 할까요. 첫째, 주장해야 합니다. 자신에게 유리한 사실들이 무엇인지 판단하고 그것들을 빠짐없이 주장해야 합니다. 큰 소리를 내고 고함칠 필요는 없지만, 조용히 침묵해서는 안 됩니다. 법 지식이 없고 의사 표현에 미숙하더라도 괜찮습니다. 호소하고 주장하십시오. 서툴러도 생각을 말해볼 테니 잠시 들어달라고 요구할 수도 있어야 합니다. 강한 척 허세를 부리는 것도 좋지 않은 선택이지만, 반대로 주눅이 들어 아무 말 없이 침묵한다면 상황을 파국으로 몰고 갈 수 있습니다.

둘째, 목표를 합리적으로 잡고 최악을 대비해야 합니다. 원래 감당해야 할 손해를 보는 것은 어쩔 수 없지만 그런 손해를 되도록 적게 하고, 보지 않아도 될 손해를 방지하는 것이 중요한 목표입니다. 이를 위해서는 자신이 치한 상황을 객관적으로 파악해야 합니다. 일단 법적 다툼이 시작되면 양보 없는 싸움이 됩니다.

현재의 소송 제도는 대개 완승 아니면 완패라는 결과가 나오게 되어 있습니다. 화해나 조정과 같은 양쪽의 입장을 모두 배려하는 제도도 있지만, 대부분은 중간적인 승리를 선호하지 않습니다. 당연히 자신의 승리를 확신하고 완벽한 승리를 위해 달려가기에, 소송 결과는 전부 아니면 전무입니다. 완승을 위해, 그리고 완패를 막기 위해서 당사자들은 수단과 방법을 가리지 않습니다. 때로는 비열하고 때로는 악랄한 승부가 펼쳐집니다. 패배한 후에 어떻게 이럴 수 있느냐며 분노하기보다는 그와 같은 비인간적인 공격에 대비하는 것이 현명하겠죠.

셋째, 객관적으로 설득력 있게 주장해야 합니다. 내 편, 내 가족을 설득하는 것은 어렵지 않습니다. 어차피 설득될 자세가 되어 있는 사람들입니다. 어려운 것은 나와 상관없는 사람들을 설득하는 일입니다. 그러기 위해서는 '말을 잘하는 사람'이 될 필요가 없더라도, '잘 말하는 사람'이 되어야 합니다. 솔직과 겸손은 자신의 주장을 잘 전달하는 사람들의 특징입니다.

자기 입장을 진실하고 겸손하게 전하는 사람의 말을 경청하지 않을 수 없을 것입니다. 상대방의 이야기를 무조건 반박하는 것은 지혜롭지 않습니다. 때로는 상대방의 주장과 관점을 받아들일 수 있어야 합니다. 그 전제에서 자신에게 유리한 반대 주장과 항변을 제시해야 합니다. 객관적으로 수긍할 수 있는 상대방의 주장은 받아들이고, 차분하게 방어해야 합니다. 그것이 법적인 사고를 하기 위한 출발점입니다.

변호사가 필요한 이유

평소에 법을 공부했다면 법과 관련한 급한 문제가 생겼을 때 큰 도움이 됩니다. 하지만 이미 다급한 일이 벌어졌을 때에는 변호사를 고용해야 합니다. 그때부터 새로 법을 공부해 대처하기란 쉽지 않기 때문입니다. 중요한 계약을 앞두고 있거나 일과 관련한 중요한 법적 분쟁이 발생했다면 마음이 급해집니다. 급한 불부터 꺼야겠죠. 그럴 때에는 전문가를 빨리 찾는 게 좋습니다. 하지만 남에게 맡겨만 두지 말고 스스로 알아보십시오. 자신에게 필요한 정보가 무엇인지, 그 분야에 관련된 법은 무엇이고 현재의 판례 상황은 어떤지 등 기본 조사는 스스로 하십시오. 요즈음은 인터넷에서도 상당한 깊이를 가진 좋은 법적 정보를 얻을 수 있습니다. 스스로 어느 정도의 정보와 지식을 갖추어야만 변호사와 제대로 소통할 수 있고, 변호사에게 제대로 요구할 수 있습니다.

특히 직업이나 업무와 관련된 법적 문제라면 더더욱 스스로 연구하고 파악해야 합니다. 변호사보다 그 분야에서 일하는 사람이 더 전문가겠지요. 내가 해당 분야에 관한 지식을 잘 설명해주어야 변호사도 법적 문제를 잘 이해할 수 있고, 더 잘 해결할 수 있습니다.

물론 개인이 수집하고 공부하는 정보와 지식의 한계도 분명합니다. 정말 중요한 계약이나 분쟁이라면 항상 법률 전문가의 도움을 받는 것이 필요합니다. 그래야 추후에 더 큰 화를 막을 수 있습니다.

변호사의 역할은 매우 중요합니다. 형사소송에서는 특히 그러합니다. 피의자는 경찰서나 검찰청에 소환될 때 공포심을 갖습니다. 체포나 구속된 상태에 있는 피의자는 더욱 심한 심리적 압박을 받죠. 수사 기관은 피의자의 그런 심리 상태를 알고 이용합니다. 공황 상태에 빠진 시민을 협박해 자백을 받아내고, 자백에서 물증을 찾는 것은 수사 기관의 통상적이고도 가장 손쉬운 수사 방법이기도 합니다. 변호인에게 조력받을 권리가 위력을 발휘하는 것은 이런 상황이죠. 전문가인 변호인이 현장에서 직접적인 조언을 준다면 큰 도움이 될 수 있습니다.

변호인이 피의자를 돕는 것이 범죄인이 법망을 빠져나가도록 하고, 수사 기관이 진실을 발견하는 일을 더욱 어렵게 만드는 것은 아닐까요. 하지만 진실은 수사 기관이나 법원이 일방적으로 발견하는 것이 아닙니다. 그렇게 발견된 진실은 국가 기관에서 본 진실일 뿐입니다. 진실은 수사 기관이나 피해자만이 갖는 것이 아닙니다. 범죄 혐의를 받는 피의자와 피고인도 자신의 관점에서 바라본 진실이 있습니다.

변호인의 도움이 없다면 피의자, 피고인에게 인정된 형사소송법상의 보장된 방어권 행사가 불가능합니다. 그렇게 되면 피의자 관점에서의 진실을 주장할 수 없고, 오로지 수사 기관과 검사의 관점에서 도출된 진실만이 법정을 지배하게 되겠죠. 객관적인 진실을 발견하기 어렵습니다. 피의자, 피고인이 스스로를 방어할 수 있고, 수사 기관과 대등한 무기를 갖고 공정하게 대결할 수 있어야 객관적인 진실이 발견됩니다.

때문에 변호인의 조력을 받을 권리는 단지 피의자와 피고인을 보호하기 위한 권리가 아니라, 객관적인 진실을 제대로 밝히기 위한 일입니다. 검사나 판사만이 아니라 변호인도 진실을 발견하는 중요한 역할을 담당하고 있는 것입니다. 객관적 진실이 존재할 수 있고, 밝혀질 수 있다는 믿음 없이는 사회가 유지되지 않습니다. 변호인의 조력을 받을 권리가 이렇게나 중요하기에, 빈곤 또는 무지 때문에 변호인을 선임하지 못하는 이를 위한 국선 변호인 제도가 필요한 것입니다.

마음속의 죄는 왜 벌할 수 없는가

02

"법은 도덕의 최대가 아닌 최소를 다룬다."

형법에서 금지하는 것은 인간의 '마음'이 아닌 '행위'입니다. 내부가 아닌 외부적으로 표현된 행위입니다. 나쁜 마음이 나쁜 행위를 낳는다면, 그런 마음을 먹지 않도록 최대한 강제하는 것이 법이 해야 할 역할이고 정의를 실현하는 방법이 아닐까요. 종교의 가르침은 욕망하는 마음을 통제하라고 권합니다. 종교가 인간의 마음을 다스리도록 가르치는 것은 인간의 마음은 행위의 씨앗이기 때문입니다. 행위로 표현되면 죄가 되기 때문에, 죄를 짓지 않기 위한 근본적인 대책으로 마음의 단계에서 다스리고 통제하라는 것이지요.

그러나 법은 종교나 도덕과 다릅니다. 법은 객관적으로 드러나지 않은 마음을 처벌 대상으로 해서는 안 됩니다. 우선 법은 도덕의 최소한을 다루는 것이기 때문입니다. 그리고 가장 중요한 이유는 마음을 처벌하는 것은 마음을 금지하지 않는 것보다 훨씬 더 큰 위험을 초래할 수 있기 때문입니다.

　법이 마음을 처벌하지 않는 건, 범죄를 마음속으로 계획하는 게 무해하기 때문이 아닙니다. 마음은 법이 통제할 수 없는 영역이고, 통제하면 더 위험하기 때문입니다. 마음은 법이 금지할 수 없는 자유의 영역이라는 것이지요. 평범해 보이는 사람 중에서도 하루에도 몇 번이나 살인과 절도를 생각하고 잠자리에 드는 이도 있을 것입니다. 그러나 행위를 벌이지만 않는다면 다른 이들과 똑같은 일상을 사는 사람들입니다.

　우리는 인정해야 합니다. 인간은 모두 금지를 욕망하는 존재입니다. 철학자 강신주는 인간의 금기에 대한 욕망이 성적인 대상에 적용될 때, 그것을 바로 에로티시즘이라 부른다고 했습니다. 수많은 예술로 표현되는 에로티시즘은 도덕적, 종교적인 금기에 대한 도전을 다루고 있습니다. 위대한 문학과 예술로 승화시켰으나 그 출발점은 금기를 범한 부도덕하고 위험한 욕망인 것입니다.

세례식에서 웃으면 감방행

연상호 감독의 드라마 〈지옥〉의 배경이 되는 세상은 죄로 타락한 오늘날 우리 사회를 보여주는 듯합니다. 각종 범죄를 저지른 범죄인들이 제대로 된 처벌을 받지 않는 세상입니다. 이런 세상에 불가사의한 힘을 가진 거대한 괴물들이 등장하는데, 예고된 시간에 나타나 사람들을 증발시킵니다. 신흥 종교 지도자 정진수는 괴물들이 세상의 질서를 교정하기 위해서

신이 보낸 사자이며, 신이 이들을 보낸 것은 명백하고 확실한 경고를 보내기 위해서라고 주장합니다.

그는 사람들에게 묻습니다. "신은 인간에게 자유 의지를 주었다. 그 자유 의지는 과연 무엇인가?" 그리고 스스로 이렇게 답합니다. "인간들은 나약한 존재이기에 자유는 곧 죄를 짓게 만드는 자유가 될 뿐이다." 신이 직접적인 기적을 보이는 것은, 인간들의 자유 의지를 신에 대한 복종의 의지로 바꾸어야 한다는 신의 계시라고 해석하는 것이죠. 하지만 그의 세력이 만들어낸 것은 더욱더 무질서한 세상입니다. 신의 이름을 가장한 사이비 종교는 흉포한 권력이 됩니다.

마르틴 루터가 독일을 중심으로 활동했다면 장 칼뱅은 스위스에서 활동한 종교 개혁가입니다. 칼뱅의 사상을 달가워하지 않는 세력과 갈등이 불거지면서, 그는 제네바에서 7년간 추방당합니다. 1541년 시민들은 칼뱅을 다시 제네바로 초대합니다. 제네바의 종교 개혁을 완성시켜줄 지도자로 초빙한 것이죠. 지나치게 엄격한 계율을 강제한다는 이유로 추방된 그가 다시 돌아와서 과연 달라졌을까요. 공화국을 수립해 독립과 자유 정신을 키워온 제네바 사람들은 그를 걱정과 의심의 눈으로 바라봅니다.

칼뱅은 독재자가 될 생각은 없었습니다. 종교 개혁가인 그는 부패한 가톨릭 권력과 타락한 문화를 몰아내야 한다는 생각으로, 도덕을 바로 세워 신의 뜻에 부합하는 공동체를 만들려고 했을 뿐입니다. 그는 자유가 인간을 신의 뜻으로부터 멀어지게 한다고 생각했습니다. 인간이란 끊임없이 유혹받는 존재인데, 인간을 자유 의지에 맡긴다면 오직 악을 행할 능력만 가지게 된다는 것이죠.

칼뱅은 탐욕스러운 거짓 권력자가 아니라 오히려 정반대였습니다. 더할 수 없이 검약하고 청빈했으며, 나쁜 건강 상태에도 불구하고 새벽부터 자정까지 성실하게 일하고 연구한 지행합일의 인물이었습니다. 오히려 그의 가장 큰 문제는 인간을 지나치게 완벽한 존재로 보았다는 데에 있습니다. 그는 인간의 완벽함을 회복하기 위해 욕심과 기쁨을 통제하는 법을 사용했습니다.

칼뱅의 규율과 감시, 위반자에 대한 처벌은 상상을 초월합니다. 명랑하고 근심 없는 즐거움은 죄악입니다. 감각을 고양시키고, 감정을 달래고 자극시키는 모든 것이 금지되어야 합니다. 예배 중 오르간 연주도 교회의 종소리도 금지되었습니다. 교회 달력에서 부활절과 성탄 축제가 사라져야 했습니다.

공동체를 만들기 위해 개성의 권리도 박탈합니다. 칼뱅의 세계관에서 보면 개인적이고 세속적인 일들은 악을 행할 위험이 있는 영역이기에 종교 당국이 감시하고 개입해야 합니다. 이에 모든 개인과 가정은 어느 때나 도덕 경찰관의 방문을 받아들여야 했습니다. 신분이 높거나 낮거나, 한 달에 한 번은 자신들의 생활과 생각을 검사받아야 했죠. 고령의 원로들도 초등학생처럼 기도문을 잘 외우는지, 왜 교회 설교에 참석하지 않았는지 심문을 받아야 했습니다.

도덕 경찰관은 여자들의 옷차림도 살폈습니다. 심지어 손가락에 반지를 몇 개나 꼈는지까지 확인했죠. 부엌에서는 음식 재료와 접시도 검사를 받아야 했습니다. 하인들에게는 주인의 생활에 대해서, 아이들에게는 부모에 대해 물었습니다. 누가 늦잠을 자는지, 춤을 추고 노래를 부르는지를 알아냈습니다. 젊은이들이 사랑하고 데이트를 하는 것도 당연히 감시와 금지 대상입니다. 허가 없이 책을 출판하고, 외국으로 편지를 보내는 것도 금지입니다.

그런데 궁금하지 않습니까. 수백 년 동안 자유 속에서 살아온 공화 도시 제네바에 어떻게 이런 일이 가능했을까요? 바로 법이 한 일입니다. 법이 마음을 처벌할 수 있기에 가능한 일이었던 것이죠. 이것이 법의 힘이고, 법의 위험성입니다.

칼뱅의 제네바에서는 어떤 일이 벌어졌을까요. 마음을 처벌하는 법은 생각하는 것에 대한 공포를 만들어냈습니다. 개인은 스스로 의심받는다고 느끼기 때문에 다른 사람을 먼저 의심합니다. 두려움은 명령과 금지를 미리 앞서서 행하게 하기 때문입니다. 단순히 혐의만 있는 사람에게도 잔인한 고문이 가해졌습니다. 고발된 사람들이 고문실로 끌려가기 전 자살하는 것을 방지하기 위해, 죄수들은 밤낮으로 손뼉을 쳐야 한다는 법이 제정되었습니다. 당시에 어떤 사소한 행위까지 처벌했는지 시의회는 상세하게 기록하고 있습니다.

- 어떤 시민이 세례식에서 웃었다─사흘간 감방
- 눈먼 바이올린 연주자가 춤곡을 연주했다─도시에서 추방
- 노동자들이 아침 식사로 파이를 먹었다─사흘간 물과 빵만 먹을 것

- 예배가 끝나고 사업 이야기를 했다—감방
- 두 뱃사람이 싸움질을 했다—교수형
- 카드놀이를 했다—카드를 목에 건 채 기둥에 묶어둘 것

한때는 자유롭고 유쾌하던 도시가 검은 상복으로 뒤덮였습니다. 사람들은 더 이상 웃지 못합니다. 이웃과 친구에게 고발당하는 이들이 속출합니다. 사람들은 커튼을 친 집 안에 머무는 것을 더 좋아하게 되었고, 따뜻하고 친절하던 얼굴은 점점 엄격하고 무뚝뚝하게 바뀌어 갔습니다. 칼뱅이 복귀한 후 5년간 수십 명의 사람이 처형당하거나 화형당했고, 수많은 이들이 도시를 탈출했습니다.

왜 법은 마음의 죄를 다루지 않을까요. 가장 단순한 사실은 마음과 생각은 볼 수 없기 때문입니다. 그래서 입법자가 마음과 생각을 금지하는 법을 만들고자 할 때에는 일상을 고발하고 감시하는 법, 사소한 행동을 금지하는 법으로 대신합니다. 여자들의 머리 길이와 치마 스타일을 통제할 수 있는 법, 휴일의 노래와 웃음을 금지하는 법이 만들어지는 것이죠. 문제는 그 금지가 만들어내는 공포심입니다. 감시하는 눈이 어디에나 생깁니다. 머리 길이나 웃음이 문제가 된다면 그 어느 것도 안전하지 않죠.

인간이 만드는 공동체와 사회가 완벽할 수는 없습니다. 오히려 부조리한 욕정과 유혹이 가득한 정의롭지 않은 사회일 가능성이 높죠. 그래서 세상을 더 정의로운 곳으로 만들어야 한다는 생각은 언제나 솟아나고, 이 생각은 정당합니다. 하지만 이것이 사람들의 마음을 처벌하고, 생각의 자

유를 빼앗는 근거가 되어서는 안 됩니다. 인간의 생각과 마음이 고귀하고 숭고하기 때문이 아닙니다. 마음과 생각의 자유는 죄의 씨앗이기도 하지만, 인간 생명력의 본질이기 때문입니다.

생각의 자유를 빼앗는 것은 법 만드는 이들이 개인적인 생각으로 세상을 재단하려고 하는 것입니다. 마음의 죄를 법이 다룬다는 건, 사람들이 자신의 자유를 반납하고 타인의 자유를 빼앗는 것에 동의하는 일입니다. 그런 사회에 범죄가 없을 수는 있어도, 기쁨도 슬픔도 감정도 함께 없어지겠지요. 공포와 죽음의 사회가 만들어지는 것입니다. 적절하게 조절하면 되지 않느냐고 판단할 수도 있지만, 그 적절성은 과연 누가 판단하는 걸까요? 어떤 기준으로 정할 수 있을까요? 공포가 번져나가는 것은 순식간이고, 그 시간에 권력자의 힘은 더욱 강해집니다. 자신의 정당성을 확신하는 권력자의 힘이 절제되기란 사실상 불가능합니다. 이런 사회를 되돌리는 데에는 너무나도 많은 희생과 노력이 필요합니다.

미국 로스쿨의 수업법

03

"법을 종이 위 활자에서 살아나게 하는 건
우리가 던지는 질문이다."

미국 로스쿨에서 공부한 적이 있습니다. 그곳에서 사용하는 전형적인 강의 방식은 소크라테스 대화법입니다. 중요한 점은 질문을 통해 도와줄 뿐, 답을 주지 않는다는 것입니다. 교수는 학생에게 강의하는 대신 질문합니다.

"이 사건의 사실 관계는 무엇인가?" "이 사건에서 법원이 판단한 법적 쟁점은 무엇인가?" "법원은 왜 그렇게 판단했는가?" 이러한 기본 질문으로 시작해 한 걸음씩 더 깊은 질문으로 이끌어갑니다.

하루 수업 시간 동안 예정된 진도에 있는 중요 판례의 숫자는 적지 않습니다. 내용도 이해하기 어렵습니다. 이 판례 가운데 어떤 사건에 관한 질문이 자신에게 떨어질지 모르는 상태이므로 모두 다 준비해야 합니다.

그러니 교수의 질문에 당연히 당황하게 됩니다. 시작 단계부터 나가떨어지는 학생들이 많습니다. 답이 막히면 교수는 계속 다음 학생을 호명합니다. 답할 수 있는 학생을 찾아서 차례는 계속 돌아갑니다. 답을 잘하는 학생이 나타나면 다음 단계의 질문이 이어집니다. 왜 그런 판단을 했는가? 이런 관점에서 볼 때 그 판단은 옳은가? 또 다른 법 원칙의 측면에서 볼 때 그 판단은 어떻게 이해해야 하는가?

질문을 받은 학생도 당황스럽고 고역에 시달리지만 다른 학생들은 더욱 공포스럽습니다. 지금 답하고 있는 학생이 말문이 막히면 그 즉시 질문은 다른 이에게 넘어갑니다. 언제 자신의 차례가 될지 모르는 상황에서 강의실은 팽팽한 긴장으로 가득합니다. 학생들은 질문에 집중하면서 타인의 대답과 자기 생각을 비교합니다. 대답이 타당한지, 논리적인지 생각합니다. 교수의 질문이 한 단계 깊어질수록 학생들의 생각도 한 단계 깊어지고 넓어집니다.

법학자들의 공부는 문답법

강의실에서 이런 과정을 거치고 나면 판례에 대한 이해가 훨씬 깊어집니다. 도서관으로 돌아가서 판례를 읽으면 그것은 더 이상 종이 위의 활자가 아닙니다. 방금 배운 법리가 판례집 페이지 위에 입체적인 구조물로서 있는 것을 발견합니다. 그뿐이 아닙니다. 그 과정에서 질문하는 방식을 배우게 됩니다. 이는 곧 생각하는 방식입니다. 논리적인 질문을 배울 수 있으면, 논리적인 생각과 논리적인 판단을 배울 수 있습니다. 혼자 책을 통해 배우는 것과는 다른 생생한 배움입니다.

교수만 질문하지는 않습니다. 학생들이 강의 중에 손을 들면, 교수는 강의를 즉시 중단하고 바로 질문을 받습니다. 맥락에 따라 그 순간 바로 질문하지 않으면 의미가 없어지는 질문들이 있습니다. 이런 질문들은 그 자체로 큰 배움을 가지고 옵니다. 학생들은 타인의 질문을 통해 자극을 받습니다. "아, 이런 맥락에서 저런 의문이 들 수 있고, 저런 생각을 할 수 있구나!"

학생들의 질문이 당당하여 강한 인상을 받았습니다. 저도 질문을 하고 싶어졌습니다. '내 질문으로 강의가 중단될 텐데 과연 그런 가치가 있는 질문일까? 과연 내 엉터리 영어 질문을 이해하실까? 과연 내가 문장을 끝맺을 수 있을까?' 여러 번 망설이던 끝에 드디어 손을 들었습니다. 교수님은 저에게 질문하라고 하며 강의를 중단했습니다.

'아뿔싸, 일을 저질렀구나!' 교수님은 기다리고 있습니다. 말을 시작하고 보니 질문을 받아서 답할 때보다 더욱 긴장됩니다. 가슴이 떨리니 목소리도 떨리고 문장은 뒤죽박죽 정신이 없었습니다. 다행히 질문의 취지를 알아들은 교수님이 친절하게 답을 해주셨습니다.

재미있는 일은 그 뒤에 일어났습니다. 그날 도서관에서 공부하고 있는 제게 한 학생이 찾아왔습니다. "아까 네 질문은 정말 훌륭했어!" 며칠 후 복도에서 또 다른 학생이 반갑게 인사했습니다. "영감을 주는 놀라운 질문이었어." 그 학생은 심지어 추수 감사절 휴가에 갈 곳이 없다면 자기 고향 집에 초대하고 싶다고 했습니다.

헌법재판소에서 5년 정도 근무한 이후였으니, 처음 헌법을 공부하는 학생들 수준에서 내용이 나쁘지는 않았을 거라고 생각합니다. 하지만 학생들이 그렇게 오버 하며 반응할 정도로 가치가 있는 질문은 아니었던 것 역시 분명합니다.

질문 자체를 칭찬하고 격려해야

노래를 권하는 사회에 노래방이 생기는 것처럼 질문을 칭찬하는 사회에서는 더 많은 질문이 생깁니다. 그래서 미국의 로스쿨 학생들은 더 많은 질문을 들으면서 공부할 수 있습니다.

미국의 로스쿨에서 질문이란 단지 '가르치고 배운다'를 뛰어넘는 의미가 있음을 경험했습니다. 생각을 표현하는 것은 공동체에 동참하는 것이며, 다른 사람들의 생각에 자극을 주는 좋은 일입니다. 미국 사회에서의 질문은 공동체에서 자신의 존재를 알리는 것이며, 또한 자신의 역할을 담당하는 것입니다. 시민들이 정치나 사회 문제에 관해 자연스럽게 질문하는 것도, 다른 의견을 가졌어도 질문하는 사람을 호의적으로 바라보는 것도 바로 이런 문화 속에서 가능합니다. 최근 여러 측면에서 위기를 맞고 있지만 질문하는 문화, 이것은 쉽게 베낄 수 없는 미국 민주주의의 강점입니다.

우리나라의 교실과 강의실은 미국과 다릅니다. 질문이 많지 않습니다. 강의자의 질문도 많지 않지만, 더욱 희귀한 것은 학생들의 질문입니다. 특히 수업 시간에 질문하는 것이 익숙하지 않습니다.

교수가 강의를 마치고 질문이 있는지 물어보아도 학생들은 묵묵부답입니다. 누구보다 열심히 공부하고, 생각이 없을 리가 없는 우리 학생들이 질문하지 않는 이유는 무엇일까 생각해본 적이 있습니다. 학생 시절의 제 모습을 떠올리자 그 이유를 쉽게 추측할 수 있었습니다.

교수님이 질문을 싫어하지 않을까, 다른 학생들이 잘난 척한다고 싫어하지 않을까 등등 주변을 고려하기 때문이었습니다. 요즘 학생들이 질문을 하지 않는 이유도 크게 다르지 않다고 생각합니다. 자신의 질문이 다른 사람들에게 폐를 끼칠까 두려워하기 때문입니다. 학생들이 주저 없이 손을 드는 유일한 질문은 시험 일정에 관한 것이었습니다.

한 방송사에서 교육 다큐멘터리를 제작했습니다. 제작진이 한 학생에게 미션을 주었습니다. 하루 동안 강의 중 여러 번 질문하는 것이었습니다. 학생들은 강의실을 나오면서 이렇게 이야기했습니다. "쟤 미친 거 아냐?" 우리에게 질문은 심지어 대학 강의실에서조차 낯설고 불편한 대상입니다. 하지만 우리가 민주주의와 법치주의 사회를 성숙시키기 위해서 가장 먼저 극복해야 할 것은 바로 질문을 금기시하는 문화입니다.

대학 교수 재직 시절 개인적으로 실험을 해보았습니다. 저는 학생들에게 이렇게 이야기했습니다. "강의 중에 언제든지 질문하라. 강의를 방해하라. 질문을 참는 것은 다른 사람들의 공부 기회를 빼앗는 것이다. 반대로 여러분들도 내 질문에 대답해야 한다. 모르겠다는 답은 답으로 인정하지 않겠다. 그냥 그때 그 질문에 대해 유치원생이 답하는 수준의 답이면 좋다. 질문했을 때 아무 답이 없다면 답이 나올 때까지 더 이상 강의를 진행하지 않겠다."

질문에 답하지 않을 때 강의를 진행하지 않겠다고 한 이유는, 제가 얼마나 강하게 원하는지를 강조하기 위해서였습니다. 그 후 강의 중 질문을 던졌는데 답하지 않는 학생이 있었습니다. 저는 공언한 대로 강의를 중단했습니다. 실제로 답을 기다리면서 2~3분 침묵하자 학생들은 그제야 입을 떼기 시작합니다.

'저 사람은 정말 대답을 원하는구나!' '이 강의실의 규칙은 질문하고 대답하는 것이로구나!' 그것을 알게 되자 학생들의 입이 서서히 풀렸습니다. 질문도 자유로워졌습니다. 제 눈치뿐 아니라 다른 학생들의 눈치도 보지 않고 질문했습니다. 학기가 끝날 즈음이 되자 자유롭게 질문과 대답을 주고받게 되었습니다. 이후로 항상 그 규칙에 따라 강의를 진행했는데 학생들의 반응은 매번 적극적이었습니다.

질문이 없는 것은 질문할 줄 몰라서가 아닙니다. 질문하지 않는 문화 속에서 살면서 다른 사람들의 심기를 배려하고 걱정하고 있을 뿐입니다. '질문하지 않는 규칙'이 있다고 느끼고, 그런 관습법을 저항 없이 받아들이고 있을 뿐입니다.

질문하는 자가 법의 주인이다

질문이 있어야 답이 존재할 수 있습니다. 많은 질문이 있을수록 그 사회는 더 지혜로워지고 투명해집니다. 법에 관해서도 마찬가지입니다. 법을 제대로 공부하기 위한 가장 좋은 방법은 질문하는 것입니다. 좋은 답을 얻기 위해서는 좋은 질문을 해야 합니다. 그렇게 볼 때 법을 공부하는 것은 법에 관한 좋은 질문을 생각해보는 과정이라 할 수 있습니다.

법을 잘 이용하고, 잘 만들기 위해서는 함께 토론해야 합니다. 토론이란 서로에게 질문하고 답을 듣는 것입니다. 다른 사람들은 법에 관해 어떤 질문을 하는지, 법이 어떤 문제를 해결해야 한다고 생각하는지를 들어볼 수 있는 중요한 기회이기도 합니다.

이 책을 구상하는 단계에서 법을 전공하지 않은 친구들에게 물었습니다. "법에 관해 궁금한 것, 알고 싶은 게 뭐야?" 대부분 법을 잘 몰라서 피해를 입었던 경험을 이야기했습니다. 그런 경우에는 어떻게 해야 하지? 생활 속에서 법을 잘 몰라서 받는 경제적 피해를 줄이려면 어떻게 해야 하지?

재산적 또는 경제적인 측면에 관한 법을 잘 아는 것, 그에 관해 질문하는 것은 필요하고 중요합니다. 하지만 이것이 법에 관한 질문의 전부일까요?

법의 세계를 살아가려면 현실에서 당장 써먹는 법률 상식을 아는 것을 넘어서, 법에 대해 질문할 수 있어야 합니다. 새로운 질문이 아니어도 좋고, 이미 모두가 알고 있는 질문이어도 좋습니다. 유치원생 수준의 질문도 좋습니다. 그것만으로도 이전보다 한 걸음 더 깊게 법을 이해하게 됩니다.

법 자체가 질문에 대한 답의 모음입니다. 법에는 길게는 수천 년, 짧게는 수백 년간 쌓여온 질문과 답이 모여서 만들어진 원칙들이 있습니다.

마술 램프를 잃어버린 사람들

04

"그 나라의 행복은 그 나라의 법에 달렸다."

법은 명령하고 강제하는 힘입니다. 이 힘이 좋은지 나쁜지, 유익한지 해로운지는 구체적인 법의 내용에 따라 정해지는 것일 뿐입니다. 법 자체만으로는 아무런 판단도 할 수 없습니다. 법의 힘은 가치 중립적입니다. 중립적이라는 게 공정하다는 의미는 아닙니다. 법의 내용이 좋든 나쁘든 힘을 발휘한다는 의미입니다. 이는 주인의 선함과 악함을 따지지 않고 '자신의 현재 주인'에게 복종하고 봉사하는 아라비안나이트의 램프의 요정과도 같습니다.

마술 램프와 헌법

알라딘이라는 소년이 우연히 얻게 되는 마술 램프 안에는 가공할 마력을 가진 램프의 요정이 살고 있죠. 요정은 주인이 시키는 일은 무엇이든 복종하고 시행합니다. 알라딘이 요정의 힘으로 멋진 인생을 살려는 찰나, 램프의 위험성이 드러납니다. 마술 램프가 악인의 손에 떨어지자 세상은 재앙에 빠집니다. 착한 주인을 잘 따랐던 요정은 악한 주인의 명령에도 순순히 복종하죠. 자신을 부르는 현재 주인을 따른다는 본성에 충실한 것입니다.

요정의 힘을 통제하기 위해서는 주인이 램프를 놓치지 않아야 하듯이, 법의 권력을 제대로 통제하기 위해서는 법의 소유권을 놓치지 말아야 합니다. 법이 마술 램프와 같은 힘을 갖고 있다면, 당연히 그것을 차지하기 위한 싸움이 벌어집니다. 과연 그 승자는 누구일까요? 우리는 '법이란 무엇인가'라는 질문 못지않게 '법이란 누가 소유하는가?' '과연 누가 소유해야 하는가?'라는 질문에 주목할 필요가 있습니다.

과거에는 군주나 귀족이 권력을 독점했습니다. 드라마를 보면 왕조 시대의 군주가 백성들을 위해 법을 만드는 장면이 나오곤 합니다. 하지만 어디까지나 자애로운 군주는 예외일 뿐입니다. 폭군이 등장하거나 군주의 마음이 자신의 이익을 위하는 것으로 바뀌면, 권력과 법의 실체가 드러납니다. 일본이 우리나라를 지배할 때를 상상하면 분한 마음이 듭니다. 법의 소유권이 백성에 속하지 않았다는 점, 그래서 백성들은 법의 규율 대상이었을 뿐이라는 점에서 군주 시절과 일본 제국주의 시절이 다르지 않습니다.

헌법 제1조 제1항은 "대한민국은 민주 공화국이다", 제2항은 "대한민국의 주권은 국민에게 있고, 모든 권력은 국민으로부터 나온다"라고 규정하고 있습니다. 법을 만드는 입법권, 법을 집행하는 행정권, 법을 해석하고 적용하는 사법권도 모두 국민에 속해야 합니다. 하지만 헌법에 민주주의 국가로 선언되어 있다고 하여, 또는 선거를 통해 국민의 대표를 선출한다고 하여 국민이 바로 법의 주인이 되는 것은 아닙니다.

실패하는 나라들의 법

세상에는 다양한 종류의 나라들이 있습니다. 어느 나라는 개개인이 더 건강하고 오래 살며, 더 적은 비용으로 좋은 질의 교육을 받습니다. 원하는 좋은 직업을 선택할 수 있으며, 대다수 시민은 짧은 노동 시간, 장기간 휴가, 안전한 노동 환경을 보장받습니다. 국가 권력은 시민들을 두려워하며 최선의 노력을 다하여 시민들의 자유를 보장하려고 노력합니다.

반면 국민 대다수가 빈곤할 뿐 아니라 삶의 질이 낮고, 사회적 신뢰가 형편없는 나라들도 있습니다. 이런 나라들의 경찰은 영장 없이 체포하고 감금합니다. 시민의 삶은 불행하고 불안합니다. 공권력으로부터 폭행이나 모욕을 당하는 게 일상이며, 더럽고 위험한 환경에서 장시간 일하고도 최악의 보수를 받는 데에 만족해야 합니다. 언론 출판의 자유를 보장하는 것은 고사하고, 재산과 직업도 아무 거리낌 없이 몰수하고 박탈합니다. 도대체 이 차이는 어디에서 오는 것일까요?

경제학자 대런 아세모글루와 정치학자 제임스 A. 로빈슨은 공저 『국가는 왜 실패하는가』에서 이 문제를 탐구했습니다. 현재와 과거 역사 속의 다양한 국가의 사례를 분석한 저자들은 국가의 성공과 실패의 원인은 법과 권력의 제도에 달렸다고 결론지었습니다. 소수 엘리트층의 이익 독점과 권력 독점을 가능하게 하는 법과 제도를 용인한다면, 그 국가는 실패할 수밖에 없다는 것입니다.

인류의 역사를 살펴봅시다. 과거 봉건 군주와 제국주의 식민 지배로부터 해방된 나라들이 있습니다. 그러나 지배자들이 바뀌는 것만으로는 삶의 가장 중요한 변화가 일어나지 않습니다. 봉건 군주가 사라지면 외세가 등장합니다. 드디어 제국주의 세력이 쫓겨나고 모든 국민이 해방을 외치면서 기뻐합니다. 문제는 이제부터입니다.

기이하게도 국민은 여전히 가난하고, 폭력적인 지배에 고통받습니다. 식민지 시절 권력을 소유하던 지배 엘리트와 다른 사람들이긴 하지만, 그와 유사한 형태의 엘리트가 여전히 권력과 부를 독점하고 있습니다. 전형적인 사례로 이집트의 경우를 살펴봅시다.

이집트는 오스만 제국의 억압에서 벗어났고, 그다음에는 영국의 지배로부터 해방을 이루었습니다. 하지만 그 해방이 이집트 국민의 삶을 근본적으로 바꿔놓지는 못했습니다. 바뀐 것은 권력을 거머쥔 이들의 얼굴과 피부색일 뿐입니다. 군주와 식민지 총독에서 새로운 권력자로 바뀌었을 뿐, 오스만 제국과 식민지 체제에서 형성된 정치의 법, 권력의 제도, 경제와 사회의 근본 골격이 고스란히 유지되고 있으며, 지배 계급과 엘리트가 모든 이익을 차지하는 시스템은 마찬가지입니다. 그 속에서 이집트 국민은 여전히 힘겹고 가난한 삶을 이어가야 했습니다.

3 | 법을 내 편으로 만들기

국민이 아닌 소수의 권력자들이 마술 램프, 즉 '제도와 법의 소유권'을 보유하고 있는 구조가 지속되면, 변화는 일어나지 않습니다. 국민의 삶에 결정적으로 영향을 미치는 것은 법과 권력 제도입니다. 도대체 탈출구가 보이지 않는 이 악의 순환 고리에서 어떻게 하면 벗어날 수 있을까요?『국가는 왜 실패하는가』의 저자들은 정치 세력 간의 연대를 해결책으로 제시했습니다. 독점적인 제도를 소유하고 있는 기존 엘리트의 권력 구조를 깨기 위해서는, 여러 정치 세력이 연대해야만 가능하다는 것입니다. 그런 개혁을 성취했던 나라의 정치 세력들은 목적을 위해서 적과의 연대도 이뤄내었습니다.

우리의 상황은 비관적입니다. 나라를 구하는 전사가 된 듯 대의명분을 걸고 커다란 싸움을 벌이는 정치 세력들이 있습니다. 진정한 용기는 싸움하는 것이 아니라 연합하는 것인데 이들은 싸우기만 합니다. 겉으로는 싸우고 있지만 암묵적으로는 사악한 목적을 위해 협력하고 있습니다.

시민은 그들의 싸움에 흥분하고 감정을 실어 비난할 뿐, 정작 제도 개혁에 관해서는, 심지어 그것이 헌법의 개정이라고 해도 별 흥미를 느끼지 못하는 형편입니다. 이렇게 되면 권력자들이 일방적으로 모두 결정할 수 있는 시스템이 완성됩니다. 램프의 주인이 될 가능성은 점점 멀어집니다.

램프의 소유권을 돌려받는 법

우리 시민이 법과 제도에 관한 논의에 관심이 없는 것은 왜일까요. 자신들의 직접적인 이익이나 자유와 별 관련이 없다고 생각하기 때문입니다. 하지만 도리어 매우 가까운 문제입니다.

독일에 머무는 동안 고질인 목 디스크 증상이 도졌습니다. 한국에서라면 정형외과 전문의가 운영하는 병원을 찾았을 것입니다. 독일의 제도는 다릅니다. 독일에서 전문의가 운영하는 병원은 드물고 접근이 쉽지 않습니다.

일단 주치의로 정해진 동네 의원에 갑니다. 종전에 목 디스크 문제가 있었는데 같은 증상으로 아프다고 하면 의사는 10회 정도 물리치료를 받을 수 있는 처방전을 작성해줍니다. 이제 당분간 의사를 만날 필요는 없습니다. 그다음부터는 물리치료사가 운영하는 클리닉에 가기 때문입니다. 약사가 약국을 운영하듯 물리치료사는 물리치료 클리닉을 운영합니다.

물리치료 클리닉에 가니 우선 증상을 말하라고 합니다. 더듬거리는 제 독일어를 귀담아들은 물리치료사는 상의를 모두 벗으라고 합니다. 그러고는 팔을 당기고, 등을 주무릅니다. 20분 동안 치료를 받으면, 집에 돌아가서 혼자 해야 할 운동을 알려줍니다. 그렇게 열 번 남짓 치료를 받고 나니 어느덧 통증이 가라앉았고 치료받을 필요가 없게 되었습니다. 당연히 건강보험 범위에 속하기 때문에 치료비도 전혀 들지 않았습니다. 지금도 몸을 당기고 누르며 정성껏 치료해주던 그들의 모습을 감사하게 기억하고 있습니다.

유럽의 물리치료 클리닉은 의사에게 부속되지 않은 별도 의료 기관입니다. 미국의 경우도 다르지 않습니다. 미국에서는 중급 병원 규모의 현대적인 시설을 갖춘 물리치료 클리닉을 경험하기도 했습니다.

자신이 하는 일을 잘 알고 좋아하는 사람들의 모습은 감동적입니다. 자신이 하는 일에 대해 정당한 이익을 보상받고 존중도 받는다면 누구나 더 노력하고, 연구하게 되어 있습니다. 미국과 독일의 물리치료사들이 그랬습니다. 자신의 노력, 연구, 역량에 대한 합당한 보상을 받기에 더 정성을 기울입니다. 이들의 노력과 정성은 고스란히 환자들에게 혜택으로 돌아갑니다.

독일의 어학원에서 물리치료사 학교에 입학하기 위해 찾아온 여러 나라의 젊은이들을 만날 수 있었습니다. 노령화 추세 속에서 유럽의 젊은이들은 유망 직업 중 하나로 물리치료사를 선택하고 있습니다. 성공적인 인생, 재능이 존중받는 직업을 택하기 위해서 꼭 의대에 진학해야만 하는 것은 아닌 거죠.

우리의 물리치료사들은 독립된 클리닉을 운영할 수 없습니다. 법에 따라 병원에 소속되어 있습니다. 그래서인지 그들의 표정과 행동에서 치료에 대한 의지, 직업에 대한 자부심을 느끼기는 어렵습니다.

이 문제는 물리치료사라고 하는 직업인이나 그 직업을 꿈으로 삼고 싶은 청년의 이익에 국한된 것이 아닙니다. 물리치료사들이 열심히 연구하고 의욕적으로 치료하면 국민 전체가 이익을 봅니다. 물리치료사들이 의욕은 없고 타성적인 무기력에 젖어 있을 때, 많은 국민의 건강은 그만큼

방치됩니다. 물리치료사들의 직업적 생기와 자부심을 빼앗고, 통증으로 고통받는 국민에게서 건강 회복의 기회를 빼앗은 이들은 누구일까요?

우리나라의 엘리트들은 이익을 위한 협력의 성벽을 만들고, 권한을 독점합니다. 이런 독점은 나쁜 모범이 되어 사회에 퍼집니다. 학계, 문화계, 체육계 심지어 노동계에서조차 각 엘리트들이 독점적인 권한을 만들고 있습니다.

최근 곳곳에서 젊은이들의 비명이 들려옵니다. 그들의 아픔을 위로하는 말들이 넘칩니다. 해결은 위로가 아니라 제도 개선에 있습니다. 각자가 어떤 일을 선택하든 존중받고 행복할 수 있는 사회로의 변화는 법을 통해 해결됩니다. 현대 사회의 행복이 법과 제도에 달렸습니다.

법의 주인은 누구인가

05

"민주주의를 위해서는 민주주의자가 필요하다."
—프리드리히 에베르트

법의 소유권이 다양한 시민에게 개방되어 있고, 시민의 힘이 권력자의 독점 시도를 통제할 수 있다면 이 국가의 전망은 밝습니다. 이러한 국가를 만들기 위한 첫 번째 장치가 바로 '헌법'입니다.

헌법은 권력을 통제하여 시민들의 주권과 자유를 지키기 위한 정교한 장치입니다. 헌법은 권력 행사의 한계와 권력이 수행해야 할 책임을 규정합니다.

헌법이 권력을 통제할 수 있는 가장 탁월한 장치는 '권력 분립의 원리'입니다. 주권자는 시민이지만 이들의 감시가 항시 작동하기는 쉽지 않습니다. 게다가 실제적인 권력을 갖고 있지 않은 시민이 권력 기관을 통제하는 것도 만만찮습니다. 그래서 권력끼리 서로 권력을 통제함으로써 시민의 자유와 독립을 지킨다는 권력 분립의 원리는 인류의 위대한 발명품입니다. 헌법이 시민의 자유를 보장할 수 있는 이유도 헌법의 권력 구조가 시민의 자유를 보장할 수 있는 상호 견제의 톱니바퀴 구조를 이루고 있기 때문입니다.

헌법은 가장 취약한 법

권력에 대한 견제가 헌법에 잘 규정되어 있다고 해도, 헌법을 실현시킬 수 있는 권력의 기초는 약합니다. 가령 선거법 문제를 살펴보겠습니다. 권력이 독점되는 근원에는 입법부의 정치 권력 엘리트들이 있습니다. 이들은 스스로 입법자이기 때문에 다른 엘리트들의 권력 독점을 통제해야 하는 책임이 있습니다. 하지만 스스로 가장 큰 권력을 갖기에, 권력을 독점할 수 있는 유혹에서 자유롭지 못합니다. 만일 자신이 독점적 권력을 누리고 있다면, 다른 분야의 개혁을 이끄는 제도를 만들고자 하는 열정을 기대할 수 없습니다.

헌법에서는 선거마다 유능하고 헌신적인 대표들이 새롭게 선출될 거라 상정하고 선거 제도를 규정했습니다. 하지만 실제로 작동하는 선거 제도는 현재의 대표와 정치 세력이 그 권력을 유지하고 독점하는 도구로 사용될 수 있습니다. 현재 우리의 선거는 당권을 쥐고 있는 유력자 권력 정치, 지역 감정에 의존하는 지역 감정 정치에 과도하게 갇혀 있습니다.

각 지역에는 그 지역의 패권을 차지하는 정당이 있습니다. 해당 정당 후보라면 누가 나오든 당선되는 제도입니다. 몇백 년 전 영국의 '부패 선거구'를 연상시킵니다. 당의 후보자를 결정하는 것은 당권을 쥐고 있는 정당 권력자입니다. 이성적인 정치 권력이라면 경쟁과 유권자의 심판을 되찾는 선거 제도를 진작 만들었어야 했습니다. 헌법을 성공하게 하는 것은 권력이고 권력은 선거에서 나옵니다. 현재까지 우리 헌법의 정신은 비정상적인 선거 문화와 제도에 연전연패하고 있습니다.

헌법이 취약한 또 다른 이유가 있습니다. 헌법은 최고의 법이지만, 스스로를 보호할 확실한 힘을 갖고 있지 못합니다. 그 이유를 설명하면 다음과 같습니다.

형법을 어기는 사람이 나타나면 경찰과 검찰, 그리고 사법부 권력이 법을 지키기 위해 작동합니다. 다른 법의 위반이 발생하는 경우에도 각각 그 법을 준수하도록 강제하는 장치가 준비되어 있습니다. 그 장치가 제대로 작동하도록 보장하는 것은 사법권과 집행권, 즉 대통령이 갖는 물리적인 힘입니다.

헌법에는 대통령이 취임할 때 약속해야 할 선서가 규정되어 있습니다. "나는 헌법을 준수하고 국가를 보위하며⋯." 대통령에게는 헌법을 준수하고 수호할 책임이 헌법상 명문으로 규정되어 있습니다.

그런데 대통령이 헌법을 준수하지 않을 때, 적극적으로 헌법을 위반할 때에는 어떻게 해야 할까요? 이를 대비해 탄핵 심판이라고 하는 헌법재판 장치가 있습니다. 최고 권력자인 대통령이 헌법을 위반할 경우, 그로부터 헌법을 수호하기 위한 장치가 헌법재판입니다. 그렇다면 헌법재판 권력을 갖는 헌법재판소가 헌법의 수호자가 되는 것일까요?

아쉽게도 헌법재판소는 헌법의 침해를 막을 논리적인 힘을 가지고 있을 뿐, 물리적인 힘을 가지지는 못합니다. 미국 헌법의 기초자 중 한 사람인 알렉산더 해밀턴은 연방대법원이 가진 헌법재판의 권력이 "칼도, 지갑도 갖지 않은 권력"이라고 했습니다. 헌법을 위반하는 권력을 자발적으로 복종시켜야만 할 뿐 이들을 강제할 방법은 없는 것입니다. 만일 헌법을 위반한 대통령이 헌법재판소로부터의 탄핵 판단을 용납하지 않는다면 어떻게 될까요? 대통령은 군 통수권을 갖고 있습니다. 계엄 선포 등의 방법을 동원, 군의 물리력을 이용해 모든 헌법 기관의 작동을 중지시킬 수 있습니다. 헌법을 지켜야 할 권력에 의한 헌법 붕괴라는 재앙이지만, 누구도 막을 수 없는 상황입니다.

도널드 트럼프 대통령은 2020년 대통령 선거 결과에 불복했습니다. 조 바이든 민주당 후보가 미국 대통령 당선인으로 선언되는 날, 도널드 트럼프는 현직 대통령이라는 권력을 동원해 권력 이양을 막고자 했습니다. 다행히도 미국의 민주주의 시스템이 그렇게 호락호락하지 않았습니다. 권력 기관이 뜻대로 움직이지 않자, 그가 시도한 것은 극단적인 군중의 힘이었습니다. 실제로 의회의사당이 격앙된 군중들에 의해 점거되는 사태가 발생했지만, 그나마 더 큰 불행을 막을 수 있었던 것은 여러 국가 기관들이 헌법 수호에 힘을 모았기 때문입니다.

하지만 헌법의 보호를 위해 국가 기관들이 협력하는 경우보다는 현재의 권력에 충성하는 경우가 더 많이 발생하는 게 사실입니다. 헌법에 위반되는 법률이 있습니다. 헌법재판소가 그 법률이 헌법에 위반되었다고 판단했습니다. 그런데 입법부인 국회와 정부 수반인 대통령이 인정하지 않고, 법을 그대로 적용하기로 결정합니다. 가장 강력한 권력, 물리력을 가진 권력이 헌법을 인정하지 않으면 더 이상 헌법은 자신을 지킬 힘이 없습니다.

이렇게 스스로 자신을 지킬 힘도 갖고 있지 못한 헌법임에도, 헌법이 달성해야 할 과제는 그 난이도가 최상입니다. 권력 기관들이 헌법을 위반하지 못하게 하는 것만 해도 버거운데, 시민의 기본권과 자유까지 보장해야 합니다.

권력자는 매우 영리합니다. 때로는 각자 자신이 보유하는 권한을 포기하고, 다른 기관의 권력 행사를 눈감아주는 협업으로 통제 장치를 회피하고 무력화시킵니다. 정치 권력, 언론, 검찰, 재벌과 사법 권력이 이 연합체에 참여하는 경우 시민의 자유를 크게 위협하게 됩니다.

헌법은 힘으로 강제한다고 해도 좀처럼 달성하기 어려운 과제를 권력의 견제와 균형 속에 스스로 이뤄야 하는 최고도의 하이테크 장치입니다. 그러다 보니 작동에 성공하는 경우보다는 고장 나고 실패하는 경우가 더 많습니다. 그래서 종종 절망하게 됩니다. '아무래도 우리는 자유나 민주주의에 적합한 국가가 아닌가 보다'라며 상심합니다.

하지만 애초에 헌법을 잘 지키는 데에 적합한 나라는 이 세상에 존재하지 않습니다. 헌법을 제대로 작동시키기 위한 최후의 보장 장치는 시민입니다. 그리고 시민이 가진 가장 강력한 무기 역시 '질문'입니다. 개인의 삶이라는 울타리에서 한 걸음 밖으로 나와 타인의 자유와 공적인 사안에 관심을 기울이고 질문해야 합니다. 정치 권력은 주권자인 국민의 관심이 각자의 개인적인 이익에 머물러 있을 때, 그래서 공적인 문제에 침묵할 때 국민을 가장 쉽게 다룰 수 있습니다. 기원전 5세기 아테네의 민주주의 지도자 페리클레스는 전사한 시민을 위한 추도 연설에서 말했습니다.

> "공적인 일에 참여하지 않는 사람을 자기 일에만 신경 쓰는 사람 정도로 여기는 것이 아니라, 더 나아가 '쓸모없는 사람'으로 여기는 사람들은 우리 아테네 사람들밖에 없습니다. 우리는 공적인 문제들을 토론을 통해서 결정하려고 합니다. 행위에 걸림돌이 되는 것은 토론이 아니라, 토론을 통해 가르침을 얻지 못하는 것이라는 믿음에서 말입니다."

시민이 공동체 논의에 참여하는 것, 토론을 통해 배우는 것, 계속 질문하는 것이 민주주의에 성공하고, 헌법을 제대로 작동시킬 수 있는 유일한 방법입니다.

비극의 대통령 프리드리히 에베르트

공동체의 공적인 논의에 참여하는 것은 민주주의 시민의 임무입니다. 시민이 이를 얼마나 달게 받아들이는지가 민주주의의 본질이며 또한 가장 어려운 과제이기도 합니다. 바이마르 공화국은 독일 현대사에서 비극적인 시기로 꼽히는데, 그중 가장 비극적인 인물은 초대 대통령 프리드리히 에베르트입니다.

드라마 같은 인생이었습니다. 재봉사의 아들로 태어나 기술을 배워 수공업자가 될 운명이었습니다. 막 산업 혁명기에 접어든 독일 노동자들이 최악의 조건에서 일하던 시절이었습니다. 자영 수공업자 가정에서 태어난 게 그나마 행운이었을 것입니다. 어린 시절부터 가죽 안장을 만드는 기술자 도제 교육을 받았는데, 하이델베르크의 옛 수공업자들 골목에 있는 생가에는 그가 안장을 만들던 연장들이 보존되어 있죠. 열두 살 남짓한 나이에 가족을 떠나 브레멘에서 수공업 노동자로 인생을 시작한 에버트는 자신뿐 아니라 타인의 삶에도 관심을 기울입니다. 열악한 노동자들의 처우를 개선하고자 노동 운동과 사회 정치 활동에 뛰어듭니다.

제1차 세계대전이 패전으로 끝나자 무모한 전쟁을 시작한 황제는 외국으로 도망갔고, 별다른 준비가 없는 상태에서 벼락같이 민주 공화국이 시작됩니다. 민주주의라는 새로운 실험만으로도 버거운 마당에 도발한 전쟁까지 책임져야 하는 시기였습니다. 전쟁이 시작될 무렵 사회민주당의 중요 정치인이 된 에버트는 전쟁 후 독일 역사상 최초의 민주 공화국 대통령으로 선출되었습니다.

어려운 시기에 대통령이 된 에버트는 여러 난관을 겪어야 했습니다. 극우파의 정부 전복 시도가 이어졌고, 정부 유지를 위해 과거 자신의 입장에서는 불가능했던 판단도 내려야 했습니다. 사회노동당 당수인 그가 스스로 노동자들과 좌파들의 무장봉기를 무자비하게 진압했던 것은 지금도 논쟁의 대상이 되고 있습니다. 그 판단이 과연 최선이었는지는 알 수 없지만, 이후 독일의 역사 전개에 결정적인 갈림길을 만들었다는 사실은 틀림없습니다.

에베르트는 완벽한 정치인이 아니었습니다. 전통적인 귀족과 엘리트들이 보기에 최고 권력자로서 부족한 것이 너무도 많았습니다. 학력도 혈통도 없었고, 외모도 보잘것없었으며 연설 능력도 부족했습니다. 하지만 정직하고 실용을 중시하는 애국적인 정치인이었습니다. 민주 공화국을 굳건하게 만드는 것을 일생의 사명으로 삼았던 신념의 지도자였습니다.

그의 헌신은 결국 사망이라는 비극으로 끝나고 말았습니다. 세 아들을 전쟁에 보냈고, 모두 전사했습니다. 그를 쓰러뜨린 것은 함께 공화국을 지탱했어야 할 엘리트들이었습니다. 공무원 중에도, 정치인 중에도 민주주의 정부에 훼방을 놓으려는 이들이 다수를 차지했고, 지식인 사회도 정부의 몰락을 수수방관했습니다.

그를 가장 괴롭혔던 것은 민주 공화국의 자유를 마음껏 누린 언론이었습니다. 사소한 트집을 잡아서 대통령과 민주 공화국을 조롱하고 모욕했고, 몰락한 황제와 귀족 체제를 추억하며 전체주의를 칭송합니다. 전쟁의 패배와 그 배상 책임이라는 불가피한 상황에서 내릴 수밖에 없었던 결정들을 모두 민주 정부의 무능력 탓으로 돌려 분노를 선동합니다.

에베르트는 여론을 조종하거나 언론을 금지해서는 안 된다고 믿었습니다. 언론을 금지하는 권력은 그 순간 부패하고 폭력적인 길로 빠지게 된다는 것을 알고 있었기 때문입니다. 민주 권력의 정당성에 관한 문제였기에 묵과할 수 없었던 그는, 한 사람의 시민으로서 민사소송을 제기하는 방법을 택했습니다. 한 언론이 제1차 세계대전이 끝나고 사회민주당이 집권하는 과정에서 그가 국가에 대한 반역을 저질렀다고 보도했습니다. 명예훼손 여부를 판단하는 법원은 언론의 주장이 맞다는 판단을 내리기까지 합니다. 언론의 모욕과 조롱, 민주주의에 반감을 지닌 법원을 상대로 외로운 싸움을 이어가던 중 그의 건강은 점차 악화됩니다. 1925년 자신의 꿈이 실현되는 모습, 즉 민주주의가 확고하게 자리 잡는 독일의 모습을 보지 못한 채 에베르트는 사망합니다.

그의 생명이 다하자 공화국은 급속도로 붕괴하기 시작합니다. 제국의 전통적인 지배층 엘리트들이 내세운, 전통 사회 지도자로서의 덕목을 갖추고 있었던 힌덴부르크 장군이 새로운 대통령으로 선출됩니다. 문제는 그가 민주주의를 믿지 않았다는 점입니다. 그는 수상으로 히틀러를 선택했고 결국 나라 전체가 전체주의로 굴러떨어지는 결과를 초래합니다.

법의 주인이 되려면 정치 교육을

우리 못지않게 민주주의의 실패를 거친 게 독일입니다. 우리는 겸손하고 과묵하며 맡은 바 책임에 성실한 독일인의 성향에 공감하는 경우가 많습니다. 그러나 질문하지 않고 열심히 일하는 성실한 모습은 자칫 힘과 권위를 무비판적으로 수용하는 비민주주의적 의식으로 발전할 수 있습니다.

제2차 세계대전이 끝난 후 독일에서는 새로운 민주 공화국이 시작되었습니다. '도대체 어디서부터 잘못된 것인가?' 독일인은 생각합니다. '나치라는 악마가 등장해 모두 만들어낸 것은 아니다. 피할 수 없는 운명이 아니었다. 바이마르 공화국은 몰락할 운명이 아니었다. 민주주의는 충분한 가능성과 능력을 지니고 있었다. 이것은 독일 시민의 실패다. 시민이 민주주의 정부를 지키지 못했기에 전체주의자가 권력을 잡을 수 있었고, 그들이 악의 방향으로 계속 갈 수 있었다.'

에베르트와 바이마르 공화국의 실패를 교훈으로 삼은 독일 시민은 공정하고 균형 잡힌 정치 교육이 필요하다고 판단합니다. 그리고 민주주의 국가에서 언론을 금지할 수 있는 것은 아니지만, 나쁜 언론이 공동체를 마음대로 요리하도록 방치해서는 안 된다는 것도 깨닫습니다.

에베르트는 스스로 이성과 판단력을 지키는 시민을 소망했습니다. 그가 남긴 마지막 말은 독일 정치 교육의 핵심 철학을 담은 문장으로 유명합니다. "민주주의를 위해서는 민주주의자가 필요하다." 그리고 민주주의자를 길러내기 위해서는 민주주의 정치를 교육해야 한다는 것이 나치 전체주의와 제2차 세계대전을 겪은 독일인의 판단이었습니다.

그들의 판단에 동의할 수 있습니다. 결국 권력은 시민이 선택하는 것이고, 시민의 수준이 정치 권력의 수준을 결정합니다. 정치 세력을 압박할 수 있는 것도 시민의 관심과 수준입니다. 그런데 정치 교육이란 민감하고 위험합니다. 시민을 어느 한 방향으로 이끌어가는 교육이 될 때 전체주의 교육이 됩니다. 어느 권력이거나 어떤 선한 의도이거나, 시민에게 '옳은 생각'을 가르치려고 하는 순간 위험한 교육으로 빠집니다. 애초에 민주주의를 살리고 키우는 시민 교육이 민주주의를 파괴하고 죽이는 교육으로 전환될 수 있습니다.

　　　　　　　　3 | 법을 내 편으로 만들기

1970년대 독일에서도 극단적인 대결 정치가 시민들을 감정 대립으로 이끌었습니다. 냉전 시대의 독일 정치인들은 보수와 진보 사상으로 대립하고 갈라져 있었습니다. 그 상황에서 보수와 진보 양쪽 교육 철학자들은 특별한 노력을 기울였습니다. 그들은 바람직한 정치 교육만이 독일의 민주주의와 헌법을 지킬 수 있다는 점에서는 의견을 같이했습니다. 나치 집권이라는 파멸적 경험을 상기했고, 동독에서 벌어지고 있는 공산주의 숭배 현상에서 다시 한번 교훈을 찾았습니다. 민주주의에 위기를 허용할 수 없다는 절박한 노력이 모여, 비로소 민주주의 교육에 관한 돌파구를 찾습니다. 1976년 '보이텔스바흐 협약'이 그 결실입니다.

그들이 합의한 정치 교육의 원칙 가운데 가장 중요한 것은, 정치 교육을 담당하는 교사가 자신의 정치적 결론을 학생들에게 강요해서는 안 된다는 점이었습니다. 정해진 결론을 강제하지 않는 것, 시민과 학생 스스로의 생각과 판단을 존중하는 것, 자유롭고 민주적인 토론의 힘을 믿는 것은 진보와 보수 세력이 합의한 정치 교육의 핵심 원칙이 되었습니다.

또 하나의 중요한 원칙은 현실에서 논쟁적인 문제는 교실에서도 중요한 주제로 다뤄져야 한다는 것입니다. 정치 교육이란 지난 문제를 다루는 박제 교육이 아니라 지금 벌어지고 있는 중요한 쟁점을 토론하고 논쟁하는 것이라는 원칙입니다. 학교와 교육장에서도 민감한 정치 주제에 관한 질문과 토론을 피하지 않았던 용기 덕분에 독일의 정치 의식은 높아질 수 있었습니다.

오늘날 독일에서는 다양한 기관과 장소에서 정치 교육을 합니다. 학교는 물론이고 교회, 정당, 노동조합, 각종 시민 단체와 사회 단체가 정부의 지원을 받아 정치 교육을 담당합니다. 각 교육 기관은 어떤 내용을 교육할 지 자유롭게 결정할 수 있습니다. 언론인, 교사를 포함한 각종 직장인도 자신들이 선택한 기관에서 자기 관심사를 다루는 교육에 참여해 1년에 일정 시간 이상 정치 교육을 받습니다. 지켜야 할 조건은 앞에서 말한 보이텔스바흐 협약의 원칙입니다.

대립과 반목에 바쁜 우리 정치는 미래 세대의 민주주의를 준비할 여력이 없어 보입니다. 누군가 정치 교육의 필요성을 제안한다면 '의식화'를 위한 교육이라고 몰아세울 판입니다. 냉전이 끝난 지 벌써 수십 년이 지났고, 이데올로기 전쟁 상대로서의 북한은 이미 완패한 지 오래인 상황에서도 이념을 정치 수단으로 사용하고 있는 모습은 초라해 보입니다.

정치를 욕하는 사람들은 많지만, 어떻게 나아지게 할지 그 답을 찾을 수 없는 이유는 시민에게서 찾아야 합니다. 정치가 헌법의 권력 한계 안에서 활동하도록 하기 위해서는 시민을 교육해야 합니다. 방향과 답을 정해놓은 일방적인 교육도, 민감한 주제를 회피하는 교육도 안 됩니다. 스스로 자유를 찾는 방법을 알려주는 것이어야 하며, 제대로 질문하기 위한 것이어야 합니다. 이성적으로 생각하기, 결론을 열어놓고 토론하기를 통해서.

인공 지능 시대와 판결문 공개

06

"권력이 신뢰를 얻는 방법은 공개되고 감시받는 것이다."

대한민국 법원은 최근까지 '판결문' 비공개를 원칙으로 삼았습니다. 하급심 판결은 거의 모든 판결이 비공개였으며 대법원의 경우에도 10퍼센트 미만의 판결만 공개하고 있는 형편이었습니다. 심지어 법학 교수들이 논문 작성에 필요한 판결문이 있으면 친분이 있는 판사에게 은밀하게 부탁해야 했습니다.

2020년대에 들어 사법 개혁을 모토로 법원은 판결문의 공개 범위를 확대합니다. 하지만 아직도 공개 대상은 시기별, 사건 유형별로 제한되어 있습니다. 가령 이런 식입니다. '2024년 1월 1일 이후에 선고되는 판결을 공개한다.' '공개 대상은 확정된 판결만이다.'

공개된 판결이라 해도 접근하기가 힘듭니다. 인터넷에서 임의어 검색이 가능하지 않습니다. 판결문에 드러나는 모든 이름과 고유 명사를 기호로 처리하는 방식으로 익명 처리를 합니다. 익명으로 처리되지 않은 판결문을 검색하기 위해서는 전국에서 오로지 한 곳, 법원 도서관의 정해진 컴퓨터만 사용해야 합니다. 판결문의 저장이나 출력이 역시 금지되어 있습니다.

개인정보는 무조건 비밀이어야 하나

법원이 표면적으로 내세우는 이유는 개인정보 보호입니다. 물론 무분별한 사생활 침해를 막기 위해 어느 정도의 익명 처리는 필요합니다. 특히 성범죄 같은 사건에서는 더욱 조심해야 합니다. 하지만 적절한 선에서 그쳐야 합니다. 개인정보 보호는 절대적인 권리가 아니라 형량해야 할 이익입니다.

이미 법관들은 익명 처리가 되지 않은 1, 2, 3심의 모든 판결문을 제약 없이 이용합니다. 삼천 명이 넘는 법관 중에 그 정보를 남용하는 사람이 없으리라는 보장은 없습니다. 그러나 법관에게는 자유로운 이용이 필요합니다. 법관들에게 다른 법원의 판결문을 참고하도록 허용하는 것은 공익과 사익을 형량한 결과입니다. 더 공정하고 정확한 재판이라는 공익이 개인정보의 비밀이라는 자유보다 우선해야 한다고 판단한 것입니다.

다양한 사람들이 다양한 목적으로 판결문을 필요로 합니다. 이곳에도 중요한 공익은 있습니다. 좋은 재판은 법관 혼자가 아닌 여러 주체가 협력하여 만들어내는 것입니다. 더 정확하고 풍부한 정보를 확보한 변호사 또는 당사자가 그 정보를 바탕으로 상대방에게 주장하고 법원을 설득하는 것은 좋은 재판을 만드는 기초이기도 합니다.

무엇보다 판결문은 국가의 자원과 예산이 투여된 공공의 자산입니다. 특별한 이유 없이 비공개하거나 과도한 익명 처리를 통해 판결문을 이해할 수 없는 암호문으로 만드는 것은 공동체 모두의 자산을 무차별적으로 폐기하는 것과 다르지 않습니다.

인공 지능은 좋은 판결문을 필요로 한다

최근 법원 판결문을 더 넓게 공개하는 문제가 새로운 화두로 등장하고 있습니다. 직접적인 동력은 '생성형 AI의 발전'이라는 시대의 흐름입니다. 더욱 유능하고 정확한 인공 지능을 만들기 위해서는 양질의 정보를 확보하는 것, 그것도 대량으로 확보하는 것이 결정적입니다.

인공 지능의 발전은 놀랍습니다. 능력을 갖춘 인공 지능은 과제만 제대로 부여한다면 이미 대학생 수준 이상의 보고서를 작성할 수 있습니다. 표, 계산식, 그래프 작성 등 기술 분야는 이미 인간의 능력을 넘어섰습니다. 법률 서비스도 인공 지능이 활약할 수 있는 유망한 영역입니다. 단순한 검색을 넘어 법령과 판례를 종합한 분석과 요구에 따라 논증할 수 있습니다. 조만간 변호사가 법원에 제출할 의견서 초안을 인공 지능이 작성하는 날이 올 것입니다.

인공 지능의 발전이 과연 어떤 모습일지, 어떤 방향으로 우리 삶에 영향을 미칠지 불안합니다. 한 가지 확실한 건 이 흐름을 거스를 수 없다는 것입니다. 그리고 또 하나, 미래 인공 지능 시대의 모습은 현재 우리가 어떤 정보를 채워주는가에 따라 달라질 것이라는 점입니다. 정확한 양질의 정보를 가둔다면, 인공 지능은 부정확한 정보를 먹고 그럴 듯하게 거짓말하는 지배자로 자랄 것입니다. 인공 지능이 제공하는 정보와 주장을 이용하는 사람들 역시 의도하지 않은 거짓말을 퍼뜨리게 될 것입니다. 그것이 퍼져간다면 법과 법원, 그리고 재판에 대한 신뢰, 더 나아가 공동체 신뢰 수준을 덩달아 추락시킬지도 모릅니다.

완벽한 정의가 아닌 사회적 타협을 위해

인공 지능 시대를 대비해 판결문을 공개해야 한다는 것이 산업적 측면만의 요구는 아닙니다. 더욱 중요한 이유가 있습니다. 권력을 제한하고 민주주의를 강화하는 수단이라는 이유입니다.

"인간 사회는 완벽한 정의가 아니라 무자비한 사회적 타협 위에 서 있다." 신학자 아우구스티누스가 『신국』에서 한 말입니다. 불완전하고 불공정함은 인간 사회의 권력과 법이 갖는 숙명적인 속성입니다. 그래도 인간은 정의가 무엇인지, 공정한 것이 무엇인지 생각합니다. 공정하지 않은 것을 조금은 더 공정하게 바꾸려고 노력합니다. 그 힘의 역학 관계 속에서 공동체 질서가 생깁니다. 타협의 질서 속에서 때로는 만족하고 때로는 분노하며, 그렇게 날마다 타협하면서 살아가고 있는 것이 인간입니다.

민주주의 국가에서 국민이 주권자라고 하지만 현실은 다릅니다. 결정하는 자들, 즉 권력자들이 만든 법이 사람의 자유와 이익을 침해하는 문제는 민주 국가에서도 일상적으로 벌어지곤 합니다. 민주주의 사회가 다른 정치 체제에 비해 조금이라도 나은 것은 법에 관한 논의가 공개되어 있고, 법 형성에 시민들의 의견이 개입할 통로가 열려 있다는 점입니다. 법원이 판결을 공개하지 않는다는 것은 그 법과 그 법이 만들어진 논리를 비밀로 한다는 뜻입니다. 법을 공개하지 않는다면 법을 알 수도, 비판할 수도 없습니다.

법원의 입장에서는 판결문을 가리거나 공개하지 않기를 바랄 것입니다. 자신들의 판단에 대한 다양한 문제 제기를 회피할 수 있기 때문입니다. 하지만 공개하지 않으면 감시할 수 없고, 감시받지 않는 권력은 신뢰받을 수 없습니다. 그리고 하나 더. 신뢰받지 못하는 권력은 존중받을 수 없습니다.

미국 연방대법원 앞의 새벽 행렬

07

"좋은 법을 위해서는 '법의 친구'들, 곧 시민이 필요하다."

대법원의 재판 공개는 하급심 판결문 공개와는 전혀 다른 중요성이 있습니다. 최고 법원이 내린 판단은 모든 하급심을 구속하기 때문이며, 그 법원의 판단이 모든 시민의 일상생활을 지배하는 실제적인 법이 되기 때문입니다. 대법원의 재판에 관해서는 판결문 공개만으로 충분하지 않습니다. 과연 대법원에서 어떤 쟁점에 관해 어떤 논리와 주장으로, 어떤 토론이 벌어지고 있는지를 투명하게 볼 수 있어야 합니다.

미국 연방대법원은 판결문을 전면 공개합니다. 그뿐만이 아닙니다. 자신들이 진행하는 재판과 토론을 투명하게 공개하려 노력합니다. 자신들의 토론장에 국민의 관심을 초대합니다. 캄캄한 새벽부터 변론을 방청하려고 길게 늘어선 시민의 행렬에서 대법원 논의에 대한 관심과 열기를 체감할 수 있습니다.

1퍼센트의 사건을 고르는 사건 선별 제도

시민들의 이러한 관심이 가능한 것은 중요한 사건만을 선별하여 재판하는 '사건 선별 제도Writ of Certiorari'라는 독특한 제도 덕분입니다. 미국 연방대법원은 사건 선별 제도를 통하여 접수하는 한 해에 약 만여 사건 중 약 80건, 그러니까 1퍼센트의 비율로 가장 중요한 사건만을 선별하여 심판하는 법원입니다.

연방대법원은 선정한 '모든' 사건을 아홉 명의 전원부에서 재판하며, 그 모든 사건에 대하여 구두 변론을 엽니다. 한 달에 약 10개 사건 꼴로 변론이 진행됩니다. 그리고 변론이 이루어진 그 주 내로 평의를 열어 결론을 내립니다. 변론이 열린 직후 평의가 진행된다는 것은, 변론이 대법관들의 판단에 결정적인 영향력을 미칠 수 있음을 의미하기에 시민들이 변론장을 열심히 지켜보는 것입니다.

연방대법원 홈페이지에서도 그들의 진심은 감지됩니다. 대법원은 사건에 해당하는 한두 가지 가장 중요한 쟁점으로 판단 대상을 축소하고, 이를 홈페이지에 공개합니다. 이로써 시민들은 대법원이 심판할 문제의 핵심에 곧바로 접근할 수 있습니다. 복잡한 법률 관계와 법률 전문 용어의 미로는 더 이상 시민들을 차단시키는 장벽이 될 수 없습니다. 대법원은 당사자의 대리인이 제출한 의견서도 공개합니다.

누구나 변론이 열리는 날 선착순으로 줄을 서면 변론을 직접 방청할 수 있습니다. 변론 중계방송은 공정한 재판을 해칠 우려가 있어 허용하지 않지만, 대신 변론이 열린 직후에 음성 녹음 파일과 방청객의 웃음소리, 대법관의 한숨마저 기록된 상세한 녹취록을 홈페이지에 올립니다. 판결 선고와 동시에 판결문을 게시하는 것은 두말할 필요가 없습니다.

시민들은 다양한 방법으로 공론의 장에 참여합니다. 전문가와 학자, 시민 단체는 '법원의 친구들'이라는 이름으로 연방대법원에 자발적인 의견서를 제출합니다. 언론도 변론 과정을 보도하고 쟁점에 대한 의견을 밝힙니다. 이로써 연방대법원의 사건 심리는 소송 당사자뿐만 아니라 시민과 전문가의 다양한 관점에 기초한 논의가 이루어질 수 있는 구조를 형성하게 됩니다.

겸손한 미국 연방대법원

일부 법조인들은 미국 대법원을 구미에 맞는 사건을 골라 재판하는 법원이라고 비아냥거리곤 합니다. 하지만 다른 관점에서 보면 미국 연방대법원은 겸손합니다. 자기 능력의 한계를 알고 그것을 인정합니다. 유능한 법원이기에 하급심의 모든 잘못을 밝혀낼 수 있다고 자만하지 않습니다. 그 대신 중요한 문제를 다양한 관점에서 토론하는 것을 포기하지 않습니다. 토론은 공동체 전체를 아우르는 논의라고 판단하기에 재판에 관한 정보를 최대한 공개합니다.

우리나라 대법원은 한 해에 약 4만 건을 재판합니다. 이런 숫자의 사건을 대법관 전원이 모여 재판하는 것은 가능하지 않습니다. 그래서 4인으로 구성된 소부에서 거의 모든 사건을 재판합니다.

하루에도 여러 건씩 소부에서 판단이 쏟아집니다. 재판에서 다뤄지는 쟁점들의 숫자는 더욱 많습니다. 대법원만 전담 취재하는 언론사라 해도 내용을 따라가기 어려운 양입니다. 이 정도면 판결문을 공개해도 시민들이 관심을 가질 수 없습니다. 시민 입장에서는 판단을 모두 따라가는 것은 고사하고, 하나의 판결도 이해하기 어렵습니다. 시민들이 재판에 관심을 가질 수 없기에 대법원이 내리는 법적 판단에 관한 사회적 논의도 불가능합니다.

대법원 판결은 하급심에 비해 상대적으로 많이 공개되는 편이지만 거기까지입니다. 심판 대상이 되는 쟁점을 한정하여 미리 공개한다거나 대리인의 의견서를 공개하는 등의 노력을 기울이지 않습니다. 변론을 여는 횟수도 제한적입니다. 오로지 1년에 10여 건 내외의 전원합의부 사건에 대한 변론이 이뤄질 뿐입니다. 대다수의 법적 쟁점에 관한 판단들이 오로지 담당 연구관의 보고와 대법관 네 명의 논의만으로 은밀하게 결정됩니다.

영국의 싱크탱크인 레가툼이 발표한 '2023 국가별 번영 지수'에 따르면 한국의 사법에 대한 신뢰 지수는 167개국 중 155위라고 합니다. 이제 대법원은 진지하게 고민해야 할 시점이 되었습니다. '과연 국민의 신뢰를 받는 길, 시민의 관심을 최고 법원의 심판정으로 초대할 방법은 무엇인가?' 중요한 것은 제도만이 아닙니다. 오히려 더욱 결정적인 것은 제도를 운영하는 이들이 목표로 삼는 것, 그리고 그들이 가진 진심입니다.

4

좋은 법으로 좋은 나라 만들기

법률가들은 왜 미움받는가

01

"법은 정의로워야 하지만, 법이 곧 정의는 아니다."

동서고금을 막론하고 법률가들은 비호감입니다. 셰익스피어는 1450년 영국에서 발생한 잭 케이드 반란을 묘사하면서 반란 협력자의 입을 통해 이렇게 말합니다. "제일 먼저 해야 할 일이 있는데요, 법률가를 모두 죽입시다(『헨리 6세』「제2막」 중에서)."

법률가들은 신분 상승을 위해 안달하며, 남의 비극을 이용해 한몫 챙기는 족속이라는 거죠. 보통 사람들이 알 수 없는 전문 용어를 사용해 거짓을 진실로 둔갑시킨다는 말입니다. 이 정도 비난은 점잖은 편입니다. 더 심한 비난도 많습니다.

법률가들에 대한 비호감의 정체는 뭘까요. 우선 권력자에게 권력의 도구를 제공하는 것에 대한 거부감입니다. 인류 역사를 보았을 때 법이 정의를 위해서 사용되는 경우보다는 부정의를 위해서 사용되는 경우가 압도적으로 많았습니다. 여러 나라에서 혁명과 개혁의 시기마다 법복 귀족에 대한 심판이 진행되었습니다. 법률가들이 정당성 없는 권력에게 논리 도구를 만들어주어 권력에 빌붙어 아부하고, 자신들의 이익을 취했다는 이유 때문입니다.

그중 변호사들에 대한 비난이 유독 많습니다. 궤변을 만들어 어떻게든 자기편이 이기는 논리를 만든다. 이익을 위해 없는 분쟁도 만든다는 게 대표적인 비난 사유입니다. 양쪽 당사자들은 모두 손해를 보고 변호사들만 남는 장사를 한다는 것입니다.

변호사들이 벌이는 일 가운데 가장 비난받아야 할 것은 법을 수단으로 약자들을 겁주고 억압하는 행위입니다.

최근 학교에서 발생하는 일을 예로 들어 보겠습니다. 학부모에게 괴롭힘당하던 교사들이 스스로 목숨을 끊기까지 했습니다. 자녀가 학교에서 문제를 일으키자 도리어 학부형이 교사를 협박합니다. 뜻대로 되지 않을 것 같으면 변호사를 대동하고 학교에 등장해 소송과 고소도 불사하겠다며 경고합니다. 자식에 대한 징계를 막거나 철회하도록 압박하는 것입니다. 고용된 변호사들은 이들의 손발이 되어 학교와 교사들을 압박합니다. 권력과 돈, 유력 인사 네트워크가 있는 사람들이 변호사까지 동원하면, 법을 잘 알지도 못하고 돈도 시간도 없는 교사는 협박에 굴복할 수밖에 없습니다.

구제 절차를 법에 정해놓은 것은 억울한 이가 없도록 하기 위함인데, 가해자들이 그 절차를 이용해 억울한 약자를 공격합니다. 공격하는 이들을 대변하는 법률가들은 직업을 수행하는 것이니 정정당당하다고 믿습니다.

법률가들이 가진 나쁜 버릇

선하고 좋은 법률가들도 열을 받게 하는 경우가 종종 있습니다. 예를 들어 봅시다. 못된 이웃에게 고통받는 의뢰인이 하소연하는데, 변호사가 그 이웃 편을 듭니다. 마치 아군에게 총질을 당하는 것 같아서 듣기 싫고 기분이 나쁩니다. 법률가들이 이런 나쁜 버릇이 들게 된 이유는 대립하는 상대방의 관점을 고려하는 훈련을 받았기 때문입니다.

법원은 적용되는 법이 존재하는 목적, 그 법이 적용되는 효과, 그리고 여러 관련자의 이익을 고려해 판단합니다. 그 판단은 상소심에서 다시 검토되죠. 만일 재판에서 한쪽의 관점을 제대로 고려하지 않았다면, 그 판결은 취소됩니다. 판례를 공부하는 과정은 여러 당사자의 관점을 공정하고 객관적으로 고려하는 훈련입니다. 이 때문에 법률가들은 상대방의 관점 또는 사회 전체의 공평한 이익이라는 관점을 고려하는 습관을 갖고 있습니다.

그렇다고 법률가들이 모든 일에 중립적이고 어느 누구를 응원하지 않는 건 아닙니다. 가령 친척이나 친구가 어려운 상황을 물으면 당연히 그들을 도우려 할 것입니다. 도우려 하는 마음이 클수록 더 열심히 객관적인 관점을 유지하려고 합니다. 객관적인 정보가 편을 들고 싶은 사람들을 더 잘 도울 수 있다고 믿는 신념의 발로입니다.

어떤 면에서는 의사들의 조언과 비슷합니다. 의사들은 치료가 잘되는 경우뿐만 아니라 나쁜 결과에 관해서도 조언하고 예상합니다. 모든 것을 낙관적으로 조언하고, 환자의 희망에 동조해 예상하고 치료하다가는 환자가 가장 큰 피해자가 될 수 있으니까요.

사업을 하며 수억 원의 자금을 투자해 몇 년간 신기술 개발을 시도합니다. 중간 단계에서 외국 기업의 기술을 사용했습니다. 그 정도는 괜찮겠지라고 생각합니다. 자신이 노력해 추가한 기술도 많기에 별문제 없을 거라면서요. 이런 실수는 부주의의 문제이기도 하지만, 다른 한편으로는 관점의 문제입니다. 상대편의 관점에서 보면 전혀 괜찮지 않습니다. 자신들이 노력해서 개발한 기술을 도둑질하는 행위입니다.

결국 몇 년간의 노력이 물거품이 됐을 뿐만 아니라, 막대한 손해 배상까지 짊어집니다. 법에 대한 관심과 관점을 갖고 있었다면 피할 수 있는 손해죠. 실수를 돌아보며 후회만 하고 있을 시간이 없습니다. 뒤늦게라도 이성적인 판단으로 마음을 돌려야 더 큰 비극을 막을 수 있고, 이럴 때야말로 '나쁜 버릇'을 가진 변호사가 필요합니다.

법실증주의가 뭐길래

보통의 사람들은 옳은 것이 법이고 또한 법은 옳은 것이기를 기대합니다. 그러나 법조인들은 달리 생각합니다. 법은 법이고, 옳은 것은 옳은 것이라고 말합니다. 옳지 않은 법이라도 그 법이 현실에서 적용되고 집행되어야 한다고 생각합니다. 법률가들의 이런 태도를 비판한다면, 그것이 법률가라는 역할의 한계라고 고백할 수밖에 없습니다. 법이 정의롭다면 좋겠지만, 법이 정의인 것도 아니고 정의가 법인 것도 아닙니다.

이런 생각을 가장 극단으로 몰아붙인 사상이 법실증주의입니다. 법실증주의란 실정법만 법으로 인정하고, 철학이나 역사, 사회, 정치 등 다른 어떤 요소도 법 해석에 영향을 미쳐서는 안 된다는 사상을 말합니다.

법실증주의자들은 부정의不正義를 주장하는 사람들은 아닙니다. 단지 옳지 않은 법에 대한 비판과 존재하는 실정법에 대한 분석을 구분하려고 할 뿐입니다.

법실증주의는 독일에서 탄생했습니다. 19세기 후반 신생국 프로이센이 통일된 독일을 만들어냅니다. 종전의 소국과 조그마한 영지의 영주들을 모두 통합한 황제라는 절대 권력이 탄생했습니다. 내각과 정부는 황제에 의해 구성되었습니다. 군부는 행정부와 독립해 별도의 강력한 권력을 갖고 있었으며, 선거를 통해 구성된 의회는 단지 입법권의 일부를 가지고 있었을 뿐입니다.

이 시기에 독일은 산업 혁명에 접어들기 시작합니다. 산업이 고도화되고 특히 철강과 기계 산업은 벌써 영국과 프랑스를 압도하는 단계에 이릅니다. 미처 부르주아 민주주의를 이루기도 전에 강력한 노동자 계급이 형성됩니다. 군주의 권력에 맞서 민주주의 구심점이 되어야 할 자본가와 중산층 시민은, 오히려 노동자의 힘에 위협을 느껴 반대쪽에 있는 황제와 군부 세력에 의존하게 됩니다. 이런 상황에서 사법부는 애매한 위치에 있습니다. 한편으로는 권력의 정점에 있는 황제와 귀족, 군부 또 다른 쪽으로는 부르주아 세력에 의존해 권력을 보존했습니다. 사법부는 독립되어 있었지만, 황제와 군국주의, 그리고 대자본가의 질서에 정신적으로 압도당하고 있었죠.

이러한 진퇴유곡의 협곡에서 법실증주의가 탄생합니다. 법실증주의자들이 생각하는 법은 어떤 것이었을까요? 이들에게 법은 실정법입니다. 그리고 실정법을 분석하는 데에 필요한 것은 오로지 논리적 해석론이라고 주장합니다. 법학 연구에서 도덕, 철학, 역사학, 사회학, 정치 등 객관적으로 확인할 수 없는 불순물을 제거하고, 오로지 정교한 논리로 무장한 순수한 법학적 관점만이 법을 해석하고 분석하는 타당한 방법이라는 것입니다.

법실증주의자들의 목표는 무엇이었을까요. 군주나 독재자에 아부하고 복종할 것을 목표로 했다고 오해할 수 있습니다. 하지만 오히려 정반대의 목표를 갖고 있었습니다. 법의 힘을 통해 시민들의 삶과 활동 영역을 보호하려 한 것입니다. 민주주의 제도가 완비되어 있지 않았고, 그 세력이 충분히 강하지 않았기 때문에 법의 힘을 통해서 시민들의 자유를 보장하려고 한 것입니다.

이들은 자유주의적이고 개인주의적이었습니다. 법 논리를 방패 삼아 권력자와 여러 정치 세력 사이에서 균형을 유지하려고 했고, 그 균형을 통해 개인의 자유와 사회 질서를 보장하려 했습니다. 군주와 군부, 봉건 세력의 자의적 통치를 막아내려 했지만, 다른 한편으로는 민주주의 가치들을 배척하고 노동자의 주장을 억누르게 됩니다.

비극으로 끝난 법실증주의의 역사

1918년 혁명은 독일 북부 킬 항구에서 출항 대기 중이던 해군 수병들로부터 시작되었습니다. 느닷없이 민주 공화국이 선언되고, 전쟁을 일으킨 어리석은 황제는 다음 날 이웃 나라로 망명합니다. 독일은 제1차 세계대전에서 패망했고, 군국주의 제국 독일은 그렇게 멸망합니다. 독일 최초의 민주 공화국과 민주주의 헌법은 이 상황에서 패전의 부산물과도 같이 시작됩니다.

독일의 법률가들은 민주 공화국과 새로운 헌법 앞에서 망설였습니다. 과연 민주주의 공화국은 필수적인가? 민주주의 헌법은 국가와 민족에게 정당한 길을 제시하고 있는가? 그들이 판단하기에 민주주의 공화국은 전쟁 패배로 생긴 임시 체제에 불과했습니다. 공화국의 헌법은 정치 상황의 변화에 따라 불가피하게 만들어진 어떤 선언일 뿐이라 생각했습니다. 그래서 그들은 민주주의 헌법의 방관자 역할을 택합니다. 헌법을 믿지 않는 법률가들은 모든 권력은 법과 논리, 국가와 권력 기관에서 발생한다고 여겼습니다. 국가 권력이 헌법과는 별개로 존재하는 초헌법의 존재라고 생각한 것입니다.

제1차 세계대전 패전 후 독일의 사회적 갈등은 극에 달합니다. 무장 반란과 쿠데타, 파업과 테러 속에 사람들은 죽고 다치고 처벌받았습니다. 민주주의 신생국 독일의 시민은 아직 민주주의 헌법의 가치를 이해하지 못하는 상태였습니다. 공화국의 갈등과 충돌은 점점 파괴로 치닫기 시작

4 | 좋은 법으로 좋은 나라 만들기

합니다.

법관들은 법의 논리를 통해 법을 확고하게 하고자 했고, 이를 통해 공동체를 보존해보려 합니다. 법실증주의 이론이 그들을 지원했죠. 법률과 논리의 갑옷을 입고 중립성을 주장하는 판단의 결론은 공정하지 않았습니다. 소수자, 사회적 약자에게 적용되는 법은 엄격했고, 강자에게 적용되는 법은 너그러웠습니다. 민주주의 세력은 파괴되었고, 전체주의 세력은 법을 통해 보호받았습니다. 법실증주의를 통해서 법이 확고해지는 것이 아니라, 법이 해체되고 있었습니다.

그러자 사법으로부터 정의를 부정당한 사람들이 공동체 파괴자로 변신합니다. 민주주의 헌법적 가치가 공동체를 떠나자, 좌우의 극단주의적 가치가 공동체를 채우게 됩니다. 무엇이 확실한 가치인지 공백인 상태에서 국가와 민족을 숭배하는 전체주의 지도자는 매력적인 대안이었습니다. 국가사회주의당 히틀러가 집권하게 된 배경에는 중립적인 법의 가치를 숭배하는 법조인들의 의도하지 않았던 도움이 있었던 것입니다.

과학적인 방법론으로 가장 중립적인 법 해석이 가능하다고 자부했던 법실증주의는 전체주의 집권을 도왔고 어느새 전체주의 정권의 악마적인 통치 수단으로 돌변합니다. 논리적인 오류가 없는 법 해석으로 단련된 영민한 법률가들이, 인류에 반하는 사악한 법을 적용하고 집행하는 과학적 기계로 변합니다. '악법도 법'이라는 논리는 극우 전체주의의 독사를 키우고 번식시키는 이론이 되었습니다. 이것이 비극으로 종결된 법실증주의의 운명이었습니다.

법조인들에게 법실증주의는 애증의 대상입니다. 오늘의 법률가들은 '법실증주의자'라는 말을 들으면 모욕적이라고 생각합니다. 그렇다고 법률가들이 법실증주의의 생각을 부정하는 것은 아닙니다. 실정법의 문구가 법 해석의 가장 중심이 되어야 한다는 것을 부인하는 법률가는 없습니다. 비극적 법실증주의자와 바람직한 법률가의 차이는 좋은 법이 무엇인지에 대하여 고민하는가, 고민하지 않는가에 있습니다.

과학을 연구하는 것과 법학을 연구하는 것은 다릅니다. 법은 인간이 만든 것이고, 인간을 위해 만든 것입니다. 역사적, 철학적, 도덕적, 정치적 관점은 법학 연구에 방해 요소가 아니라 오히려 필수적인 요소입니다. 철학이 있는 법학, 역사를 아는 법학, 인간과 사회를 이해하는 법학이야말로 좋은 법, 좋은 해석을 만들 수 있는 기초가 되는 길입니다.

그래서 법실증주의는 헌법의 가치와 결합해야 합니다. 헌법의 가치는 바로 실정법과 다양한 분야의 관점과 생각이 대화할 수 있는 통로를 제공한다는 것에 있습니다. 헌법에 가장 최고 규범으로서의 효력을 부여해야 하고, 법률을 만들고 해석할 때 헌법의 가치를 고려하지 않으면 안 됩니다. 최고 규범으로서의 헌법을 무시하는 입법과 사법이란, 공동체를 파괴하는 사이비 법실증주의 권력이 되는 길입니다.

4 | 좋은 법으로 좋은 나라 만들기

독일 헌법재판소의 송년회

02

"권력과 특권이 지위를 유지하는 방법은
스스로를 고립시키는 것이다."

시끌벅적, 왁자지껄 송년 파티가 열렸습니다. 때는 2019년 겨울, 코로나 바이러스가 온 세상을 강타하기 직전이었던 12월이었습니다. 장소는 독일과 프랑스 국경 근처의 작은 도시 칼스루에에 있는 독일 연방헌법재판소 청사 2층 심판정 옆의 열린 회의장과 복도.

제게는 약 3개월 동안 독일 연방헌법재판소에서 머무를 멋진 기회가 있었습니다. 그날 송년 파티는 그곳에서 경험했던 여러 장면 중 가장 인상적이었습니다.

경계 없이 어울리는 독일 헌법재판소

참석자들이 모두 모였습니다. 헌법재판소의 모든 구성원이 참석 대상입니다. 심지어 헌법재판소 외곽 경비를 맡은 연방 경찰관들까지 초대되었습니다. 이백여 명에 가까운 참석자들을 위해 준비된 음식은 충분했습니다. 특히 샐러드와 디저트는 자원자들이 스스로 준비한 것이었습니다. 파티를 계획하고 조직하는 부서에서는 한 달 전부터 샐러드와 케이크를 가져올 사람과 설거지 자원봉사자를 모집했습니다. 휴게실에 걸어둔 각 지원자 명단에는 적지 않은 사람들이 자신의 이름을 적었습니다. 샐러드 자원자 명단에는 재판관의 이름도 보였습니다. 평범한 집의 부엌 냄새가 나는, 다양한 모양의 용기에 담긴 소박한 케이크와 샐러드가 준비한 사람의 이름과 함께 뷔페식 식탁 위에 놓였습니다.

당시 헌법재판소장이었던 포스쿨레 소장의 감사 인사로 공식 행사가 시작되었습니다. 그해 여름 칼스루에의 공원에서 열린 헌법재판소 행사에서 바비큐를 구웠던 직원의 에피소드를 재미있게 회고합니다. 그 밖에도 한 해 동안 여러 가지 힘들었던 순간들을 수고했던 직원들의 이름과 함께 이야기합니다. 그리고 이름이 불린 이들을 포함한 참석자 모두에게 감사를 표시합니다. 마지막은 헌법재판소의 발전과 축복을 비는 건배 제의입니다. 곧 퇴임할 '소장으로서의' 마지막 건배 제의에 모두 서로의 눈을 바라보며 정을 나눕니다. 그들의 눈빛에서 소장을 떠나보내는 진한 아쉬움이 느껴집니다. 이런 퇴임도 가능하구나, 하는 생각이 들었습니다.

그다음부터는 웃음의 시간이었습니다. 먼저 책이 등장했습니다. 이백여 명이 참석한 파티에서 문학 작품 낭독 시간이 열릴 줄은 상상도 못 했습니다. 낭독자는 중년의 남성 직원. 그는 자신이 골라온 짧은 희극 작품을 명료하고 생동감 있게 낭독했습니다. 독일어가 짧은 저는 잘 알아듣지 못했지만, 대략 성탄절에 관한 이야기였던 것으로 기억합니다. 모든 직원이 경청하면서 재밌는 대목마다 박수를 치고, 폭소를 터뜨렸습니다.

파티의 하이라이트는 경매였습니다. 해외 방문단이 선사한 선물들을 경매합니다. 헌법재판소가 받은 선물 가운데 진지하고 귀한 선물들은 따로 진열대에 전시하고, 가벼운 선물들은 이날 경매한 후 그 돈을 불우 이웃을 돕는 단체에 기증합니다. 워낙에 입담과 배짱이 좋아 몇 년째 경매 사회를 맡은 젊은 여성 직원이 주로 재판관들을 제물로 삼아 선물을 강매했습니다. 포스쿨레 헌법재판소장이 타깃이 되어 기꺼이 이백 유로를 내기로 약속했고, 억지 춘향이긴 하지만 멋진 물건을 선택했습니다. 크로아티아 방문단이 선물한 것으로, 전통 문양이 장식된 조그만 석관이었습니다. 경락競落을 선언하던 사회자가 소장님에게 마지막 펀치를 날립니다. "퇴임하는 소장님이 퇴임 기념품으로 '석관'을 가져가는 것이 의미심장하군요." 사회자의 아슬아슬한 농담에 모두가 웃었습니다.

밤 9시경 경매를 끝으로 공식 행사는 종료되었습니다. 팀별, 재판부별로 둘러앉아 술잔을 기울이는 개별적인 술자리는 아직도 한창입니다. 다른 한쪽에서는 자원 설거지 팀이 가동되기 시작했습니다. 독일 사람들은 계획과 조직에 있어서 천재적입니다. 설거지도 한 번에 하는 것이 아니라 시간대별로 여러 팀을 만들었고 헌법연구관도 많이 참여했습니다. 재판관을 보조하는 헌법연구관은 헌법재판소로 파견된 판사와 검사, 또는 젊은 교수 들입니다. 술기운에 얼굴이 달구어진 헌법연구관들과 재판소에서 붙박이로 근무한 젊거나 나이 든 직원들이 좁은 부엌에서 어우러져 웃고 떠들며 설거지하는 진풍경이 펼쳐졌습니다.

왜 그들에게는 관용차가 없나

권력자의 지위와 역할이라는 보이지 않는 공간은 존중될 필요가 있습니다. 하지만 그 경계선을 공고하게 하는 것은 건강하지 않습니다. 주권자를 섬기도록 부여받은 권력을 자기 능력으로 얻은 소유물로 여기는, 또는 다른 사람의 아픔과 불행에 공감하지 못하는 무감각한 능력을 자신들의 훈장으로 여기는 지배자 문화와 특권자의 집단의식은 바로 여기에서 시작되기 때문입니다.

　그래서 권력과 특권의 공간에 경계를 세우지 말고, 다른 사람들과 섞이도록 해야 합니다. 생활, 조직, 건물의 설계에서부터 그러한 관점을 의식적으로 개입시켜야 합니다. 독일은 이를 생활 속에서 실천하고 있습니다.

　독일 헌법재판소와 대한민국 관공서의 출퇴근 모습이 교차됩니다. 독일 헌법재판소의 재판관에게는 기사가 운전하는 관용차가 없습니다. 재판소장과 부소장을 제외한 열네 명의 재판관에게는 외부 행사 시 이용하는 공용 관용차가 있을 뿐입니다. 대한민국의 고위 법관과 검찰 간부 수백 명에게 허용되는 것이 독일 최고의 헌법 판단자들에게는 허용되지 않습니다. 그게 단지 비용이나 예산만의 문제일까요?

　독일의 헌법재판관들은 자신의 승용차로, 또는 대중교통을 이용해 출근하고 퇴근합니다. 걷거나 자전거로 출퇴근하는 사람도 있습니다. 그리고 재판소장부터 나이 어린 인턴까지 같은 문으로 출입합니다. 경비를 담당하는 직원과 인사를 나누며, 때로는 동료들과 짧은 대화를 나누기도 합니다. 출입문을 지나면 나타나는 작은 교차로 공간은 모든 구성원의 동선이 마주치는 곳입니다. 짧은 순간이라도 한 공간에서 경계 없이 어울릴 수 있도록 설계된 셈입니다.

대한민국 고위 공직자들은 관용차 뒷좌석에 앉아서 출근합니다. 청사의 가장 중앙, 가장 넓은 중앙문 앞에 관용차가 멈추면 경비 공무원이 차문을 열어드립니다. 고위층이 차에서 내리면 주변의 공무원들이 경례를 합니다. 고위층은 인사를 받으며 묵묵히, 오직 고위층만 이용할 수 있는 중앙문을 통해 청사로 진입합니다. 그들의 경계는 담장으로 높게 둘러쳐 허락 없이 침범하는 것이 허용되지 않습니다.

2019년 독일 헌법재판소의 송년 파티는 직원들이 '높은 분'과 함께 어울리는 것을 허락하는 '은혜의 시간'이 아니었습니다. 함께 애쓰는 직장 동료들을 발견하고, 서로 웃고 대화할 수 있어 행복한 '존중의 시간'이었습니다. 어쩌면 '높은 분'에게 더욱 의미 있었을지도 모릅니다. 어느 사이에 지위와 특권에 중독되어 스크루지 영감처럼 변하고 있던 자신들의 영혼을 잠시라도 정화시키는, 그들에게 가장 필요한 선물 같은 시간이었을 테니까요.

03 | 전관예우가 뭐기에

"자신을 우수하다고 생각하는 이들일수록
남의 말을 잘 듣지 않는다."

법은 모든 이에게 너무나 중요하지만, 그 법을 다루는 사법부에 대한 신뢰를 묻는 여론 조사를 보면 대체로 비관적입니다. 주변에 알고 지내는 판사들과 사법부의 낮은 신뢰도에 관해 이야기하다 보면 이런 변명을 합니다.

"우리가 하는 일은 사람들에게 좋은 말을 들을 수 없어. 소송이란 어느 한쪽이 지는 일이야. 이기는 쪽에서는 애초부터 당연히 자기가 이기는 소송이었다고 생각하고, 지는 쪽에서는 우리 판사들이 잘못 판단해서 자신들이 졌다고 생각하지."

맞는 말 같기도 합니다. 하지만 다른 한편으로 '소송이 가진 그런 측면은 국민의 신뢰가 높은 나라의 사법부도 마찬가지일 텐데, 왜 우리 사법부만 신뢰도가 낮을까?'라는 생각이 들지 않을 수 없습니다.

문제는 엘리트 의식

우리나라 사법부는 성실합니다. 그럼에도 국민의 신뢰는 매우 낮습니다. 가장 근본적인 이유는 지나친 엘리트 의식과 권력을 자신들의 소유로 생각하는 착각 때문입니다. 자신이 남보다 우수하다고 확신하는 사람은 다른 이의 말을 경청하지 않는 경향이 큽니다. 이는 판사 개개인의 문제라기보다는 사법 시스템의 문제, 그리고 사법부 구성원의 집단의식에서 기인하는 문제로 보입니다.

우리 사법부는 더 많은 사건을 더 빨리 해결하도록 판사를 독려합니다. 판사들이 이런 압박을 받으니, 당사자의 주장을 열심히 듣고 차분하게 해결하는 게 가장 지혜로운 해결책이라는 문화가 자리 잡기 어렵습니다. 사건의 신속한 해결이 당사자에게 도움이 되는 것은 사실입니다. 때늦은 승소가 아무런 도움이 되지 않는 경우도 많으니까요. 하지만 성급한 해결은 새로운 분쟁을 불러오는 부작용을 낳기도 합니다. 빠른 해결을 본들 진정으로 해결되지 않는 것입니다. 이런 부작용이 일어나는 것은 억울함이 가득한 당사자의 목소리를 듣기보다, 판사가 내린 결론이 옳다는 착각에 안주하기 때문입니다.

신속한 재판을 위해서는 판사를 더 많이 임용하고, 법원을 더 많이 설치해야 합니다. 그래야만 일인당 처리해야 할 사건 수가 줄어들기 때문입니다. 하지만 우리 사법부는 이에 소극적입니다. 더 많은 판사를 임용하면, 그만큼 역량이 부족한 판사들이 많이 유입될 것이라고 우려합니다.

그럴듯한 주장이지만 솔직하지는 않습니다. 사법부가 진정 두려워하는 건 '판사의 희소성'이 사라지는 것입니다. 법관 숫자가 늘어날수록 최고 엘리트만으로 구성된 사법부라는 자화상이 희석될 것을 두려워하는 셈입니다.

이와 관련된 또 하나의 문제는 재판을 바라보는 사법부 스스로의 관점입니다. 이들은 법원의 재판이란 어려운 수학 문제 같아서 오로지 최고 명문 대학을 졸업하고, 최고 성적을 거둔 엘리트들이 잘해낼 수 있다고 봅니다.

재판은 로스쿨 수석 졸업생만이 잘할 수 있는 게 아닙니다. 자신의 판단만이 옳다고 생각하는 권위적이고 이기적인 엘리트 판사보다는 당사자의 말을 경청할 줄 알고, 객관적으로 판단할 줄 아는 법관들이 훨씬 좋은 재판을 할 수 있습니다. 최고의 성적이 필요한 것이 아니라 성실한 자세와 겸손한 마음이라는 덕성이 필요한 직업이 바로 법관입니다.

오로지 최고 성적을 가진 이들을 확보하는 데에 사법부의 미래가 달려 있다고 생각하는 사법부의 의식이 안쓰럽기만 합니다. 사법부가 자신의 가장 큰 문제를 해결하지 못하는 이유는 스스로 갇혀 있는 엘리트 의식 때문입니다.

경향 교류의 원칙이라는 인사 방식이 있습니다. 판사들이 사법권을 균등하게 나누어 가져야 하는 권력으로 이해하는 사고방식을 보여줍니다. 판사 대부분이 서울 또는 수도권에서 근무하기를 원한다는 이유로 모든 판사가 2년간 근무하고 근무지를 옮깁니다. 모두가 선호하는 수도권 근무를 골고루 나누어야 공정하다는 생각입니다. 2년이 지나면 자신이 맡았던 사건을 모두 그 자리에 두고 떠날 수 있습니다. 그러니 자신이 해결해야 할 사건이 민감하거나 복잡한 경우에는 아예 덮어두거나 지연시키는 경향이 생깁니다.

전관예우는 왜 사라지지 않는가

우리나라 사법부의 고질적인 문제인 '전관예우' 또한 집단 엘리트 의식에서 나옵니다. 다른 선진국에서 찾을 수 없는 이 현상을, 우리 사법부는 스스로 인정하지도 반성하지도 않습니다. 전관들이 벌이는 부정한 청탁과 전직 동료에 대한 봐주기는 우리 사회를 부패하게 만드는 가장 핵심적인 원인이 되었습니다.

모처럼 대리인으로서 재판정에 와서 피고인을 변호한 사람은 다름 아닌 선배 법관이었던 사람입니다. 또는 동료 법관이었던 변호사이거나 대학 동창입니다. 그에게 최소한 몇 년 형 감경 정도의 선물은 해주어야 한다고 생각합니다. 법관들도 전관 변호사와 부드럽고 좋은 관계를 유지해야 고위 법관 네트워크에서 좋은 평판을 유지할 수 있습니다. 그래야 더 좋은 자리에 임명될 수 있고, 출세할 수 있습니다.

법률가들은 전관예우의 관행에 문제가 있다는 것을 알고 있습니다. 하지만 그래도 괜찮다고 생각합니다. 모두 최고 명문 대학에서 공부한 똑똑한 사람들이므로, 그런 관계와 교류에도 불구하고 현명하고 공정하게 판단할 거라고 생각합니다. 일반인도 그렇게 자신들을 믿어줄 것이라고 생각합니다. 그것은 착각입니다. 우리 국민은 더 이상 사법부 판단의 공정성과 청렴함을 믿지 않습니다.

사법부가 신뢰받지 못하는 이유는 사법부의 구성원들이 자신들을 사법권의 주인으로 착각하고 있기 때문입니다. 공직의 '공公'은 '공원'의 '공'과 같은 한자입니다. 그러니까 공직은 국민들이 함께 소유하는 자리, 국민들을 위해 일하는 자리입니다. 주권자의 시선을 두려워하지 않는 대한민국 사법부의 태도는 우리나라 사법권의 정체성이 아직도 '공'이 아니라는 사실, '관'이고, '권'이라는 사실을 보여줍니다.

대법원장은 왜 수사 대상이 되었나

04

"세상을 바꾸는 것은 열정보다 제도다."

대통령이 탄핵을 당했습니다. 검찰은 탄핵당한 대통령 수사를 단행했습니다. 수사 중 대법원장이 대통령과 면담한 기록이 발견됩니다. 이를 바탕으로 대법원장과 대통령 사이에 재판 거래가 있었으리라는 혐의를 수사하기 시작했습니다.

대법원장은 대통령과의 독대를 요청했고, 그 만남에서 법원이 정권에 도움을 주기 위해 얼마나 많은 일을 했는지, 앞으로 정부를 위해 어떤 '유익한' 재판을 해줄 수 있는지 설명했다는 혐의입니다. 비상식적인 만남임에 틀림이 없습니다. 대법원장이 이런 만남을 원했던 것은 대통령에게 요청 사항이 있었기 때문입니다. 만일 실제로 재판거래가 있었다면 결코 작은 범죄가 아닙니다.

시원한 수사에 박수 칠 수 없는 이유

그럼에도 불구하고 검찰의 수사 정도가 적정했는지 의문이 남습니다. 검찰은 사법부 법관과 핵심 인력의 이메일과 컴퓨터를 압수 수색하며 뒤졌습니다. 판사들을 대상으로 하는 광범위한 수사를 통해 새로운 혐의를 찾으려 했고, 이를 바탕으로 더 고위 인사들의 범죄를 증언하라 압박했습니다. 수십 명 판사들의 이메일과 문서가 수사 대상이 되는 것은 물론, 동료 판사의 말과 행동을 기억해 증언해야 했습니다.

검찰의 수사가 재판 공정성을 훼손한 범죄를 밝히기 위해서였고, 법치주의를 보호하기 위한 노력이었다고 할 수 있습니다. 그러나 다른 한편으로는 사법부의 독립을 치명적으로 손상하는 행위였습니다. 수사하지 말아야 했다는 게 아닙니다. 대법원장을 포함한 사법부 구성원들을 수사하려면 그 혐의가 더욱 구체적이어야 했으며, 범위 또한 훨씬 제한적으로 설정했어야 합니다.

형사 정의라는 공익뿐만 아니라 사법부 독립이라는 가치를 고려했어야 한다는 것입니다. 수사권 행사를 최대한 자제하고, 일단 시작된 수사에서도 그 범위를 최대한 절제했어야 합니다. 혐의 입증을 위해 새로운 혐의를 찾아내는 수사 방식이라면 어떤 조직이라도 파괴되지 않을 수 없습니다. 폭력 조직 범죄를 수사하는 것이라면 적절할 수 있지만 사법부와 법관에 대한 수사라면 적절하다고 할 수 없습니다. 대법원장과 판사가 언제나 결백하다거나 특권 계급이라는 게 아닙니다. 이것이 사법의 독립이라는 헌법의 명령을 지키는 방향이며, 장래에 사법권이 검찰 권력에 위축되지 않고 공정한 재판을 할 수 있는 길이기 때문입니다.

일부 관련자가 유죄 판단을 받고, 일부 범죄의 혐의가 드러났다고 해도 그것만으로 정당한 수사였다 할 수 없습니다. 여러 측면에서 의문이 남는 수사라는 점은 분명합니다. 검찰은 사법부 독립이라는 헌법적 가치를 제대로 형량했던 것인지 아니면 자신들의 목적을 위해 헌법 가치를 무시하고 밀어붙였는지 훗날 역사적인 평가, 헌법적인 평가가 반드시 필요합니다.

대한민국에는 모든 헌법 기관을 압도하는 '초권력적인 검찰'이라는 기이한 권력이 있습니다. 여당과 야당의 대결도 정책 대결이 아니라 검찰 수사를 통한 대결이 되는 형국입니다. 비정상적으로 비대해진 검찰 권력이 국가를 움직이고 있는 현상은 대한민국 헌법이 상정하고 있는 정상적인 국가 권력의 작동 모습이 아닙니다.

대법원장은 왜 상고법원을 원했나

검찰 수사가 무리했다는 점은 이 정도로 하고, 당시 대법원장이 원했던 것이 무엇인지 살펴봅시다. 그렇게 무리수를 두면서까지 원했던 것은 상고법원의 신설이었습니다. 상고법원이 대법원장에게 그렇게 중요했던 이유는 무엇일까요? 장래 대법원의 정체성을 바꾸기 위한 거대 청사진 속의 가장 핵심적인 장치였기 때문입니다.

유신과 신군부의 독재 정권 시절 대법원은 정의를 외면했습니다. 민주주의를 파괴하고, 민주주의자를 처벌하는 세력에 조용히 협력했습니다. 이런 사법부와 대법원은 국민의 신뢰를 잃을 수밖에 없었습니다. 1987년 6월 항쟁으로 민주주의가 도래했고, 헌법 개정을 논의하는 정치권의 협상에서 헌법재판소 설립 문제가 대두되었습니다. 당시의 국민 여론은 권력에 당당히 맞서고 독립하여 헌법과 기본권을 수호하는 새로운 재판소, 즉 헌법재판소의 설치를 원했습니다.

대법원과 사법부 관계자들은 국민 여론이 대법원을 신뢰하지 않는다는 것을 알고 있었습니다. 울며 겨자 먹기로 헌법재판소 설립을 받아들일 수밖에 없었습니다.

새로 설립된 헌법재판소는 왕성하게 활동합니다. 수많은 악법에 위헌 판단을 내려 대한민국 민주주의 발전에 결정적 역할을 합니다. 그 성장 속도가 예상을 뛰어넘어 어느덧 대법원의 위상을 위협하게 됩니다. 여러 여론 조사 결과에 따르면 헌법재판소에 대한 시민들의 신뢰는 이미 한참 전에 대법원을 따돌렸습니다.

나아가 이제 학계에서는 우리나라에서도 법원의 재판에 대한 헌법소원 제도를 도입해야 한다고 주장하고 있습니다. 헌법재판소가 대법원의 재판을 취소하는 일이 일어나는 것이죠. 이는 최고 사법 기관을 자임하는 대법원으로서는 악몽과도 같습니다.

당시 대법원장의 무리한 시도는 헌법재판소에 대한 대법원의 위기감에서 시작되었습니다. 대법원의 위상을 제고하고, 장기적으로는 헌법재판소를 흡수 통합해야 한다는 것이 지속적이면서도 일관된 법원의 장기

계획입니다. 그 계획을 현실로 만들기 위해서는 대법원을 국민 여론의 관심이 집중되는 중대한 사건만 중점적으로 다루는 법원으로 바꿔야 한다고 판단합니다. 그래서 지금 대법원이 재판하고 있는 사건 대부분을 대신 담당해줄 다른 법원, 즉 신설 상고법원이 필요하다고 본 것입니다. 대법원 바로 아래에 새롭게 상고심 법원을 만들어 국가적 중요성이 없는 대다수 사건을 처리하도록 하고, 대법원은 오로지 상고법원이 보내는 국가적으로 중요한 사건만 심판하는 제도를 계획했습니다. 그것이 바로 당시 대법원장이 관철하려던 상고법원의 아이디어였습니다.

이는 헌법에 정해진 대법원의 정체성 및 헌법재판소와의 관계를 구조적으로 바꾸는 계획입니다. 그러한 청사진을 갖고 있다면 정정당당하게 밝혀 입법부를 비롯한 국가 기관, 언론, 전문가 등 다양한 주체들이 먼저 논의하도록 했어야 했습니다. 헌법재판소와 대법원의 관계를 정하고 변경하는 문제는 헌법 개정을 요하므로 헌법 개정 논의도 진행해야 했습니다.

가장 큰 문제는 정치권의 논의, 시민들의 토론, 헌법 개정이라는 절차와 방법을 통해 시도한 것이 아니라, 최고 권력자와의 담판을 통해 해결하려 한 것입니다. 이런 일을 주도한 당사자가 헌법을 지켜야 할 최후의 보루인 대법원장이었다는 것은 우리 법치주의의 비극입니다.

상고법원 설치 구상의 내용 자체도 문제였습니다. 우리나라 대법원은 한 해 약 4만 건이라는 과중한 사건 부담을 지고 있습니다. 이 사건들을 상고법원이 맡아준다면 대법원이 자유로워지고, 국가적으로 중요한 사건만 판단할 수 있다고 여긴 것입니다. 하지만 이는 바람직한 구상은 아니었습니다.

대법원이 최고 법원으로서 담당해야 할 판단 중 가장 중요한 것은 과연 무엇이 국가적으로 중요한 사안인가, 즉 '과연 새로운 법이 필요하고, 과거의 법이 변화해야 할 부분이 무엇인가'입니다. 그런데 대법원장은 이 판단을 상고법원에 맡기는 구상을 계획했습니다. 대법원이 판단해야 할 가장 중요한 사건이 무엇인지를 결정하는 것은 오로지 대법원만이 판단할 수 있습니다.

한편 이 문제를 다루는 언론의 태도도 실망스럽기는 마찬가지였습니다. 권력 엘리트들이 이 문제를 밀실에서 처리하려던 사실이 밝혀졌다면, 언론이 공론장으로 끌어내 바람직한 개선책을 논의했어야 합니다. 하지만 언론은 검찰 수사에 열광했을 뿐 정작 제도와 권력의 견제에 관해서는 논의하지 않았습니다. 수사가 흐지부지 끝나자, 정작 중요한 제도 문제는 아무런 논의도 하지 못한 채 잊어버리고 말았습니다.

상고법원 설치 문제는 우리 사회의 권력자와 언론이 헌법상 권력 구조 문제를 다루는 방식에 관해 중요한 시사점을 던집니다. 시민이 제도 개선책에 촉각을 세우지 않는다면 잘못된 권력 구조의 설계가 빚어내는 권력 실패가 반복됩니다. 이는 결국 시민 자유 침해로 이어질 수밖에 없습니다.

재판을 재판할 수 있는 나라

05

"불완전할 수밖에 없는 법의 오류를 줄이는
유일한 길은 끝없는 대화에 있다."

애써서 쓴 글에 대한 평을 듣고 나면 마음이 아픕니다. 정성을 다한 글일수록, 상대방이 성의껏 봐줄수록 더 그러합니다. 혼자서 볼 때 보이지 않았던 실수나 무심함이 다른 사람의 관점에서 발견되죠. 그래도 마음이 상하지 않을 수 없습니다. 하지만 그런 과정을 통해서 더 좋은 글이 된다는 것을 알고 있기에 꾹 참고 또 다른 이에게도 글을 읽어달라 부탁합니다. 내 글을 위한 최선의 약임을 알기 때문이죠.

사법 기관도 마찬가지입니다. 객관적인 시각과 관점에서 점검하고 검토받지 않는 한 세상의 변화에 따른, 그리고 헌법 가치에 따른 재판은 더욱 어렵습니다. 법원의 재판에 대한 헌법재판소의 검토가 필요한 이유가 이것입니다. 헌법재판소가 법원 재판을 검토하는 제도가 바로 '재판에 대한 헌법소원'입니다.

독일 시민들은 왜 그 제도를 받아들였나

1948년 제2차 세계대전은 독일의 패전으로 종료되었습니다. 합법적으로 선출된 권력이 파시즘으로 이어지는 것을 경험한 독일인은 민주주의 헌법 수호가 가장 중요한 과제임을 깨닫습니다. 독일인은 인간의 존엄과 가치를 최고의 대원칙으로 삼는 헌법을 새로이 제정하고, 그 헌법과 시민의 기본권을 지키기 위한 헌법재판 제도를 구상합니다.

나치 집권기에 민주주의 헌법의 붕괴와 광범위한 인권 침해를 경험한 독일인은 헌법재판소와 헌법재판 제도의 도입에 쉽게 찬성합니다. 헌법 소원 제도도 도입하기로 했습니다. 헌법소원 제도란 국가 권력에 의해 개인의 기본권 침해가 발생한 경우, 헌법재판소가 그 침해를 구제하도록 하는 제도입니다. 침해당한 개인이 직접 최고 사법 기관 중 하나인 헌법재판소에 청구해 심판할 수 있는 점에서 특별한 의미가 있습니다. 그러나 문제가 있었습니다. 과연 어디까지 헌법소원을 인정할 것인지, 특히 법원 재판에 대한 헌법소원 제도를 도입할 것인지는 첨예한 이슈였습니다.

반대론은 법원 스스로 헌법과 기본권을 보호하는 재판을 할 것이므로 법원의 재판에 대한 헌법소원은 불필요하다고 주장합니다. 도입을 찬성하는 측은 재판에 대한 헌법소원이야말로 가장 필요한 제도라 주장합니다. 만일 사법부가 기본권을 보장하지 않는 나쁜 재판을 할 경우 모든 구제 장치가 무력화될 것이므로, 법원이 기본권을 제대로 보장하지 않는 경우, 그 재판을 통제해야 헌법에 보장된 자유와 기본권이 실질적 의미를 가질 수 있다고 주장합니다.

이 논쟁을 좀 더 깊이 있게 살펴볼 필요가 있습니다. 제1차 세계대전을 일으킨 독일은 군주와 귀족이 권력을 독점하는 군주제 국가였습니다. 1918년 전쟁이 끝난 후 군주는 몰락했고 민주주의 헌법과 민주 공화국이 수립됩니다. 독일의 사법부는 민주주의 헌법과 기본권을 시대의 질서로 받아들이기를 거부합니다.

제2차 세계대전이 끝나고 독일의 법률가들은 같은 질문을 다시 받습니다. "기본권과 헌법이 과연 법인가?" 이제 법률가들은 "그렇다. 그리고 이제부터는 잘할 것이다"라고 대답합니다. 독일 정책 결정자들은 시민에게 묻습니다. "우리는 과연 기존의 사법부가 그렇게 할 것을 신뢰할 수 있을까요?" 법원 재판에 대한 헌법소원 논쟁은 바로 이 질문을 품고 있습니다. 1951년 독일 의회와 시민은 마침내 결단합니다. 재판에 대한 헌법소원 제도를 받아들이기로 합니다.

재판에 대한 헌법소원 제도는 대성공을 거둡니다. 세상에 알려진 독일 헌법재판소의 위대한 판단 중 대부분은 재판에 대한 헌법소원을 통해서 내려졌습니다.

제2차 세계대전에서 패한 후 독일인은 기본권과 민주주의를 받아들입니다. 열광적으로 환영한 것은 아닙니다. 처음에는 많은 독일인이 민주주의 헌법과 기본권을 승전국에 의해 억지로 강요된 외래 사상처럼 낯설게 바라보았습니다. 이러한 생각에 결정적인 변화를 만든 것이 재판에 대한 헌법소원입니다. 차분한 논리로 권력의 기본권 침해를 제거해가는 헌법재판소의 판단들은 민주주의와 헌법에 대한 신뢰를 쌓아갑니다. 독일 시민은 헌법재판소의 판단을 보면서 성장했습니다. 더 이상의 실패를 막기 위해서는, 민주주의를 진정으로 받아들여야 한다는 것을 잊지 않겠다고 결심했습니다.

괴물과 같이 일그러진 과거의 원죄 속에서도 독일 사회가 민주 국가로서 성공을 일굴 수 있었던 것은 과거를 인정하고, 자신의 흉한 모습을 직시한 덕분입니다. 포기해야 할 기존의 권위는 아깝더라도 포기해야 하고, 고쳐야 할 것은 아프더라도 고쳐야 한다는 결단 덕분입니다. 재판에 대한 헌법소원은 중요한 결단이었고, 독일이 원숙한 민주주의 국가가 되는 데에 결정적으로 기여합니다.

대법원은 대화가 필요해

우리나라는 재판에 대한 헌법소원이 가능한 나라일까요. 아직 그렇지 않습니다. 우리 헌법재판소가 설립된 것은 1988년입니다. 6월 민주화 항쟁이 이뤄낸 헌법 개정이었기에 헌법재판소의 설립이 가능했습니다. 당시 한국도 1950년의 독일과 마찬가지로 재판에 대한 헌법소원 제도 도입을 논의합니다. 독일의 긍정적 선례가 있었기 때문에 찬성론이 유리한 점이 있었지만, 대법원을 필두로 한 사법부의 반대 입장은 강했습니다.

결국 헌법재판소법에 '재판에 대한 헌법소원 제도 금지 조항'이 삽입되었습니다. 헌법재판소법 제68조 제1항은 "공권력의 행사 또는 불행사

不行使로 인하여 헌법상 보장된 기본권을 침해받은 자는 법원의 재판을 제외하고는 헌법재판소에 헌법소원 심판을 청구할 수 있다"라고 규정하고 있습니다.

재판에 대한 헌법소원 제도를 도입하는 것이 과연 꼭 필요한가라는 의문이 있을 수 있습니다. 법원과 헌법재판소의 판단자는 모두 법률가입니다. 동일한 방향으로 생각하고, 구체적인 사안에 대해서도 같은 생각을 할 가능성이 높은데, 굳이 다시 판단해야 할까요? 또 다른 의문도 있습니다. 대법원 재판은 여러 심급의 법원을 거칩니다. 재판에 대한 헌법소원 제도가 도입되고, 헌법재판소가 법원의 판단을 검토하는 것은 곧 제4심 법원을 도입하는 것이 아닐까요? 집 위에 또 집을 짓는 제도이지 않을까요?

이 제도는 옥상옥이 아니라, 다른 관점을 갖는 재판 기관이 법원의 판단에 대해 질문하는 제도라고 보는 것이 맞습니다. 재판에 대한 헌법소원을 가능하게 하는 것은 헌법재판소가 대법원 위에 있는 상급 법원이기 때문도, 대법원보다 더 지혜로운 법원이기 때문도 아닙니다. 헌법재판소는 기본권이라는 다른 관점을 가진 재판 기관입니다. 기본권 보장이라는 목적을 가졌기에, 헌법재판소의 재판 검토는 여러 재판 다음의 또 다른 재판이 아니라, 종류가 다른 새로운 재판입니다.

헌법소원은 어떤 것들이 드러나게 되는 재판일까요? 법원의 재판이 스스로는 볼 수 없었던 권위주의적 절차 진행, 관료주의적 제도 운영, 국민의 기본권을 소홀히 다루고 있는 법 해석이 그 대상입니다. 우리 대법원은 아직 기본권과 헌법에 대해 소극적입니다. 각지의 법원과 법관은 대법원의 판례에 따라서 재판합니다. 사법부의 현실을 볼 때 재판에 대한 헌법소원 금지 조항은 단순히 하나의 제도를 금지하는 것이 아닙니다. 기본권이 일상 속에 실현되는 길을 차단해, 반쪽짜리로 만들고 있는 조항입니다.

방송 프로그램 〈개그콘서트〉에 "대화가 필요해!"라는 코너가 있었습니다. 아버지와 가족들이 밥상 앞에 둘러앉아 묵묵히 밥만 먹는 장면으로 시작합니다. 아버지는 대화하지 않는 게 권위를 지키는 것이고, 권위를 지키는 게 가정을 지키는 것이라고 생각합니다. 가족들은 아버지의 권위주의 속에서 숨이 막힙니다. 아버지도 고통스럽기는 마찬가지입니다. 자신이 쉬운 모습을 보이면 존중받지 못하고 무시당할까 봐 두려워하며 오히려 엄격한 모습을 보입니다. 만일 이 대화 부족의 상태가 지속된다면? 아버지 뜻과는 정반대의 결과가 나올 것입니다. 아버지의 말과 권위는 점점 사소해질 것이기 때문입니다. 가족들은 아버지 뒤에서 모든 결정을 하게 되고, 아버지의 영향력은 외면상으로는 그대로이지만 실질적으로는 점차 줄어들 뿐입니다.

대법원은 재판에 대한 헌법소원의 도입을 두려워합니다. 헌법에 의해 설립된 헌법재판소 제도의 폐지를 공식적인 입장으로 정할 만큼 알레르기 반응을 보입니다. 하지만 그럴 필요가 없습니다. 헌법재판소는 대법원과 비교할 수 없을 만큼 작은 규모의 국가 기관입니다. 헌법과 기본권이라는 좁은 분야에 국한되어 판단할 수 있으며, 제한된 절차에 의해서만 그 권력을 행사할 수 있습니다. 작은 규모의 헌법재판소가 법원의 모든 재판을 검토하는 것은 불가능할 뿐 아니라 바람직하지도 않습니다. 만일 그런 시도를 한다면 헌법재판소의 기능이 마비될 수밖에 없기 때문입니다.

재판에 대한 헌법소원이란 대법원 통제보다는 헌법재판소와 대법원과의 대화에 가깝습니다. 극히 일부 사건에 대해 재판을 취소한다는 제도의 효력은, 대법원이 최고 사법 권력이라는 지위로 인해 간과했던 기본권적인 관점을 상기하는 계기를 제공할 뿐입니다. 자칫 시대 변화를 따라가지 못해 사소해질 수 있는 사법의 권위를 지켜주는 제도일 뿐입니다.

불완전한 인간이 불완전한 도구로 만든 것이 법입니다. 선출된 국민의 대표들이 최선의 의도로 제정한다 해도 불완전할 수밖에 없습니다. 그러기에 법의 해석은 시대 가치라는 문맥 속에서 지속적으로 토론하고 소통하면서, 그 의미가 밝혀지고 새롭게 거듭날 수 있도록 노력해야 합니다.

헌법소원으로 재판이 취소될 경우, 당장은 자신들의 의지가 꺾이고 체면이 깎이는 아픔에 신음할지도 모릅니다. 하지만 그것으로 사법권은 건강해지고 겸손해지며, 무엇보다도 국민에게 신뢰받게 될 것입니다. 그런 면에서 볼 때 재판에 대한 헌법소원을 금지하는 법률 조항은 대법원에 불행을 초래한다고 볼 수 있습니다. 건강한 자극을 통해 존경받는 대법원으로 다시 태어날 기회를 막고 있기 때문입니다.

우리 사법부와 대법원을 볼 때마다 '대화가 필요한 아버지'를 연상하게 됩니다. 가족들과 질문을 주고받고, 진솔한 대화를 하고, 새로운 생각과 변화를 받아들일 때 '존경받는 아버지'라는 자리를 회복할 수 있습니다.

06

우리는 검찰 개혁에 왜 실패하는가

"권력을 권력으로 누르려 하지 말라.
권력은 견제되고 참여될 때만 약해진다."

"네 죄를 네가 알렸다." 동헌의 높은 마루에 좌정한 원님이 큰소리를 칩니다. 오랏줄에 묶인 채 꿇어앉은 혐의자는 말합니다. "소인은 억울하옵니다."

조선 시대에는 고을 원님이 수사도 하고 재판도 했습니다. 즉 원님이 경찰, 검사, 판사의 역할을 모두 담당한 것이죠. 고을 원님이 재판받는 이가 범죄인이라고 믿는다면 재판 과정에서 자백을 종용하고 곤장을 명했을 것입니다. 재판 과정이 수사 과정이며 처벌 집행 과정이죠.

오늘날에는 범죄를 처벌하는 국가 기관을 역할에 따라 두 개로 분리해 상호 견제하고 통제하도록 합니다. 소추 기관과 재판 기관입니다. 소추 기관인 검사는 경찰과 함께 범죄를 수사하며 범죄인을 체포하고, 다양한 방법을 통해 범죄 증거를 확보합니다.

증거가 충분하게 확보되면 범죄인 처벌을 요구하는 형사소송을 제기합니다. 형사소송 제기는 형사 기소, 줄여서 '기소'라고 합니다. 검사의 기소로 재판이 시작되지만, 재판을 하는 사람은 검사가 아니라 판사입니다.

검사와 판사는 모두 국가 기관이고 법률가입니다. 판사와 검사의 자격이 다르지도 않습니다. 한 사람이 검사와 판사 역할을 모두 담당하면 어떻게 될까요. 즉, 공소 제기도 하고 재판도 한다면 훨씬 효율적일 수 있지 않을까요. 하지만 오늘날의 사법 제도는 기소는 행정부 소속의 검사에게, 재판은 독립된 사법부 소속의 판사에게 분리해 임무를 맡기고 있습니다.

이렇게 분리하는 이유는 다른 관점을 확보하여 권력을 통제하고, 서로 다른 권력끼리 견제하기 위함입니다. 수사하고 재판을 요구한 사람이 심판까지 한다면 유죄에 대한 편견과 불법 수사의 유혹을 통제할 수 없습니다. 재판관은 스스로 수사하지도 기소하지도 않았기에, 수사 기관의 수사를 비판적 관점에서 통제할 수 있고, 그들이 제출한 증거를 객관적인 관점에서 살펴볼 수 있습니다. 판사에게 유무죄의 판단을 내리게 한 것은 그가 더 지혜롭기 때문이 아니라, 객관적인 관점을 갖고 있기 때문입니다. 판사는 오로지 검사가 기소한 범죄 혐의에 대해서만 재판할 수 있습니다.

범죄를 밝히기 위해 가장 큰 노고를 기울이는 것은 수사 기관입니다. 수사 기관은 증거 확보를 위해 며칠씩 밤을 새워 잠복 근무를 하거나, 위험한 범죄 소굴에 잠입하기도 합니다. 이런 고생에도 불구하고 모두 허사가 될 수 있습니다.

예를 들어 보겠습니다. 수단과 방법을 가리지 않고 범죄를 밝혀야 한다고 여기는 수사관이 있습니다. 도덕적으로 잘못된 수사관도, 직업적인 측면에서 능력 없는 수사관도 아닙니다. 오히려 책임감으로 가득한 성실하고 능력 있는 수사관입니다. 하지만 그 자신은 단순한 직장인이 아닙니다. 무지막지한 권력을 휘두르는 권력자이기도 합니다. 자기가 지닌 권력에 대한 자제력를 잃을 때 비극이 발생합니다. 증거를 조작하고, 고문하는 수사관들은 스스로 성실하고 능력 있다고 생각할지도 모릅니다. 하지만 자신이 하는 일이 한 인간을 파괴할 수 있음을 기억해야 합니다. 그들이 얻은 진실은 스스로만 만족하는 주관적인 진실일 뿐입니다.

불법 수사를 하면 안 되는 이유는 인권 보호만이 아니라 진실 발견을 위한 것이기도 합니다. 고문이나 불법 체포, 구속으로 얻어진 자백들은 객관적 진실에 부합하지 않을 가능성이 높습니다.

어느 날 갑자기 내가 수사 대상이 된다면?

보통 사람이 수사 대상이 되면 압도되고 위축될 수밖에 없습니다. 세상이 무너지는 일입니다. 자신의 일상생활과 사생활이 샅샅이 떠오릅니다. 그 가운데에는 다른 사람에게 알리고 싶지 않은 은밀한 일도 있고, 문제가 된 범죄와는 관련 없지만 법을 위반하는 행위도 있을 수 있습니다. 범죄 수사의 대상이 된다는 것은 충격을 넘어 공포와 경악입니다. 가장 큰 공포는 도대체 수사 기관이 나에 대해 어디까지 알고 있는지 알 수 없다는 것이죠. 수사 기관은 문제가 된 범죄 관련 정보 외에도 너무나 많은 정보를 갖습니다. 그 정보를 이용해 새로운 범죄 수사로 나아가기도 합니다. 수사 범위의 한계를 정할 수 없다는 점에서도 수사권은 위험한 권력입니다.

대한민국 수사 기관은 유력자 또는 유명인을 수사하는 과정에서 언론을 활용하는 기법을 사용합니다. 일반인이 들었을 때 비난할 만한 부도덕한 사실이나 발언을 '수사 관계자'라는 익명으로 언론에 공개합니다. 이것으로 피의자에 대한 사회적 편견이 만들어지고 여론은 유죄라고 몰아갑니다. 언론에 보도된 사실이 진실인지는 알 수 없습니다. 공식적인 발표가 아니기에 반박할 수도 방어할 수도 없습니다. 피의자를 옹호하는 여론을 차단하고, 피의자의 방어 의지를 꺾는 전략입니다. 가장 강력한 권력인 수사 기관이 가장 약자인 피의자를 상대로 방어권도 보장하지 않은 채 정정당당하지 않은 방법으로 여론의 유죄 판결을 만듭니다. 과거 원님 재판보다도 못한 비문명 재판이라고 하지 않을 수 없습니다.

우리는 범죄자를 미워합니다. 하지만 생각해보십시오. 누구나 언제든 갑자기 수사 대상이 될 수 있습니다. 이런 수사가 계속된다면, 모든 경미한 위법 행위까지 수사가 진행될 수 있다면 일상이 가능할까요? 시민의 삶은 과도하게 위축될 것입니다. 모든 위법 행위를 완벽하게 처벌하는 게 형사 정책상 이상적이지 않은 것과 마찬가지로, 모든 범죄를 전면적으로 수사하는 게 정당한 권력 행사인 것은 아닙니다.

여기에서 경찰과 검찰의 역할이 분리돼야 할 필요성이 등장합니다. 일반적으로 선진국에서는 경찰이 수사하고 검사는 기소합니다. 힘과 열정, 감각에 기초하는 것이 경찰의 수사라면 검사는 이성과 논리로 경찰의 열정을 통제하는 역할을 합니다.

검사는 장래 재판정에서 공방이 될 범죄 사실에 적용할 법, 반드시 갖추어야 할 증거들을 미리 검토합니다. 경찰의 수사를 보완하고, 그 방향 설정이 잘되었는지 숙고합니다. 무엇보다 과도한 수사, 권력 남용 수사, 시민의 삶을 지나치게 위축시키는 무리한 수사가 이뤄지지 않도록 통제합니다. 수사 기관이 발견하는 진실은 권력 자제에 기초해야 하는데, 위험하고 잔인한 범죄 현장을 누비고 다니는 경찰에게 그와 같은 자제를 기대하기 어렵습니다. 때문에 경찰의 권력이 자제되도록 이성으로 통제하는 기관이 검찰입니다.

그런데 대한민국의 검찰은 자체적인 수사권을 광범위하게 행사하고 있습니다. 경찰이 미처 발견하지 못한 범죄를 스스로 발견해내는 것을 명예로 삼는 경향이 큽니다. 정치적 사건의 경우에는 경찰보다 더욱 열정적인 것이 검찰입니다. 대개 현재의 권력자, 또는 앞으로 커다란 힘을 갖게 될 권력의 반대편에 있는 정치인들을 상대로 한 수사입니다. 이런 검찰은 경찰의 과도한 수사, 권력 남용 수사에 대한 이성적인 통제가 어렵습니다.

검찰과 경찰 사이에서 수사권을 놓고 논쟁이 벌어질 때면 검찰 인사들은 "피의자의 인권을 보호하기 위해 검찰이 수사권을 계속 갖는 것이 필요하다"라고 주장합니다. 그것이 만일 진심이라면 검찰은 수사권을 내려놓을 결심을 하는 것이 맞습니다. 이런 장면에서는 실소가 나오지 않을 수 없습니다.

검사의 권력은 왜 막강한가

검사가 갖는 권한으로서 수사권 외에 기소권에 대해서도 알아봅시다. 앞서 법원에 범죄 행위에 대한 재판을 구하는 것, 말하자면 형사소송을 제기하는 것을 '기소'라고 한다고 했습니다. 기소를 다른 말로 '형사 소추'라고 합니다. 그 형사 소추의 주체를 국가 기관만으로 한정하는 것을 국가 소추주의라고 말합니다.

우리 형사소송법은 공소 제기 권한을 오로지 검사에게 독점시키고 있습니다. 국가 기관인 검사만 기소할 수 있다는 점에서 국가 소추주의이며, 국가 기관 가운데에서도 오로지 검사만이 기소권을 독점한다는 점에서 검사의 기소 독점주의입니다. 검사가 기소권을 독점하고 있기에, 검사가 기소하지 않으면 명백한 범죄라도 처벌을 구할 수 있는 방법이 없습니다.

우리나라 법이 검사에게 부여하는 또 하나의 특별한 권한이 있습니다. 범죄 사실이 확인되었음에도 기소 여부를 결정할 수 있는 재량권입니다. 검사에게는 범죄가 확인되어도 기소하지 않고 봐줄 수 있는 권한이 있다는 말입니다. 이것을 검사의 '기소 편의주의'라고 합니다. 가령 범인이 경미한 범죄를 저질렀고, 깊이 반성하고 있으며, 전과가 없다고 한다면 용서하는 처분을 합니다. 이것을 기소 유예 처분이라고 합니다. 우리나라 법 체계의 모범이 되는 독일에서는 검사에게 이런 재량권을 인정하지 않는 기소 법정주의가 원칙입니다.

우리나라 검사들은 수사권과 수사 지휘권을 가지고 있는데, 여기에 기소 독점주의와 기소 재량권이 결합되어 있습니다. 이것으로 검사는 범죄 혐의자를 엄격하게 처벌할 수도, 전혀 처벌하지 않고 봐줄 수도 있는 막강한 권력을 가집니다. 범죄의 종류와 범위는 광대합니다. 만약 검찰 수뇌부가 누군가를 처벌하기로 결심한 경우, 오랜 기간 전면적인 압박 수사를 한다면 어떤 범죄 혐의라도 걸리게 되어 있습니다.

특히 사회적으로 주목받는 정치인, 유명 인사, 재계 인사와 같은 이들은 그 활동 범위가 넓기에 찾아낼 수 있는 범죄 유형도 광범위합니다. 검찰이 불충분한 증거와 혐의로 기소한다고 해도 이를 막을 방법이 없습니다. 훗날 최종적으로 무죄를 받는다고 해도, 장기간 형사 재판을 받는 고통을 부과할 수 있는 것이죠. 또한 기소만으로 언론에 보도되고 유죄의 인상이 만들어져 영향력을 축소시킵니다.

한편, 만약 검찰 수뇌부가 누군가를 돕기로 결심한 경우라면 그의 범죄 혐의를 문제 삼지 않을 수 있습니다. 검찰 권력이 누군가를 억지로 처벌하는 것도 폐해가 크지만, 오히려 조용히 봐주기 때문에 발생하는 폐해가 더 큽니다. 경찰이 적극적으로 수사해 범죄 증거를 확보해도, 기소 유예를 결정하거나 작은 혐의만을 문제 삼아 기소할 수도 있습니다.

앞서 판사들의 전관예우 관행을 살펴보았습니다. 사실 검사들은 전관예우의 정도가 더 강력합니다. 검사는 판사처럼 판결 이유를 작성할 필요가 없습니다. 그러니 아예 기록을 남기지 않고 봐주는 것도 가능하며, 구속해야 할 사안임에도 불구속으로 수사할 수 있습니다. 그러니 전관 검사들이 받는 성공 보수는 금액의 단위가 다릅니다. 선배 검사였던 변호사들이 자기 사건에 친절을 베푼 후배 검사들에게 감사 표시를 하는 것 또한 그 규모가 다를 수밖에 없습니다.

검찰 개혁이 성공하려면

검찰 권력의 위험성은 한마디로 누가 나쁜 사람인지의 여부를 시기와 정세에 따라 검찰이 정책적으로 결정하고 조절할 수 있다는 점입니다. 게다가 검사의 권력은 전국적으로 통합되어 하나의 힘으로 작용합니다. 우리 검찰의 권력은 이미 공룡화되어 공공의 이익과 개인의 안전을 해치는 측면이 큽니다.

검찰의 심각한 문제 중 하나가 '정치 검사' 현상입니다. 정치 권력자 또는 경제 권력자와 거래하는 검사들을 정치 검사라고 합니다. 거래를 통해 더 높은 지위에 오르고 더 큰 권한을 확보하고, 다시 더 높고 큰 권력과 거래하게 됩니다.

옳고 그름의 가치를 최우선시해야 할 직분에 있는 이들의 판단 기준이 상대방이 갖는 '힘'에 달린 것이죠. 이 정치 검사들이 판단의 잣대를 마음대로 휘두르는 이유는 자신들은 국가 이익을 위한 일 그리고 검찰을 위한 일을 한다고 생각하기 때문입니다.

검찰 권력이 지나치게 과도한 상황이라면 개혁을 위한 최선의 처방은 무엇일까요. 불기소 재량을 줄이고, 그 권력에 대한 견제와 균형을 도입하는 것입니다. 안타깝게도 여러 차례 검찰 개혁 논의가 있었지만 실질적인 진전은 없었습니다. 왜 그럴까요.

검찰을 개혁할 힘이 있는 대통령과 여당은 검찰의 칼을 이용하는 유혹에 빠지게 됩니다. 검찰 개혁을 주장했던 이들도 권력을 잡으면 갑자기 의지가 약해집니다. 상당수의 국민이 검찰 제도 개혁에 반대하기도 합니다. 그건 무슨 이유일까요. 국민 대다수는 검찰 권력이 지나치게 커서 문제가 있다는 것을 알고 있습니다. 그럼에도 검찰 개혁에는 반대합니다. 그나마 검찰이 있기에 우리 사회의 부정부패가 통제된다고 보는 것입니다. '검찰의 과도한 권력도 문제지만 권력층과 재벌의 범죄와 비리는 더욱 큰 문제다. 그나마 이런 비리에 정의의 칼을 휘두르는 이들이 검사다. 검찰이 나쁘다고 해도 적어도 정치인들의 부패와 재벌들의 몰염치보다는 나을 것이다.' 이렇게 생각하는 것이지요. 그러니 정치인들이 주도하는 검찰 개혁안은 실패의 연속입니다.

문제의 핵심은 검찰 그 자체가 아니라, 검찰 권력을 매개로 이루어지는 지배층의 권력 남용과 독점입니다. 정치 권력이 자신이 가진 공정하지 않은 권력 구조를 먼저 개혁하지 않은 채 검찰을 개혁하기란 어렵습니다. 검찰 개혁은 정치 개혁 없이 달성될 수 없습니다. 이 모두 권력 카르텔이라는 문제와 얽혀 있기 때문입니다.

검찰 개혁이 어려운 이유 중 하나로 우리나라의 언론이 검찰을 우상화하는 문제도 있습니다. 언론 기사의 가장 중요한 취재원은 검사입니다. 누가 구속되고, 어떤 수사가 개시되는지, 그 특종에 목을 맵니다. 다양한 소재와 재료를 찾고 깊이 있는 기사를 다루어야 할 언론이 범죄 기사로 채워집니다. 그것도 검사와 경찰이 제공하는 일방적인 취재원의 기사, 때로는 피의자의 인권과 방어권을 심각하게 침해하는 확인되지 않은 기사입니다. 유명인이 수사받게 되면 과정 내내 그의 수사와 관련된 내용으로 기사가 채워집니다. 유명인 범죄 혐의자의 구속 여부는 그가 유죄 판결을 받았는가에 비해 몇 배의 비중으로 보도됩니다.

검찰 조직의 간부들은 유명 인사가 되었습니다. 마치 중요 보직을 차지한 검사들이 주요 영토를 차지한 중세 영주라도 되는 듯, 그들의 성공 여부가 언론에 지속적으로 보도됩니다. 언론의 관행을 고치지 않는 한 검사들의 힘은 영원할 것입니다.

대법원과 사법부의 책임도 적지 않습니다. 변화를 모르는 사법이 권위적인 판단만을 앞세우는 사이에 어느덧 사법은 국민의 사랑도, 권위도 잃고 있습니다. 사법의 판단은 고루하고 세상의 변화를 따라가지 못합니다. 그러니 검찰의 칼바람이 더욱 시원하게 느껴집니다. 언론도 사법부의 판단에 대해 큰 흥미를 느끼지 못합니다. 미국 연방대법원에는 단지 사건에 대한 변론만 열어도 시민들이 새벽부터 줄을 섭니다. 반면 대법원 전원합의부의 결정이 검찰이 피의자를 구속한 뉴스보다도 적은 비중으로 보도되는 것이 우리 대한민국 사법부의 현실입니다. 이것은 대한민국 사법의 권위가 수사 권위보다 떨어지는 부끄러운 현상입니다.

앞서 무죄임이 분명함에도 검사가 기소하는 현상을 언급했습니다. 지나치게 사소한 불법을 꼬투리 삼아 지속적으로 수사하고, 압박하는 경우도 마찬가지입니다. 이 경우 검찰이 원하는 것은 '형사 정의'가 아닙니다.

수사 대상자의 표현과 활동을 위축시키는 것입니다. 결국 '기본권 침해'를 목적으로 하는 기소권 행사인 것입니다. 사법부가 권위를 발휘해 검사의 공소권 남용을 선언해야 이런 악습이 중단될 수 있습니다. 우리 법원은 궤도를 이탈한 검찰권 행사를 점잖게 바라볼 뿐입니다.

대한민국 검찰의 문제는 정치 권력, 사법부, 언론이 모두 제 궤도를 찾지 못하는 사이에 그 공백을 검찰의 힘이 채운 형국입니다. 이들이 모두 자신의 역할과 권위를 찾으면 검찰은 제 위치로 돌아올 수 있습니다. 검찰 개혁은 검찰 하나만의 개혁으로 이뤄질 수 없습니다.

반대의 논리도 성립합니다. 제대로 된 검찰 개혁에 성공한다면 정치 권력, 사법부, 언론 개혁도 이룰 수 있습니다.

개헌하면 좋은 나라가 될까

07

"좋은 헌법은 아름다운 것이 아니라
작동하는 것이어야 한다."

헌법은 명실상부한 최고의 법입니다. 헌법이 중요한 이유가 많겠지만, 헌법을 통해 우리의 권력 구조가 결정된다는 점에서 가장 중요합니다. 우리의 권력 구조에 문제가 있다는 것은 헌법에 결함이 있음을 의미합니다. 이에 헌법 개정 문제는 오래전에 제기되었습니다. 그러나 '개헌' 논의는 계속 겉돌았습니다. 헌법 비상사태가 먼저 발생했습니다. 대통령 탄핵은 헌법을 회복한 사건이 아니라, 헌법의 결함이 제대로 드러난 사건이라 해야 할 것입니다. 개헌의 핵심은 결국 우리 국가 권력의 구조에 관한 것입니다.

개헌이 실패한 이유

1987년 6월 항쟁을 계기로 만들어진 현행 헌법이 최악인 것은 아닙니다. 오히려 여태까지의 헌법 중 가장 성능이 좋지만, 지금 손보지 않으면 안

될 여러 결함을 갖고 있습니다. 반복되는 국가 위기의 근원이 헌법의 결함에 놓여 있죠. 그 가운데 가장 큰 문제는 최고 권력인 대통령의 권력입니다. 대통령의 권력이 제대로 제한되지 않은 것만 문제가 아닙니다. 그에게 권력을 제대로 사용할 수 있는 충분한 시간이 부여되지 않은 것도 중요한 문제입니다.

탄핵 직후인 2018년 무렵 개헌 논의가 본격적으로 진행됩니다. 당시 여당인 민주당에서 개헌 논의를 주도해 초안을 마련했습니다. 헌법 전문, 기본권 조항, 정부 형태의 문제, 사법부의 구성 문제, 지방 자치 제도까지 헌법 전반을 모두 망라하고 있습니다. 당시 야당은 개헌 작업을 철저히 외면합니다. 개헌은 어느 편에 유리하고 불리한 문제가 아닙니다. 작동하지 않는 권력을 다시 세우는 문제이며, 망가진 권력의 균형을 새롭게 조정하는 문제입니다. 만약 야당이 적극 참여해 제대로 된 방향을 제시했다면, 그들에게 불리한 결과가 나오지도 않았을 것이며 도리어 훨씬 더 신뢰받는 정치 세력이 되었을 것입니다.

야당의 외면만이 개헌 실패 이유의 전부는 아닙니다. 주도하는 한쪽의 정치 세력이 자신들 관점에서 옳다고 생각하는 쟁점을 헌법안으로 제안했습니다. 하지만 그러한 방식의 개헌은 가능하지 않습니다. 여러 정치적 관점을 가지고 있는 세력들이 가장 최소한의 수준에서 합의하는 작업이 바로 헌법 개정입니다.

개헌 작업에 실패했던 것은 무엇보다도 정치 세력이 지혜롭지 못했기 때문입니다. 일반 시민 입장에서는 늘 벌어지는 정치 싸움만으로도 지겨운데, 왜 굳이 헌법 개정을 두고 새로운 싸움을 벌이는 것인지 혼란스러울 수 있습니다.

개헌은 이상이 아니라 합의

성공적인 개헌을 위해서는 각자 가지고 있는 정치적 이상을 헌법 개정으로 실현하려는 시도를 금해야 합니다. 헌법 개정은 가장 어려운 정치적 목표입니다. 그보다 훨씬 쉬운 법률 제정이나 개정으로도 달성하지 못했던 목표를 헌법 개정으로 이룰 수 있다고 생각하는 것은 어리석거나 아니면 오만한 태도입니다.

헌법이 가진 능력을 과신해서도 안 됩니다. 헌법에 좋은 이상을 담는 것과 그 헌법이 실제로 이상적인 현실을 만드는 것은 전혀 별개입니다. 아름다운 헌법 규정들을 만든다고 아름다운 현실이 보장되지는 않습니다. 현실 효력과는 무관한 헌법 조문 개정은 현실 문제를 가리는 값싼 분칠이 되기 십상입니다.

각자의 정치적인 이상은 미래에 한 걸음씩 달성할 수 있는 목표입니다. 언젠가 그것을 현실로 이루고, 공동체의 넓은 공감을 얻었을 때 헌법에 새겨 넣을 수 있을지도 모르지만, 지금 당장 달성하려고 해서는 안 됩니다. 우리가 현재 개헌을 통해서 달성할 목표는 이성적인 정치적 토론의 바탕을 마련하는 것, 권력을 사적인 것에서 공적인 것으로 전환하는 것, 권력의 적절한 균형을 회복시키는 것입니다.

우리에게 왜 개헌이 필요한지를 생각해봐야 합니다. 권력이 견제되지 않으면 높은 권력과 낮은 권력의 차이가 발생합니다. 그렇게 되면 권력은 더 높은 권력을, 권력자들은 더 높은 권력자를 두려워하게 됩니다. 높은 권력이든 낮은 권력이든, 권력자들은 모두 국민을 쉽게 생각할 수 있습니다. 그들의 출세를 결정하는 것은 국민이 아니기 때문입니다.

권력이 서로 견제하고 균형을 이룰 때, 권력의 높고 낮은 차이가 없어집니다. 이때 비로소 권력은 주권자를 두려워하고, 주권자의 자유를 존중하게 되죠. 헌법 개정에서 권력 균형 회복이 가장 중요한 주제가 되어야 하는 이유입니다.

우리 개헌의 중요 쟁점은 과도하게 쏠린 대통령의 권한을 어떻게 통제할 것인가입니다.

정치권에서는 대통령의 권력을 제한하려면 의원 내각제 또는 이원 집정제를 도입해야 한다고 주장하기도 합니다. 그동안 운영했던 대통령제가 우리 민주주의에 끼쳤던 해악을 생각한다면 그 주장에는 그럴 만한 충분한 이유가 있습니다. 하지만 대안으로 거론되는 두 제도는 우리에게 너무 생소하며, 스스로 위험을 안고 있습니다.

우선 의원 내각제는 권력 통합을 기본 구도로 하기 때문에 대통령제보다 더 큰 권력 집중과 남용이라는 위험이 있습니다. 그뿐이 아닙니다. 정치 세력의 갈등으로 의회와 정부가 쉽게 해체될 수 있습니다. 과반수 의석을 확보하는 다수당이 등장하지 않을 경우, 정부를 구성하지 못해 선거를 반복하고 또 반복하는 혼란을 낳을 수도 있습니다.

이원 집정제는 더욱 생소합니다. 행정부의 업무 분야를 외치와 내치로 나누어 각 분야를 대통령과 수상에게 각각 맡기는 제도라고 합니다. 이론과 실제는 다르기에 실제 시행 과정을 보고 장단점을 배우기 위해서는 현실 속의 모델이 필요합니다. 그런데 이 제도는 기준이 될 수 있는 모델이 없습니다. 과연 행정부 두 최고 권력자의 업무 분야가 명확하게 분리될 수 있을까요? 양자의 권한이 서로 충돌할 경우 어떻게 조정할 수 있을까요? 긴급을 요하는 국가 위기 상황 속에서 이런 충돌이 발생한다면 어떤 위험이 초래될지 알 수 없습니다.

우리는 여러 시행착오를 통해 이제야 가까스로 대통령제의 설계와 운영, 강점과 약점을 알게 되었습니다. 그런데 이 시점에 의원 내각제나 이원 집정제로 바꾸게 된다면 새로운 시행착오와 희생을 겪을 수밖에 없습니다. 우리가 경험하고 그 장단점을 잘 알고 있는 대통령제를 고쳐 쓰는 것이 위험을 줄이고 또한 성공을 기약할 수 있는 방법입니다.

그렇다면 대통령제의 가장 큰 약점인 대통령의 권한 남용은 어떻게 해결해야 할까요. 대통령의 권한을 직접 잘라내는 방식으로 제한한다면, 대통령의 권한이 제대로 작동하지 않는 부작용이 발생합니다. 우리가 기억해야 할 것은 헌법상 대통령의 권력은 그 자체로 독자적으로 작동하는 것이 아니라, 견제와 균형의 권력 분립 원칙 속에서 작동한다는 점입니다. 그 점을 활용한다면 효과적인 제한 방법을 찾을 수 있습니다. 그 열쇠는 바로 대통령의 권력을 견제할 수 있는 다른 권력의 크기를 키우는 것입니다.

첫째, 사법부의 권한에 관한 재조정이 필요합니다. 그 권한이 확장되어야 하고, 그 독립이 제대로 작동해야 합니다. 그러기 위해서는 헌법재판관과 대법관의 임기가 길어져야 합니다. 사람들은 권력 기관의 임기를 줄이는 데에 박수를 칩니다. 그것이 권력 제한이라고 생각합니다. 하지만 대통령의 권한을 통제할 수 있는 기관의 임기를 줄이는 것은, 대통령의 권력을 더욱 강화하는 길입니다. 사법 기관은 대통령의 권력을 제한할 수 있는 마지막 보루입니다. 게다가 대통령은 이들을 임명하는 권한을 갖고 있습니다. 이 권력 기관의 임기가 짧을수록 대통령의 권력은 커지게 됩니다.

안타깝게도 정치권에서는 개헌을 논의하면서도 이러한 내용은 토론하지 않습니다. 지나치게 세부적이며 기술적이라 여깁니다. 자신들의 이익을 발견할 수 없기 때문이라면 어쩔 수 없습니다. 그런 정치인들을 둔 게 우리의 숙명이라면 서글프지만 받아들일 수밖에 없습니다. 하지만 그것이 너무나 작은 문제라고 생각했기 때문이라면 중대한 오산입니다. 때로는 작은 것이 큰 것을 움직입니다.

권력 분산은 나눠 먹기가 아니라 견제 세력을 키우는 것

둘째, 대통령의 권력을 통제하는 다른 국가 기관의 권한이 강화되어야 합니다. 가령 감사원을 의회 내에 설치하거나 완전히 독립시켜야 합니다. 감사원은 대통령의 칼이 되어서는 안 되고, 대통령을 비롯한 모든 권력 기관의 권력을 감시하고 통제하는 독립된 기구가 되어야 합니다.

방송통신위원회와 한국방송공사와 같이 공영 방송의 독립을 위한 제도가 다시 설계되어야 합니다. 정당 간에 위원 임명권을 배분해 구성하는 방식의 방송위원회와 공영 방송 구성은 권력의 방송 나눠 먹기라는 최악의 설계입니다. 공영 방송이 갖는 힘이 지나치게 크기 때문에 정치 권력은 그것을 탐하게 됩니다. 상대 세력에게 빼앗기지 않기 위해서는 자신의 아래에 두어야 합니다. 권력으로부터 독립한 공영 방송을 만들지 못하면 정권의 부침에 따라 이리저리 떠다니는 공영 방송을 갖게 됩니다. 이러한 공영 방송은 사회의 공적인 도구가 아니라 민주주의를 향한 흉기입니다.

셋째, 대통령의 권한이 효과적으로 작동하도록 대통령 중임 금지 조항은 폐지되어야 합니다. 대통령의 중임 금지 조항은 권력을 제한하기 위한 시도로 설치되었지만, 구조의 균형과 안정을 고려하지 못한 원시적 설계였습니다. 그러기에 권력을 제한하지도 못했고, 권력의 불안정을 초래했습니다.

임기 초반에는 지나치게 큰 권력을 행사하고, 임기 후반에는 아무런 권력도 남지 않은 오리걸음 대통령이 됩니다. 그러다 보니 자신의 정책을 실현할 시간이 2~3년 남짓밖에 없습니다. 당선자 시절부터 성급하게 계획을 세우고 실행하려고 하니 충돌과 갈등이 큽니다. 권력의 견제는 권력의 효과적인 행사와 함께 작동해야 합니다. 대통령의 권한 행사가 보장되지 않는다면 주권자인 국민의 의사도 국정에 반영될 수 없는 것입니다.

무엇보다 헌법 개정에서 가장 중요한 것은 시민의 관심과 토론입니다. 시민이 스스로 헌법에 관심을 갖고 토론할 때, 현실을 규율하는 헌법이 탄생할 수 있습니다. 정치인만의 논의로 만들어지는 헌법은 권력을 두렵게 하지 못합니다. 자기들끼리 논의하고 박수를 친 개헌안은 어느 순간 없는 것으로 취급되고 맙니다.

그런데 우리 국민은 개헌에 큰 관심이 없습니다. 그 이유는 무엇일까요? 그동안의 여러 제도 개정과 정치에 대한 실망이 누적됐기 때문일 것입니다. '어떤 사람이 자리를 맡는가가 중요하지, 제도는 아무리 바꿔봐야 소용이 없더라'라는 생각입니다.

하지만 제도를 바꾸어야 사람도 바뀔 수 있습니다. 제도가 잘못되면 좋은 사람을 구하기도 어렵습니다. 좋은 사람들이 공직에 진출할 수 없고, 공직을 맡고 있는 사람도 오래 남지 못합니다. 물론 제도 변화가 모든 문제를 해결하는 보장책은 아니겠지만, 그럼에도 불구하고 제도를 고치는 노력을 포기할 수는 없는 것입니다.

기억해야 합니다. 인류 역사에서 큰 변화는 반드시 제도 변화를 수반합니다. 주권자들이 권력의 주인으로 존중받으며 살기 위해서는 평범한 일상을 사는 시민 하나하나가 제도 변화에 관심을 가져야 합니다. 가장 큰 변화는 지혜로운 헌법 개정을 통해 이룰 수 있습니다.

5

법은 상상력이 세다

게으름뱅이에게도
실업 급여를 주는 이유

01

"그 사회 존엄의 척도는 가장 아래를 바라볼 때 알 수 있다."

"모든 국민은 인간으로서의 존엄과 가치를 가지며, 행복을 추구할 권리를 가진다."

헌법 제10조는 민주주의 헌법을 가지고 있는 나라들에서는 공통적인 최고 원칙입니다. '모든' 인간은 각기 다르고, 다양한 특성에도 불구하고 존중받아야 한다는 것. 인간은 동료 인간에 대한 최소한의 다정함을 잊지 말아야 한다는 원칙입니다.

이 조항의 진정한 의미를 이해하기 위해 인류 역사의 장면들을 떠올릴 필요가 있습니다. 만물의 영장이라고 하는 인간. 그러나 인류는 강자가 약자를, 소수자를 경멸하고 차별하곤 했습니다. 때로는 약자 집단을 경제적, 사회적, 정치적으로 착취할 수 있는 사회 구조와 제도를 만들기도 했습니다.

인간의 존엄과 가치가 민주주의 헌법의 핵심적 당위가 된 것은, 결정적으로 나치가 벌인 홀로코스트 비극이 그 계기가 되었습니다. 이는 중대한 전환점이 되었습니다. 상처 입은 것은 단지 학살당한 소수자뿐만이 아니었습니다. 인류 모두가 인간이 다른 인간에게 저지를 수 있는 잔인함의 끝이 어디인지를 보면서 깊은 상처를 입었습니다.

사실 인간의 가치를 함부로 판단하는 것은 특정 민족이나 국가의 일만이 아닙니다. 어디에서나 자신이 속한 집단이 우월하다는 믿음이 강해지면 다른 집단의 구성원을 억압하게 됩니다.

인간의 존엄성에 대한 법은 오로지 인간만이 존엄하다는 것이 아닙니다. 같은 인간에마저도 최소한의 예의를 잊었을 때 공동체에 파멸이 찾아온다는 뼈저린 경험을 적어놓은 법입니다. 입법자와 권력자 그리고 공동체 대다수가 이를 잊었을 때에도 반드시 지켜야 하기에 '최고 법'으로 정한 것입니다.

실업 급여는 더 일하라는 격려

'인간의 존엄과 가치'가 레토릭에 불과한 게 아닌가. 그렇지 않습니다. 인간의 존엄에 대한 명령을 얼마나 중요한 '법'으로 다루어야 하는지를 실제로 보여주는 독일 헌법재판소의 재판이 있었습니다. 2019년 11월 5일, 독일 연방헌법재판소에 손님 연구자로 머무르던 시절이었습니다. 아직 채 동이 트기 전 어스름 무렵, 쌀쌀한 초겨울 아침의 안개를 뚫고 신문 기자, 중계방송을 위한 방송사 차량, 플래카드와 깃발을 든 시민 단체 회원 들이 헌법재판소로 모여들었습니다. 평소 절간같이 조용하던 헌법재판소 앞마당이 거대한 장터가 된 광경을 보고 어리둥절했습니다. 독일 헌법재판소가 '하르츠 피어Hartz IV' 제도의 위헌 여부를 결정하는 날이었습니다.

왜 이렇게 수많은 이들이 헌재의 결정에 관심을 가졌는지 알기 위해, 간단한 배경 설명이 필요합니다. 독일의 직장인과 노동자는 직장을 잃을 경우 상당한 액수의 실업 수당을 받을 수 있습니다. 회사와 노동자가 함께 기금을 조성하는 실업 보험 기금에서 나오는 돈입니다. 구체적인 액수와 기간은 근무 기간과 연령을 바탕으로 정해진 계산 방식에 의해 결정됩니다. 근무 기간이 짧은 경우는 6개월, 장기간 근무한 경우는 2년까지, 대략 종전 급여의 60퍼센트 정도를 받습니다.

만일 실업 상태인 사람이 실업 수당을 받는 기간이 끝났음에도 아직 새로운 직장을 구하지 못하고 있다면 더 이상 실업 수당을 받을 수 없습니다. 이때 시작되는 것이 '하르츠 피어 보장'입니다. 국가가 세금을 통해 조성한 국가 재정의 재원에서 나오는 돈으로, 보장 금액은 가족이 없는 성인 기준으로 약 50만 원, 거기에 주거를 위한 임대료가 추가됩니다. 아이들이 있거나 장애가 있는 경우라면 별도 추가액을 받습니다. 가족 단위가 아니라 개인 단위로 지급되기 때문에 부부 모두 수입이 없다면 각자 받습니다. 부모와 두 아이가 있는 가족을 기준으로 한 가족이 월 300~600만 원 정도의 돈을 받게 됩니다. 하르츠 피어는 독일 사회 안전망 중에서도 가장 아래에 위치한 기본이기에, 국가의 지원 없이는 생존할 수 없는 모든 사람을 포함합니다.

한 가지 단서를 기억해야 합니다. 실업을 벗어나기 위한 자발적인 노력이 전제 조건으로 규정되어 있습니다. 실업 수당과 하르츠 피어 급여를 지급하는 등 실업 문제를 관장하는 관청인 실업 센터는 당사자들과 상담해 새로운 직업을 소개하고 주선합니다. 조건의 기본 구상은 '스스로 돕는 자를 돕는다'는 것입니다. 스스로 적극적으로 노력하지 않으면 급여를 삭감할 수 있도록 정해서, 실업 센터와의 상담 일정을 통보 없이 어긴다면 10퍼센트를 삭감합니다. 실업 센터에서 소개받은 직장을 한 번 받아들이지 않으면 30퍼센트, 두 번째는 60퍼센트, 그다음에는 100퍼센트 삭감하도록 규정하고 있었습니다.

하르츠 피어 제도가 2005년 처음 도입되었을 당시, 독일 실업률이 최고로 높았습니다. 실업률을 끌어내려야 한다는 압박을 받던 슈뢰더 총리는 종전의 사회 급여에 개혁안을 이끌었습니다. 개혁안에 담긴 제재 조항은 실업자를 신속하게 노동 시장으로 복귀시키기 위한 장치였습니다. 독일 헌법재판소에 위헌 여부가 청구된 부분은 바로 이 제재에 관한 규정이었습니다.

이날 독일 헌법재판관들은 하르츠 피어 제도가 규정하고 있는 제재 조항 가운데 30퍼센트가 넘는 부분이 헌법에 위반한다고 판단했습니다. 헌재의 판단으로 30퍼센트 이상의 삭감 규정은 모두 무효가 되었습니다.

사실 독일의 하르츠 피어 제도는 그 제재 조항까지 결합한다 해도 우리 관점에서는 너그러워 보입니다. 하르츠 피어 급여는 야박한 우리나라 사회 보장 제도의 관점에서 볼 때 넘어설 수 없는 벽처럼 부러운 대상입니다. 국가에서 새로운 직장을 소개해주는데, 그마저도 협조하지 않는 사람들에게 급여를 박탈하는 게 마땅하고 당연하게 보이기도 합니다. 독일 헌재가 위헌 판단을 했던 이유는 과연 무엇일까요?

헌재는 그 이유를 다음과 같이 설명했습니다. "최저 생계비는 인간 존엄성의 문제이다. 입법자는 국민을 교육하거나 삶을 개선하려고 하는 목적이라 해도, 최저 생계비를 삭감하는 방식으로 그들의 삶에 개입할 권리는 없다. 인간의 존엄성이란 인간의 능력이나 의무 이행과 관련 없이 보장되어야 하는 것이다. 노력하는 이에게만 인정되는 것이 아니라 누구에게나, 인간이라는 이유만으로 인정되어야 하는 것이다."

자본주의 질서 속에서 성공을 이룬 사람들, 성공을 위해 날마다 노력하는 사람들은 실업과 빈곤에 빠진 사람들이 게으르고 무능력하다고 판단하기 쉽습니다. 하지만 당연한 경제적 자립이 그 무엇보다 어려운 과제인 이들이 있습니다. 이들에게 자본주의 질서란 너무 가파르고 위험합니다. 맞지 않는 직업 또는 직장에서 노동하느니 빈곤한 삶을 선택할 수밖에 없는 다른 특성을 가진 사람들도 있습니다. 헌재의 판단은 이들의 인간 생존의 한계를 건드려서는 안 된다는 것입니다. 평균적인 노동을 하지 않는다고 삶을 지탱하는 마지막 급여까지 전부 박탈하는 제도란 인간의 자유와 존엄성을 침해하는 제도, 때로는 인간 존재를 부정하는 흉기가 된다는 것을 인정한 판단인 셈입니다.

모든 인간을 구해야 다 잘 살 수 있다

독일 헌법재판소의 판단을 어떻게 생각하십니까. 독일 헌재는 사회적 비용과 경제적인 효과만을 보는 것이 아닌 그 앞에 있는 인간을 보고 있습니다. 다른 특성을 가진 사람들, 이미 평범한 삶을 꿈꿀 수 없는 사람들이 있습니다. 이들에게 우리와 같은 꿈을 꾸고, 똑같은 삶을 살라고 강요할 수는 없습니다. 인간의 존엄과 가치는 특별한 상황에 놓인 사람들을 평균적인 판단으로 함부로 재단할 수 없음을 명령하는 법입니다.

우리 사회에서 생명과 인간의 존엄성은 제대로 존중받지 못해 초라합니다. 헌법에 보장된 인간다운 최소한 생활을 할 권리는 기본권으로 실질을 인정받지 못하고 있습니다.

최근 통계를 보면 우리나라의 노인 빈곤율과 노인 자살률은 경제협력개발기구OECD 국가 가운데 최악으로 높습니다. 빈곤한 노인들이 우울증에 걸릴 확률이 높다는 연구 결과를 결합하면, 노인들이 목숨을 끊는 이유 가운데 중요한 부분은 경제적인 것에서 출발합니다. 그럼에도 국가는 이 문제에 관해 팔짱을 끼고 있을 뿐입니다. 노인에 대한 재정 지출 비율은 국내총생산GDP 대비 최저 수준입니다. 다른 나라보다 더 많은 노인 빈곤층이 있는데도, 다른 나라 평균의 반에도 못 미치는 비율의 예산을 지출하고 있을 뿐입니다.

대한민국이 문화와 경제 강국이 되었다는 선전이 무색하게도, 사회적 약자와 빈곤층에 대한 안전망은 구멍투성이입니다. 그래서 더 이상 꿈꿀 가능성도, 기력도 남지 않은 이들은 인간으로서 살아가야 할 남은 삶을 버거워하고 있습니다. 경제적인 이유로 가족이 함께 목숨을 끊는 비극적인 사건도 지속적으로 발생합니다. 노동자의 생명 안전에 관한 기준도 경제적 논리로 무시되기 일쑤입니다. 국회와 행정부뿐 아니라 사법부와 헌법재판소도 경제 논리와 국가 경쟁력 논리의 협력자가 되어 최고법을 존중하려 하지 않습니다.

약자들의 생존 안전망은 인간 존엄과 가치의 문제입니다. 인간의 존엄과 가치는 단지 아름다운 문장이 아닙니다. 현실에서 작동하는 공동체 최고의 법이어야 합니다.

'어리석은' 선택을 할 자유

02

"강자가 주장하는 법일수록 자연스러워 보인다."

모두 존엄한 존재인 인간에게는 각자의 인생을 스스로 결정하고 판단할 수 있는 자격이 있습니다. 자신의 운명을 선택하고 결정할 수 있는 권한을 부여하는 것이 바로 자유입니다. 종종 타인이 우리 문제를 대신 결정하려 할 때가 있습니다. 나를 배려하는 사람이라면 나를 대신해 내 인생과 운명을 판단하고 결정할 자격이 있을까요? 자유를 지키기 위해서는 이 문제에 관해 자신 있게 답할 수 있어야 합니다.

자신의 행동과 생각을 자유롭게 선택하고 결정하는 것이 자유입니다. 결과적으로 어리석은 선택이 된다고 할지라도 그것이 자유를 빼앗는 이유가 되어서는 안 되는 것이죠. '네 인생에 해로운 것이니 그 선택으로부터 너를 보호해줄게'라는 생각은 공동체주의 사고, 보호주의 사고입니다.

담배와 자유

1980년대 말 대학 캠퍼스에는 폭력이 흔했습니다. 경찰의 폭력에 저항하는 학생들의 물리력도 많았지만, 종종 예상하지 못했던 다른 유형의 폭력 사태도 벌어졌습니다. 어느 날 캠퍼스에 대자보가 붙었습니다. 군대에 다녀온 한 복학생이 캠퍼스 잔디밭에서 담배를 피우던 한 여학생의 뺨을 때렸다는 것이었습니다. 여학생회에서 유인물을 만들어 그 선배의 폭행을 규탄했고, 학내의 군사 문화, 권위적인 연장자 문화, 남성 문화에 대해 항의했습니다. 친구들과 이에 대한 이야기를 나눴습니다. 선배가 후배를, 그것도 알지도 못하는 후배를 때린 것은 잘못이라는 데에 금방 의견이 일치했습니다. 그렇다면 여학생들이 담배를 피우지 못하게 하는 문화는 어떤가요. 여학생들의 자유를 침해하는 것이고, 남녀 차별 아니냐는 주장에 어떤 친구들은 고개를 갸우뚱했습니다.

"건강에 나쁜 담배를 피우지 못하게 하는 게 자유나 차별이랑 무슨 상관이지? 담배는 안 피우는 게 좋은 것 아닌가?" 당시에 저는 아무 대답도 하지 못했습니다. 무언가 잘못된 것 같았으나 바로 반박할 논리를 갖고 있지 못했습니다. 이제는 알고 있습니다. 잘못된 폭력일 뿐만 아니라, 남녀 차별이며 자유의 침해였습니다.

흡연의 문제가 아니라 인격과 자유의 문제입니다. 노예가 아닌 자유로운 사람은 자신의 삶을 원하는 대로 선택하고 계획할 수 있습니다. 그 자유가 침해된 순간 인간으로서의 존엄과 가치도 침해됩니다.

당시 폭행을 가한 선배는 자신이 인간의 존엄성과 자유를 침해한다고 생각하지 못했을 수 있습니다. 그 원인 중 하나는 공동체 의식입니다. 모두가 한 식구이며 형제라는 생각, 가족과 같이 서로 배려하고 헌신하는 공동체가 있다는 생각은 힘겨운 일상을 살아가는 데에 든든한 기둥이 됩니다. 하지만 이 생각이 발달할수록 다른 사람의 생각과 자유를 제약할 수 있다는 폭력적인 생각도 자라납니다.

독일과 한국의 공동체주의

게르만 민족의 전통을 이어온 독일 사회는 법 분야에서만큼은 절대적으로 로마법의 영향을 받았습니다. 게르만 문화와 혈통에 자부심을 가진 이들은 의문을 제기했습니다. '과연 로마인의 전통과 정서가 만들어낸 법이 독일 사회에 부합하는 것일까, 그리고 공동체의 미래에 이상적일까?' 19세기 독일, 일단의 학자들은 독일 민족 문화의 뿌리와 정체성을 찾으려는 운동을 진행했습니다. 스스로 게르만 법학파라고 칭한 이들은 게르만법을 오염시킨 로마법의 영향을 제거하고, 순수하고 이타심으로 가득한 게르만법을 회복하는 것이 당대 법학의 사명이라고 주장했습니다.

이들의 생각을 악용해 나쁜 방향으로 이어받은 것이 나치당입니다. 이들은 당 강령에서 물질주의적 로마법을 폐기하고 독일 고유의 공통법을 채택해야 한다고 주장했습니다. 재산권과 개인주의 비판을 시작으로, 인권과 자유에 대한 박탈과 침해의 영역으로 넘어갔습니다.

개인의 자유 대신에 공동체의 자유가 바람직하다고 판단합니다. 공동체의 결정이야말로 진정한 결정이고 개인의 자유는 공동체의 일사불란한 결정을 방해하는 요소라고 판단합니다.

이들이 말한 공동체주의 사회는 동화 속 세상처럼 아름다웠습니다. 순수한 사람들에게 그 같은 이상 사회가 실제로 존재할 것 같은 착각을 일으켰습니다. 하지만 개인의 자유를 박탈하고 권력자들이 멋대로 결정하는 세상이었을 뿐입니다. 공동체주의 세상은 모두가 행복한 이상적인 사회가 아니라 인간의 존엄성을 쉽게 박탈하고 억압하는 약탈적 사회였습니다.

우리에게 집단이나 공동체 우선의 가치는 낯설지 않습니다. 가령 국가에 대한 충성과 부모에 대한 효도를 개인에 앞서 가장 최고의 가치로 삼는 유교의 윤리 가치가 그렇습니다. 유교 규범은 우리 사회에서 더 이상 강제적으로 작용하지는 않지만, 아직 의식 깊은 곳에 자리 잡고 있습니다. 때때로 의식 위로 올라와 작용하곤 합니다.

공동체를 위해 개인의 자유를 양보하는 생각, 공동체의 지혜로운 판단을 준수하고 따른다는 생각, 모두의 이익을 위해 개인의 이익 추구를 자제해야 한다는 생각은 이타적이고 순수합니다. 하지만 이런 공동체주의 문화는 개인의 결정을 경시하고, 공동체의 결정을 중시하는 가치를 내포하고 있습니다. 공동체의 결정이란 권위를 가진 자, 소위 학식이 높은 자, 연장자, 남자, 지위가 높은 권력자의 결정을 말합니다. 더 나아가 국가 권력이 주권자인 국민의 자유를 함부로 결정하고 판단하는 문화가 배양됩니다. 공동체주의에 바탕을 둔 우리 사회의 법 의식은 자유와 인간의 존엄이라는 가치에 아킬레스건이 됩니다.

부끄럽지만 법률가가 되고 나서도 담배 사건이 제기한 문제에 관한 답을 찾지 못했습니다. 저 스스로도 공동체 사고에서 벗어나지 못했기 때문입니다. 개인의 이익과 안녕에 대한 배려와 조언은 유익할 수 있습니다. 때로는 고마운 일입니다. 하지만 거기에서 그쳐야 합니다. 어느 누구도, 설사 그것이 국가의 법이라고 해도, 타인의 결정을 대신하고 강제할 수는 없습니다.

국가가 더 지혜롭고 나은 결정을 할 수 있으니 대신 결정해주겠다고 나서는 법이 있습니다. 국가가 자신의 이익을 잘 돌보지 못하는 사람들을 위해 대신 자유를 제한하겠다는 보호주의에 입각한 법입니다. 그 법의 내용이 공동체 다수의 마음에 들 때, 공동체의 강자들이 동의하는 내용일 때 타당하고 자연스럽게 느껴집니다. 하지만 우리는 바로 이런 법을 가장 경계해야 합니다. 법은 개인의 선택을 함부로 금지해서도, 결정을 강제해서도 안 됩니다.

인간의 존엄성을 온전하게 보호하기 위해서는 자유와 법에 관한 우리의 생각을 정돈할 필요가 있습니다. 각자의 운명은 각자의 것입니다. 자유란 그 운명 속에서 최선의 선택을 하는 각자의 결정입니다. 공동체주의나 보호주의를 들어 개인의 자유와 결정을 함부로 침해할 수 없습니다. 개인의 결정은 다른 사람의 권리와 자유를 침해하지 않는 한 자유입니다. 그리고 자유는 공동체를 타락시키는 것이 아니라, 더 행복하고 건강한 공동체를 만드는 기초입니다.

법은 나쁜 사랑과
좋은 사랑을 물을 수 없다

03

"사랑에 대해 다루지 않는 법은 법이라 할 수 없다.
사랑은 인간의 운명이므로."

나치의 죽음의 수용소에서 살아 돌아온 정신의학자 빅터 프랭클은 어린 시절부터 삶의 의미에 관한 궁금증을 안고 살았습니다. 열여섯 살, 햇살이 쏟아지는 어느 오후 산책길에서 그는 해답을 발견했습니다. 그리고 모든 혹독한 인생을 겪고 난 자신의 아흔 번째 생일에 그 발견을 재확인하며 말합니다. "나에게 일어난 모든 일의 의미를 다 알 수 없지만, 믿어야 합니다. 중요한 것은 아모르 파티Amor Fati!, '운명에 대한 사랑'입니다." 자기의 운명을 사랑한다는 것은 법의 세계에서는 과연 어떤 의미일까요?

아모르 파티: 사랑할 자유

독일인 친구 N은 대학생 시절, 교환 학생으로 독일에 온 한국인 학생과 사랑에 빠졌습니다. 애인이 한국으로 돌아간 후 N은 한국에 와서 인턴십

자리를 얻었고 한국어학당에서 한국말도 배웠습니다. 애인은 대학 졸업 후 독일로 유학을 떠났고, 서로에 대한 사랑을 확신한 그들은 부부와 동일한 법적 보호를 받는 동거 파트너가 되었습니다. 법학을 공부한 독일 친구 N은 후에 판사가 되었고, 파트너인 한국 친구는 베를린 대학의 박사 과정을 시작했습니다. 그들에게 한 가지 고민이 있었습니다. 각자의 부모님이 그들의 관계를 인정하지 않는 것이었습니다. 두 사람 모두 남자였기 때문입니다. 하지만 힘든 시절을 뒤로하고 둘의 관계는 더욱 튼튼해졌습니다. 20년이 넘는 세월을 함께하면서 정식으로 결혼하고 혼인 신고도 했습니다. 이제 양가 부모님도 그들의 사랑을 축복해줍니다. N은 항소심 법원 판사가 되어 다른 도시에서 직장생활을 하며 주말 부부로 오가고 있고, 배우자는 연구소의 연구원이 되었습니다. N의 부모님과 더 가까운 도시에 살고 있는 배우자는 부모님을 자주 방문해 함께 밥을 먹으며 수다를 떨곤 합니다. 그들은 자신의 인생이 그럭저럭 행복하다고 생각합니다.

인생은 누구에게나 쉽지 않습니다. 각자 버겁고 힘겨운 삶을 가까스로 끌어가고 있는 것입니다. 사랑하는 사람과 함께 살 수 있다고, 결혼할 수 있다고 삶이 행복으로 가득해지지는 않습니다. 단지 고된 인생 속에 위로받을 수 있는 사람이 옆에 있고, 그와 함께 일상의 행복을 느낄 수 있을 뿐입니다. 하지만 사소한 것은 아닙니다. 그러한 자유와 행복이 있기에 고단한 자신의 인생을 사랑하며 살 수 있는 것입니다.

타인의 운명을 존중할 의무

'인간의 존엄성에 대한 존중'은 '타인의 운명에 대한 사랑'을 포함합니다. 각자 자신의 운명을 사랑하며 살아가는 세상, 다른 사람의 자유와 결정을 함부로 침해하지 않는 세상을 만드는 것이 우리 헌법 공동체의 목표입니다.

21세기 대한민국에도 자신의 사랑을 보호하고 인정해달라고 간청하는 이들이 있습니다. 다른 사람들의 사랑과 결혼은 축복받는데, 이들의 사랑과 결혼은 오히려 배척받고 경멸당합니다. 자신의 운명을 사랑하고자 몸부림칩니다.

결론부터 말하겠습니다. 이제는 법적으로 동성혼을 허용해야 합니다. 동성혼을 부정하는 것은 '당신의 운명은 사랑받을 자격이 없고, 당신의 사랑은 정상이 아니다'라고 함부로 판단하는 것입니다. 과연 누구에게 그런 판단을 할 자격이 있을까요?

영화 〈죽은 시인의 사회〉에 등장한 키팅 선생님은 많은 사람에게 진정한 인생의 선생님, '나의 선장님'으로 기억됩니다. 키팅 선생님은 말합니다. "의술, 법률, 경제는 사회에 필요하고 중요하다. 하지만 문학, 사랑, 예술은 우리 삶의 목적이다." 사랑이 점점 희소해지고 얇아지는 세상. 그 속에서 자신의 남다른 운명을 사랑하는 이들. 위험을 무릅쓰고 사랑을 지키려는 이들은 공동체를 위태롭게 하는 게 아니라 우리 사회의 목적을 지키고 있습니다.

사랑하는 사람들이 사랑하고 결혼할 자유는 기본권 중의 기본권입니다. 사랑하는 사람과 결혼하게 해달라는 요청은 자신의 운명을 사랑하고자 하는 몸부림이며, 인간의 존엄성에 기초한, 존중에 대한 최소한의 호소입니다. 입법자도, 법관도, 헌법재판관도 타인의 운명을 함부로 평가해서는 안 됩니다. 그들의 눈에 글러먹은 인생이라고 해도, 그 운명을 존중해야 합니다. 자신의 판단에 바람직하지 않은 관계라고 함부로 나쁜 것이라 판단해서는 안 됩니다.

제멋대로 보이는 인생이라고 하여 가치가 없거나 사랑할 수 없는 운명인 것은 아닙니다. 사람의 인생과 자유는 그 자체로 존중받아야 합니다. 그것이야말로 인간 사회의 모든 법이 지켜야 하는 법, 법 중에 최고의 법입니다.

시끄러운 도서관이 있는 나라

"공정한 법을 위해 필요한 것은 상식만이 아니라 상상력이다."

우리는 합리적인 법이란 사람들이 상식적으로 동의할 수 있는 종류의 법이라고 생각합니다. 맞습니다. 법은 상식에서 출발합니다. 그러나 상식이 모든 법을 설명해주지는 못합니다. 도리어 상식에 그치고 마는 법은 우리를 종래의 고정 관념에 가두고, 동료 시민을 불행한 틀 속에 가두고, 미래 세대를 좌절하게 할 수도 있습니다.

법의 세계야말로 상상력이 필요합니다. 한 해에도 수없이 많은 법이 만들어지고 있습니다. 법이 만들어지는 이유는 우리 공동체의 다양한 문제를 해결하기 위함입니다. 오늘날에도 새로운 문제들이 등장하고 있습니다. 이런 문제를 해결하기 위해서는 때로는 상식을 뒤집어서 생각하는 상상력이 필요합니다.

팔라토리움, 시끄러운 도서관

대학 도서관을 이용하는 것은 일반적으로 그 학교에 다니는 학생들만 누릴 수 있는 권리입니다. 이것이 상식이죠. 그러나 독일의 대학생들은 독일 내 어느 대학 도서관이든 모두 이용할 수 있습니다. 뿐만이 아니라 유럽 대학생들은 유럽 내의 다른 국가 대학 도서관을 이용할 수 있고, 다른 학교의 와이파이를 이용할 수도 있습니다.

독일의 대학 도서관은 대학생뿐 아니라, 시민 누구나 제한 없이 이용 가능합니다. 독일인에게 이것은 이미 상식입니다. 노령의 은퇴자들이 젊은 학생들 사이에서 글을 쓰고 책을 읽는 모습은 여러 종류의 나무가 어우러진 숲의 모습처럼 자연스럽습니다.

독일 사람의 상식을 뛰어넘는 도서관이 있습니다. 독일 프라이부르크 대학의 중앙도서관에는 '팔라토리움'이라고 이름을 붙인 재미있는 공간이 있습니다. 도서관에는 두 개의 입구가 있습니다. 한쪽 입구는 보통의 도서관, 다른 쪽 입구로 들어가면 '말을 하는' 도서관입니다. 팔라토리움이라는 이름은 중세 수도원의 한 방에서 유래되었습니다. 묵언 수행을 해야 하는 수도원에서도 불가피하게 말로 의사소통해야 하는 경우가 있습니다. 팔라토리움이란 바로 그때 이용하는, 자유롭게 말하는 것이 허용된 방입니다. 거대한 4층짜리 도서관 건물의 약 3분의 1이나 차지하는 넓은 공간입니다.

프라이부르크 대학 팔라토리움에는 항상 많은 사람이 모여 있습니다.

이곳에서 토론하고, 가르치고 또 배우고, 회의하고, 잡담을 합니다. 여기에서 조용히 공부하는 사람도 있습니다. 아마도 소음 속에서 집중이 더 잘되는 유형의 사람일 것입니다.

저녁 시간이면 퇴근한 시민들이 모여듭니다. 십여 명 때로는 이십여 명 가까운 사람이 모여 회의하는 모습을 어렵지 않게 발견할 수 있습니다. 다양한 동호회나 자치 회의를 하기에 적합한 장소입니다. 시민들은 팔라토리움 도서관에서 이야기하면서 서로 배우고 공부합니다. 도서관이 학생들만이 이용하는 곳이 아니고, 조용히 독서하는 곳만이 아닙니다.

과연 누가, 어떤 상상력을 발휘해서 이 같은 구상을 제안했을까요? 이런 도서관을 구상하고 운영하는 법령을 제정할 때 어떤 생각을 했을까요? 아마도 대학 도서관이 학생뿐 아니라 지역 시민도 '함께 어울릴 수 있는 공론의 공간'을 제공할 수 있으리라는 생각이었겠지요. 그곳을 이용하는 시민의 모습을 경험함으로써 학생들의 민주주의 교육에 도움이 되리라는 판단도 있었을 것입니다.

프라이부르크 대학의 상식을 뛰어넘는 중앙도서관은 갈수록 형식화되는 민주주의 토론을 실질화하는 데에 기여하고 있습니다. '조용한 도서관'과 '시끄러운 도서관'을 나란히 세우는 참신한 생각은 더 나은 도서관과 더 행복한 사회에 기여하는 도서관을 만들었습니다. 더 행복한 사회를 만들기 위해서는 좋은 법을 만드는 참신한 상상력이 필요합니다.

5 | 법은 상상력이 세다

군대는 남자만 가야 한다는 상식

"지질한 남자야." 제가 신뢰하는 직장 동료가 그런 표현을 쓰는 것에 깜짝 놀랐습니다. 헌법재판소에서 연구관으로 근무하던 시절이었습니다. 남성만 병역 의무를 수행하는 것은 차별이고 위헌이라는 소신을 가진 한 남성 동료가 있었습니다. 그는 그날 역시 식사 중에 여성에게도 병역 의무를 부여해야 한다고 강하게 주장했습니다.

당시 헌법재판소에 제기된 소송 중에 남성에게만 병역 의무를 부여하는 법률이 위헌이라는 소송이 있었기에 조심스러운 주제였습니다. 같은 테이블에서 밥을 먹던 사람들은 그의 이야기를 듣고 조용히 자리를 파했습니다. 그 직후 다른 연구관들과의 대화 중에 여성 동료가 남자 동료의 생각을 비판했던 것입니다.

많은 남성이 병역 의무를 부담스러워합니다. '왜 나만 이 의무를 부담하는가'라는 속 좁은 불평만은 아닙니다. 어차피 세상이 불공평한 것을 알고 있습니다. 여성이 더욱 불평등한 취급을 받는 경우가 많다는 것도 알고 있습니다. 그럼에도 불구하고 병역 의무는 해소되지 않는 박탈감의 문제입니다.

젊은 시절 더없이 소중한 시간과 경험을 강제로 묶인 사람으로서는 자신의 존재가 사회로부터 부정당한다는 느낌을 받게 됩니다. 동료 시민에게 스스로의 경험과 감정을 전달하고 싶지만, 내 문제가 이들에게는 관심의 대상이 아닙니다.

그 후 10년도 넘는 시간이 지났습니다. 지금까지 헌법재판소는 남성에게만 병역 의무를 부과하는 법률 조항에 여러 차례 합헌 판단을 했고, 가장 최근인 2023년 9월에도 남성에게만 병역 의무를 부과하는 병역법 제3조 제1항에 대해 다시 합헌 결정을 내렸습니다.

그러다 보니 문제는 엉뚱한 방향으로 전개되었습니다. 대한민국의 젊은이들이 여성과 남성으로 나뉘어서 심각하게 갈등하고 있습니다. 정치적으로도 이 대결 구도가 이용됩니다. 양쪽 젊은이들은 자기 의사를 대변하는 정당을 골라서 표 대결을 불사합니다. 여성가족부 폐지 논쟁도 그러합니다. 여성가족부의 역할이나 기능에 관한 논의가 아닙니다. 남성과 여성의 대결을 투표 현장으로 끌고 오려는 정치권의 선동일 뿐입니다. 논쟁의 깊은 곳에는 남성과 여성이 전혀 달리 이해하고 있는 병역 의무 문제가 자리하고 있습니다. 여론 광장이나 정치권에서 그에 관한 논의를 진지하게 진행했다면, 이런 선동은 먹히지 않았을 것입니다.

남자만 병역 의무를 수행하는 것이 차별적이라는 주장은 충분히 설득력이 있습니다. 병역 의무 수행은 국가를 위해 헌신하고 희생하는 것입니다. 이것이 남자다움이나 성별의 문제라는 건 합리적인 설명이 아닙니다.

젊은 남자들은 이렇게 질문합니다. 오늘날 여자들의 모든 능력이 동등하게 인정되어야 한다면, 왜 병역 의무는 남자들만 부담해야 하는가. 합리적인 문제 제기입니다. 물론 반대 주장도 논리적으로 가능합니다. 여성은 오랜 차별을 겪었고, 임신과 육아 부담도 변함없이 존재한다고요. 하지만 제대로 된 토론이나 공방이 없는 상태에서 남자들의 질문은 못난이들의 '남자답지 않은 이야기'로 취급됩니다. 심지어 이들은 시대착오적인 남성 우월주의자, 여성 혐오자 같은 '진정한 지질이'와 동급에 놓이기도 합니다.

평등한 병역 의무 논의가 남성들만을 위한 주장인 것은 아닙니다. 대한민국 사회에서 여성 차별을 정당화하기 위해 사용되는 대표적인 논리가 '군대도 갔다 오지 않았으면서'이기도 합니다. 진정한 성평등을 이루려고 한다면 이 문제에 관한 토론은 불가피합니다.

병역 의무에 대해서는 제3의 대안적 해결점도 있을 것입니다. 다양한 유형의 복무 방법을 만들 수 있습니다. 가령 컴퓨터 소프트웨어를 개발하거나 이용하는 부대를 각 도시에 설치해 직장인처럼 출퇴근하는 방식으로 복무하도록 할 수도 있습니다. 또는 여러 가지 대체 복무 유형을 만들어 여성 또한 일정 기간 사회봉사 복무를 선택하게 하는 방법도 있을 것입니다. 의무 수행의 방법과 기간 역시 별도의 차원에서 정하고 논의할 수 있을 것입니다.

남성들이 성별 구분 없이 동일 기간, 동일 종류의 의무를 수행하자고 요청하는 것은 아닙니다. 여성이 남성과 다른 여러 차별과 노고를 겪는 것을 대부분 이해하고 있습니다. 단지 장기간 복무하는 자신들의 노고와 경험을 일부라도 공유해 공동체의 구성원으로서 공감해달라고 요청하는 것입니다.

당장 병역 의무 제도를 바꿀 수 없다 하더라도, 남성에게만 부여된 병역 의무에 대한 법의 상상력이 한발 더 나아갔다면, 어쩌면 불필요한 논쟁과 갈등을 줄일 수 있었을지도 모릅니다.

청년들이 느끼는 박탈감의 본질

젊은 남성과 젊은 여성의 갈등을 해결하려 노력하지 않고 오히려 증폭시키는 정치는 최악입니다. 더 나은 사회로의 발전을 논의해야 할 정치인들이 오히려 공동체의 논의 수준을 한 단계 아래로 추락시켰습니다. 다른 세대보다 더 열린 마음을 가진 젊은이들이 가장 좁은 마음으로 불통의 높은 성을 쌓고 있습니다. 서로 갖지 못한 성에 대한 추앙과 호기심이 당연할 젊은이들이 다른 성별에 대한 혐오로 대결하고 있습니다. 그 문제를 논의해야 할 정치인들은 수수방관한 채 정치적 이익만 계산하고 있습니다.

정치인들이 파악해야 할 갈등의 본질은 과연 무엇일까요? 젊은이들이 극도로 경쟁적인 사회와 비합리적인 평가 제도 속에서 분노와 좌절을 느끼고 있다는 것입니다.

경쟁에서 승리하는 사람이 모든 것을 차지하게 하고, 패자에게는 무엇도 남겨주지 않는 것이 대한민국의 제도입니다. 그 경쟁의 대부분은 대학 입시부터 자격증 및 공무원 시험, 입사 시험, 직장 내 승진에서 인사 고과에 이르기까지 '시험 성적'으로 평가됩니다. 승자는 우선 엉덩이가 무거운 사람, 즉 도서관에 종일 앉아 꼼꼼하게 외우고 정리할 수 있는 사람입니다. 물론 그것 자체가 엄청난 인내심과 성실성을 요구하며 중요한 능력인 것도 사실입니다.

하지만 오지랖 넓게 타인을 돕고 배려하는 사람, 엉뚱한 일을 벌여 긍정적인 변화를 가져오는 사람, 남들이 하지 않은 경험을 자발적으로 하는 사람을 높이 평가하고 남다른 능력으로 인정하는 나라도 있습니다. 만약 시험과 함께 그런 평가 방식을 병행한다면, 젊은이들은 더 넓은 세상에서 다양하게 경험하면서 자기 능력을 연마할 수 있을 것입니다. 세상의 경험 속에서 같거나 다른 성의 젊은이들이 만나서 서로 이해의 폭을 넓힐 수 있을 것입니다.

그런 방식이라면 군 복무을 통해 체력과 사고를 키운 능력, 다른 영역에서 치열하게 세상을 경험한 능력, 그리고 도서관에서 오랜 시간 성실하게 공부한 능력 등 다양한 잠재력을 지닌 여러 젊은이들이 모두 당당하게 경쟁하고 평가받을 수 있을 것입니다.

병역 의무에 관한 남녀 갈등 뒤에는 젊은이들이 느끼는 좌절감이 있습니다. 그 좌절감의 바탕에는 시험 성적으로만 능력을 평가하는 사회, 그리고 능력에 대한 획일적이고 일면적인, 고리타분한 과거형 평가 방식이 있습니다. 그렇다면 우리 공동체는 병역 의무나 남녀 갈등에 관한 논의에서 그치면 안 됩니다. 법에 관한 상상력을 발동하는 것은 '어떤 결론'을 내리기 위해서만이 아닙니다. 우리가 궁리하지 않은 것, 함께 논의하지 않은 것이 무엇인지를 살피는 게 중요합니다. 법을 만들고 고치는 것은 그다음에 자연스럽게 따라옵니다.

의대 입시에 개입하는 헌법재판소

05

"법은 현실을 지키는 것이 아니라
미래에 대한 예측이어야 한다."

평균적인 한국 가정과 그에 속하고 싶어 하는 사람들의 삶에 가장 큰 영향을 미치는 문제는 무엇일까요? 저는 대학 입시라고 생각합니다. 대학입시는 가장 광범위하게, 거의 모든 세대와 범위의 국민에게 고통을 안깁니다. 학창 시절에 겪는 학교 폭력과 왕따 등의 문제, 이후 직장에서 경험하는 편견과 소외, 가정의 경제적 궁핍도 이 문제와 직간접으로 연결되어 있습니다.

수능과 내신 등 성적만으로 결정하는 대학 입시는 출신 대학으로 사람의 능력을 낙인찍는 제도로 이어지고, 이는 명문 대학을 졸업하지 않은이들을 주변부로 밀어내버리는 제도로 이어집니다. 자식의 인생 전체를건 승부에서 부모의 능력과 재력, 또는 인맥이 작용하는 것은 어찌 보면너무나 당연합니다. 사교육이 부과하는 교육비 청구서는 가장 혹독한 세금입니다. 지난 10여 년간 자기 논문에 중고생 자녀를 공저자로 등재한 교수가 87명에 이른다고 합니다. 1퍼센트도 채 되지 않는 승자 범위에 들기 위한 경쟁 속에서 아이와 부모는 같이 병들어갑니다. 한 번의 승부가 모든 것을 결정하기에 모든 것을 던집니다. 하지만 승자는 오로지 0.1퍼센트뿐입니다. 그들조차도 비정상적인 경쟁 과정에 병들어갑니다. 이런 게임이라면 모든 사람이 불행해질 수밖에 없습니다.

본전 생각이 나지 않는 교육

독일이라고 입시 제도와 대학 교육이 완벽한 것은 아닙니다. 독일 사람들도 교육 제도에 관한 불만을 이야기합니다. 하지만 적어도 사교육이나 살인적인 대학 입시는 없습니다. 대체로 균질한 대학들이 전국에 골고루 퍼져 있고 입학을 원하는 학생들에게는 정원 제한 없이 입학시키는 정책을 택하고 있습니다. 때문에 대학 입학 자격 시험인 아비투어를 통과한 학생들은 어느 대학을 지원해도 큰 문제 없이 입학할 수 있습니다.

제한 없이 입학한 학생들이 모두 성공적일 수는 없습니다. 적잖은 학생들이 중도에 탈락합니다. 하지만 이들에게는 새로운 전공을 선택해 적성을 새롭게 시험할 수 있는 길이 넓게 열려 있습니다. 어차피 종전의 아비투어 점수를 평생 사용할 수 있으므로 재수, 삼수 등 새로운 입시 공부가 필요 없습니다. 등록금이 없기 때문에 경제적 손해도 없습니다. 그래서 전공 변경은 인생의 실패가 아니라 각자 자기 적성을 새롭게 모색하는 과정이기도 합니다.

독일 대학에 등록금이 없는 것은 특이한 제도입니다. 독일의 정치인들은 독일인의 교육에 대한 관점을 한마디로 정리합니다. "공부하는 데에 필요한 것은 오로지 정열과 노력뿐이어야 한다." 그들이 보기에 이것이 공정한 사회를 만드는 원초적 기둥입니다. 이 생각은 보수 정당이든 진보 정당이든 다르지 않습니다. 이러한 기본 원칙 위에서 독일의 정당들은 학생들에게 생활비를 지원하는 정책으로 경쟁합니다. 이와 같은 정치인들의 생각에 시민들도 공감합니다. 물론 세금을 많이 내야 하는 것에 대해서는 불평하지만, 대학 학비를 받지 않는 제도에는 저항이 없습니다. 누진세에 따라 세금을 더 많이 내야 하는 부자들의 생각도, 자식들이 대학에 갈 필요가 없다고 생각하는 수공업자나 노동자의 생각도 마찬가지입니다. 이는 독일 사회의 근본적 결정입니다. 논밭을 팔아서 등록금을 낸 것도 아니고, 입시 학원비를 내기 위해 부모 허리가 휜 것도 아니고, 명문대 입학을 위한 입시 지옥에서 살아난 것도 아니니 대학생들에게 본전에 대한 요구 또는 특권 의식이란 게 없습니다.

하나의 목적지를 향하는 여러 가지 길이 필요한 이유

독일에서 우리의 입시와 닮은 모습을 보이는 것이 의대 입학입니다. 독일에서도 의대 입학은 쉽지 않습니다. 의대 입학을 희망하는 학생들은 많은데, 의대 정원은 제한되어 있기 때문입니다. 독일에서 정원이 제한된 전공은 의학과와 심리학과 등 양질의 실습 교육이 반드시 필요한 전공들입니다. 정원이 제한되고, 우수한 지원자들이 가고 싶어 하는 의대는 우리처럼 최상위 성적의 학생들만이 합격을 기대할 수 있습니다.

하지만 여기에도 우리와 결정적으로 다른 점이 있습니다. '기다리기'라는 전혀 다른 차원의 입학 경로를 열어놓고 있는 것입니다. 의대 정원의 60퍼센트는 공부를 가장 잘한 학생들, 아비투어에서 최고의 성적을 받은 학생들로 채웁니다. 20～30퍼센트는 의대에 입학하기 위해 다른 길을 택한 학생들로 채워집니다. 약학, 치의학 등 의학과 관련된 학문을 전공하며 기다리는 학생들도 있고, 구급 요원 또는 요양 간호사 등 유관 분야의 직업을 선택하며 기다리는 이들도 있습니다. 모든 이에게 기회가 보장되어야 한다는 신념으로 만들어놓은 길입니다. 기다리는 동안 의사의 자질을 미리 훈련하는 이들에게는 추가점 혜택을 부여해 대기 기간을 단축시켜줍니다.

의대 정원의 일부를 순서를 기다리는 학생들로 채운다는 게 우리로서는 매우 생소한 개념입니다. 물론 의대에 입학했다고 의사가 되는 것은 아닙니다. 만만찮은 의대 교육 과정에서 적잖은 학생들이 탈락합니다. 기다려서 의대에 들어온 학생들의 탈락률이 높은 것이 현실이기도 합니다. 기다린 학생들은 공부가 특기인 학생들과 함께 경쟁해야 합니다. 더욱이 학교를 졸업한 이후 여러 해의 공백이 있다 보니 살인적인 암기 분량과 초인적인 집중력이 필요한 의대 공부를 따라가기 어려울 수밖에 없습니다.

의사가 된 뒤에도 혹시 능력이 떨어진다는 평가를 받거나, 환자들이 편견을 갖고 진료를 꺼리지는 않을까? 저 역시 한국 사람 특유의 편견과 선입관을 벗어나기 어려웠기에, 기회가 있을 때마다 독일인에게 이런 질문을 했습니다. 그 가운데에서도 의사들의 대답이 가장 궁금했습니다. 일반인이거나 의사이거나 그들의 대답은 대체로 동일했습니다.

"의대 공부에 적응해 생존했다면 자격에 의문을 제기할 수 없다. 실제로 다른 사람들보다 더욱 열망했기에 더 헌신적으로 의사의 직분을 수행한다. 특히 구급 요원 등으로 일하며 기다렸던 이들은 인간의 건강에 대해 더 깊이 이해하기 때문에 좋은 의사가 될 조건을 갖추고 있다."

독일 사회는 여기에서 멈추지 않습니다. 2017년 독일 헌법재판소는 입법자들에게 의대 입시의 다양성 강화를 촉구합니다. 성적 기준으로 선발하는 전형의 경우에도, 오직 성적만으로 할 것이 아니라 다른 능력을 고려해야 하며, 기다려서 입학하는 전형도 현행 장기 7년은 지나치게 긴 기간이므로 3~4년으로 단축해야 한다고 판단한 것입니다. 의대 정원도 지나치게 적게 책정되어 있으니 확대해야 한다고 판단했습니다.

헌법재판소가 의대 입시에 개입한 이유가 무엇일까요? 헌법은 시민의 행복한 삶을 위해 존재합니다. 기회를 박탈당하고 공정하지 못하다면 이를 해결하기 위한 방향을 제시하는 것입니다.

우리 대학에도 농어촌 전형처럼 성적 외 요소를 고려하는 전형들이 있습니다. 이에 대해 이미 입학한 대학생들이나, 그런 자격이 없는 이들이 '공정하지 않은 제도'라며 비판하는 이야기를 듣곤 합니다.

어려운 입시 과정을 이겨낸 것은 커다란 성취이며 칭찬받을 일입니다. 하지만 좋은 환경과 배경, 고가의 입시 학원을 걱정 없이 다닐 수 있는 혜택이 누구에게나 있지는 않다는 점을 기억했으면 좋겠습니다. 학교는 그것 자체로 성취가 아니라 배우기 위한 장소일 뿐입니다. 누군가가 자신보다 낮은 성적이긴 하지만 심각한 어려움을 극복한 후에 같은 학교에 입학한다면, 존경하고 배워야 할 스승으로 여겨야 할 것입니다. 이를 두고 자신의 성공을 누군가가 빼앗았다 또는 자격 없는 누군가가 과실을 나누어 가졌다고 생각한다면, 이야말로 좁쌀영감 같은 특권 의식이라고 하지 않을 수 없습니다.

교육은 지배가 아닌 성장을 위한 것

우리는 전 국민을 고통에 빠뜨리는 '입시 지옥'이라는 고질적인 문제를 왜 해결하지 못하는 것일까요. 문제의 본질은 입시의 기술적인 설계에 있지 않습니다. 그 본질은 성적과 학벌로 수많은 구분과 차별을 만들어내는 사회 구조에 있습니다. 여러 차례의 개혁과 수정에도 문제가 개선되지 않는 것은, 바로 그 본질을 건드리지 않았기 때문입니다.

　교육은 성장을 위한 것이지 지배하기 위한 것이 아닙니다. 성적이 높은 자가 승자여야 하고, 그 승자를 잘 판별하는 게 공정한 입시라는 생각은 과거 엘리트들의 추억이거나, 왜곡된 신화일 뿐입니다. 더욱이 본인의 노력보다 부모의 능력에 결정적 부분이 달린 입시 제도는 공정하지도 실제적이지도 않습니다. 인공지능을 활용해야 하는 시대에 더 많은 지식을 머릿속에 욱여넣는 경쟁이 우스꽝스럽기도 합니다. 이는 교육 공무원만의 노력으로 해결할 수 없는 문제이기도 합니다.

너무나도 복잡하고 거대해진 이 입시 문제를 독일 사회처럼 공정하고 지혜롭게 풀어나갈 수는 없을까요. 법의 상상력을 통해 세상을 바꿀 수 있지 않을까요.

명문 대학의 신화를 해체해야 합니다. 대학의 정원 제도도 폐지해야 합니다. 엘리트는 극히 소수의 사람이어야 한다는 생각도 바꾸어야 합니다. 대다수가 엘리트가 될 수 있는 교육을 만들어야 합니다. 성적만이 아니라 다양한 경로로 다양한 능력을 성장시킬 수 있습니다.

다른 관점에서 인간과 세상을 볼 수 있는 인재를 입학시켜야 대학에 희망을 바랄 수 있습니다. 중고등학교 시절 독특한 경험을 하기 위해 다른 나라로 가고 싶다는 학생들이 있다면 재정적, 사회적으로 지원하는 제도를 마련하는 것은 어떨까요. 자기만의 탁월한 재능을 자기만의 방식으로 계발한 이들, 전혀 다른 세상 경험을 통해 성장한 이들은 다양성의 보물 창고입니다. 종래의 평가 방식과 다르게 선발된 이들이 전통적인 엘리트들과 함께 조화롭게 협력할 수 있다면 우리 사회를 더욱 행복하게 만드는 힘이 될 것입니다.

독일 헌법재판소가 의대 입시에 대해서 내린 판단이 과연 먼 나라의 그림 같은 이야기일까요. 법의 상상력으로 수많은 이들의 고통을 초래하는 오늘의 현실을 바꿀 수 있지 않을까요.

당신은 죽음의 주인인가

06

"법의 마지막 종착지는 존엄한 죽음을 보장하는 것이다."

어느 날 응급실에 90세 노인이 실려 왔습니다. 젊은 의사는 항상 그러하듯이 간호사에게 환자의 처치 방법을 지시하고, 보호자와 환자의 입원 절차를 이야기합니다. 그리고 노인을 향해 형식적으로 "할아버지, 입원하셔야 돼요"라고 말한 후 다른 환자들을 향해 돌아섰습니다. 그 순간 노인이 의사의 가운을 움켜쥐고 질문했다고 합니다. "난 도대체 어디로 가는 겁니까? 왜 아무도 내게 설명해주지 않나요?" 어찌 보면 너무나 당연한 질문이었습니다. 그동안 자신이 무엇을 잊고 있었던가를 깨달은 의사는 잠시 말을 잇지 못했다고 합니다.

의사들은 고령의 환자와 이야기하지 않습니다. 보호자에게 설명하고, 보호자가 결정하게 합니다. 죽음을 가까이 두고 있는 이들은 자신의 운명을 결정하는 주체가 아닙니다. 다른 이들이 하는 결정의 대상일 뿐입니다.

법이 허락해야 죽을 수 있다

현대 의학의 발전은 놀랍습니다. 인간의 생명을 놀라울 만큼 연장해주고 있습니다. 활동 가능 연령도 계속 높아집니다. 그래서 때로는 의학이 죽음에서 우리를 구제해줄 거라는 희망을 품게 됩니다. 하지만 의학의 능력에는 한계가 있어 생명의 마지막 단계를 막을 수는 없습니다. 의술의 도움으로 신의 무한한 생명에 도전하던 인간은 어느 순간 임계점에 달하면 급전직하로 추락합니다.

문제는 의학 발달로 죽음을 자연스럽게 맞이할 수 없게 되었다는 것입니다. 중환자실에서 맞이하는 죽음의 모습은 처참합니다. 온몸에 의료 기기를 달고 마약성 진통제나 수면제를 투여받으며 '공식적인' 사망의 그날을 기다립니다. 질병에 따라서는 최악의 고통 속에서 죽음의 과정을 보내야 할 수도 있습니다. 미리 연명치료를 하지 않겠다는 의사를 표했다고 해도 '자식의 도리를 생각하는' 가족이 이를 존중하지 않는다면 마찬가지입니다. 기계 작동에 생명의 끈을 매달고 의식도 없이 쳇바퀴를 무한히 돌리게 됩니다. 주사약과 기계 조정에 따라 손발을 움직이는 인형 신세로 전락하게 됩니다. 이는 인간의 존엄과 가치가 침해되는 과정인 동시에 가족들에게 끝나지 않는 고통과 부담을 남겨주는 과정이기도 합니다.

심각한 고통 속에서 더 이상 삶을 감당하기 어려운 이들이 의사에게 생명 중단에 관한 조력을 얻으려고 하지만, 법은 이를 허용하지 않습니다. 고통에 지쳐 삶을 끝내고 싶어 하는 사람들을 돕는 행위 역시 생명에 대

5 | 법은 상상력이 세다

한 침해, 즉 살인이라고 판단하기 때문입니다.

생명은 원래는 신과 자연의 영역이었습니다. 하지만 오늘날은 과학 기술이 이 영역의 일부를 차지하고 있습니다. 의료인류학자 송병기는 저서 『각자도사 사회』에서 오늘날의 죽음은 여러 주체 간의 '협상'과 '타협'의 문제가 되었다고 합니다. 과거에는 죽음의 배경에 천사와 저승사자, 레테의 강과 북망산이 그려져 있었다면 오늘날에는 알 수 없는 기계와 주사약 그리고 죽음의 시기를 놓고 논쟁하는 사람들의 모습이 그려져 있을 것입니다.

이제 우리 사회에서 아직도 터부로 여기는 주제인 '죽음에 관한 권리'를 본격적으로 이야기할 때가 되었습니다. 우리가 죽음과 죽을 권리에 관해 이야기하는 이유는 죽을 권리를 기본권으로 인정해야 한다고 주장하기 위해서가 아닙니다. 오히려 죽음의 시기에 우리에게 필요한 법이 과연 무엇인지 질문하기 위해서입니다. 죽음이 협상의 문제가 된 오늘날, 우리는 어떤 법을 상상하고 논의해야 할까요.

보라매 병원 사건과 김 할머니 사건

1990년대까지만 해도 '임종을 위한 퇴원'은 자연스러운 것이었습니다. 환자가 더 이상 가망이 없는 상황에 도달하면 퇴원시켜 가족 곁에서 조금이라도 편안한 죽음을 맞도록 하는 배려였습니다. 그런데 이런 관행은 1997년 보라매 병원에서 발생한 한 사건으로 180도 달라집니다.

한 중년 남자가 응급실에 실려 옵니다. 아직 의식이 없고 중환자실에 입원해 있는 상태에서 환자 가족들은 퇴원 조치를 요구합니다. 의사는 거부하면서 지금 퇴원하면 생명을 잃을 수밖에 없다고 경고했지만, 가족들은 그래도 좋으니 퇴원시키겠다고 단호하게 말합니다. 가난한 형편인 가족들은 어마어마하게 불어나는 입원비와 치료비를 감당할 수 없습니다. 환자는 술을 먹고 가족들에게 폭행을 일삼았던, 죽음의 순간에도 가족들로부터 사랑받지 못하는, 오히려 살아날까 봐 걱정스러운 가장이었습니다. 가족들은 담당 의사에게 퇴원을 조르고 또 조릅니다. 더 이상 견디지 못한 의사는 퇴원을 허락합니다. 환자는 퇴원 직후 사망했습니다.

이 사건을 조사한 검사는 가족들을 살인죄로, 의료진을 살인방조죄로 기소합니다. 가족들의 간청에 따라 판단했던 병원 의료진에 대한 기소는 전국의 의료진들에게 커다란 충격을 주었습니다. 이후 모든 병원의 의료진들은 법적인 책임을 지지 않기 위해 죽음에 임박한 환자를 퇴원시키지 않게 됩니다. 그 전까지 유연하게 결정했던 임종 퇴원이 사라졌고, 1991년 당시 75퍼센트에 달했던 자택에서의 임종은 급속히 줄어들었습니다.

이제는 병원이 이미 사망 단계에 진입한 환자들에 대한 치료를 중단하지 않습니다. 가망이 없는 환자에게도 모든 생명 유지 장치를 전면적으로 최대한 가동합니다. 그 결과는 환자의 건강 회복이 아니라 '중단되지 않는 비인간적인 고통', 그리고 막대한 치료비로 인한 보호자의 경제적 재난 상태입니다. 치료 행위를 중단할 수 없다는 의사 측과 강요된 치료 행위를 중단할 것을 요구하는 보호자 사이에 갈등이 커졌습니다.

2008년 김씨 성을 가진 한 할머니가 연세대학교 병원 중환자실에 입원하고 있었습니다. 의식 없이 생명 유지 장치에 생명을 맡기고 있던 할머니의 죽음을 놓고 병원과 가족 양측의 갈등이 고조됩니다. 가족 측은 더 이상의 연명은 고통만을 강요하는 것이니 생명 유지 장치를 떼어달라고 했고, 병원 측은 할머니가 아직 사망 단계에 이르지 않았기에 생명을 침해할 수 없다고 했습니다. 결국 가족 측은 소송을 제기했고 사건은 1심 법원을 시작으로 대법원에까지 이르렀습니다.

대법원은 만일 회복 불가능한 사망 단계에 진입했다면 생명의 주체인 환자 당사자는 연명치료 중단을 요청할 수 있다고 판단했습니다. 실제로 그 단계에 이른 환자들은 의식이 없어 의사 표현이 불가능한 경우가 대부분이므로, 생전에 가족과 나누었던 대화 등을 통해 추정적 의사를 인정할 수 있다고 판단했습니다.

그러나 대법원의 이와 같은 판단이 적용될 수 있는 영역은 크지 않습니다. 대법원이 인정한 연명의료 중단이란 임종기, 즉 죽음이 내일모레로 임박했고, 회복이 불가능한 사망 단계를 전제로 합니다. 그 이전에는 아무리 고통스럽다고 해도 의료 중단이 인정될 수 없습니다. 무엇보다 병원이 중단 조치에 반대할 경우, 환자 가족들은 환자의 연명치료 중단을 위해 병원을 상대로 소송을 제기해야 합니다. 소송에서 병원의 주장을 뒤집고 '회복 불가능한 사망 단계'를 인정받는 것은 쉽지 않습니다. 더욱이 소송은 몇 년이 지나야 확정되고, 대부분 사망에 임박한 환자들은 그 이전에 사망하게 됩니다. 소송은 죽음을 둘러싼 여러 문제를 해결하는 데에 적합한 수단이 되기 어려운 것입니다. 결국 연명의료 중단 문제를 해결하기 위해 '연명의료 결정 제도'가 도입됐고, 죽음의 결정에 관한 문제는 새로운 국면을 맞이합니다.

어머니는 어떤 선택을 하셨을까

2022년 여름 어머니를 여의었습니다. 무슨 위대한 공부를 하는 것도 아니면서 외국에서 빈둥대던 아들은 어머니의 중환 소식을 듣고서야 허둥지둥 돌아왔습니다. 의식을 놓으시기 직전에야 돌아온 아들에게 어머니는 "잘 왔다"라고 하시며 힘없이 웃으셨고, 그 후 몇 달간 무의식의 세계를 여행하셨습니다.

코로나바이러스가 마지막 기승을 부리던 때라 직접 간병하지 않는 이상 면회가 불가능했습니다. 저는 누나와 일주일씩 교대로 침상을 지키기로 했습니다. 어머니의 엉덩이 부분에 깊은 욕창이 있었습니다. 그 상처를 건드리지 않고 용변을 치워드리는 게 쉽지 않았습니다. 용변이 침범했을 때는 감염을 막기 위해 소독해야 했는데, 소독은 간병인이 할 수 없어 의료진에게 부탁해야 했습니다. 소독을 하고 옷까지 갈아입혀드린 직후에 다시 용변이 나오면 처음부터 다시 시작해야 했습니다.

어느 날 밤, 그렇게 다섯 번가량 기저귀를 갈아드린 후 머리가 멍해졌습니다. 가슴이 너무 답답해 울음이 터져 나올 것 같았습니다. 모두가 잠들었을 늦은 시간임에도 누나에게 전화를 걸었습니다. 이 상황을 이해할 수 있는 다른 사람을 떠올릴 수 없었습니다. 누나는 내일 당장이라도 교대하자고 했습니다. "아니야. 내가 약속한 날까지 버텨볼게"라고 대답하며 침상을 바라보는 순간, 등을 돌리고 누워계신 어머니 모습이 왠지 다르다는 느낌에 소스라치게 놀랐습니다. 전화 목소리에 귀를 기울이고 계시다는 느낌. 만일 그 순간 의식이 돌아와 제 목소리를 들으셨다면. 사경을 헤매는 엄마를 두고 불평을 늘어놓는 아들에게 얼마나 실망하셨을까. 아들에게 부끄러운 모습을 드러내야 하는 당신의 처지에 얼마나 상처받으셨을까.

"내가 어쩌다 이렇게 많이 아프게 된 거니?" 어느 날 잠시 의식을 찾으신 어머니가 제게 물었습니다. 몇 달이 지나 어머니는 새벽녘 병실에서, 마지막 그 순간 의식을 잠시라도 찾으셨는지 아무도 모르는 상황 속에서 홀로 돌아가셨습니다. 누구보다 용감하고 지혜로우셨던 어머니는 자신의 죽음에 관해, 만약 그것이 가능했다면 어떤 결정을 하셨을까요.

죽음의 주인은 누구인가: 독일의 경우

1980년대 들어 독일의 사법부는 환자의 죽음에 대한 결정을 존중하는 쪽으로 판단하기 시작합니다. 대표적인 판결이 1987년, 당시 69세 여성의 죽음과 관련해 내려집니다. 여러 차례 수술을 해도 걷잡을 수 없이 퍼지는 얼굴의 종창으로 고통받던 여성은 엎친 데 덮친 격으로 진통제도 듣지 않는 극심한 고통의 암까지 얻습니다. 고통을 감내할 수 없던 환자는 의사에게 죽음의 조력을 간청했고, 의사들은 그녀를 도왔습니다. 독일 법원은 여성의 죽음에 대한 자기 결정권을 인정했고, 환자의 결정을 돕기 위해 독극물을 처방한 의사들에게 무죄를 선고합니다.

그 후 20여 년이 흘러 또 다른 사건이 독일 사회를 논쟁에 휩싸이게 합니다. 불의의 사고로 목 아래 신체가 마비된 한 여인이 기계에 호흡을 의존해야 했습니다. 때때로 덮치는 온몸의 근육 경련은 참을 수 없는 극심한 고통을 주었습니다. 온몸이 마비된 채 언제 닥칠지 모르는 경련의 공포에 떨던 여인은 자신의 상황을 감당할 수 없었습니다. 그녀와 남편은 연방의약청 당국에 치사량의 독극물을 청구했습니다. 당국은 거절했고 행정법원도 여인의 청구를 받아들이지 않았습니다. 여인은 가족들과 함께 스위스에 가서 자살 조력 단체의 도움을 받고서야 고단한 삶을 마칠 수 있었습니다. 남편은 계속 소송을 진행했습니다. 유럽 인권재판소까지 도달했던 사건은 다시 독일 법원으로 돌아왔고, 최종적으로 연방행정법원이 이렇게 판단합니다. "헌법상 기본권에는 심각하고 치유할 수 없는 질병을 앓고 있는 환자가 어느 시점에 어떤 방식으로 자신의 생명을 끝낼지 결정할 권리도 포함한다."

그런데 환자들의 '죽을 권리'를 인정하려는 사법부의 판단 경향에 대해 의회가 제동을 겁니다. 2015년 독일 의회는 자살 조력죄를 신설합니다. 우리 형법은 일본법의 영향을 받아 전통적으로 자살 방조죄의 처벌 조항이 있습니다. 하지만 독일 형법에는 전통적으로 자살 방조죄 규정이 없었습니다. 그 이유는 우선 정범(공범과 반대되는 개념으로 자기 의사에 따라 범죄를 실제로 저지른 사람을 뜻합니다)이 처벌되지 않는 범죄에 대해 방조죄가 성립하기 어렵다는 법 논리적 이유가 있습니다. 소유주가 자기 물

5 | 법은 상상력이 세다

건을 버리는 행위를 돕는 게 범죄가 아닌 것과 마찬가지라고 이해하면 쉽습니다. 자살 행위가 그 생명의 주인에게 범죄가 되지 않는다면, 도운 사람의 행위도 범죄로 성립하기 어렵다는 것입니다.

여기에 환자를 돕고자 했던 주치의, 간병인, 가족 들을 수사하고 더 나아가 범죄자로 처벌하는 것은 형사 정의 차원에서 옳지 않다는 논리도 중요한 이유였습니다. 고통을 보다 못해 환자의 간청을 들어서 죽음을 도와준 가족을 범죄자로 수사하고 처벌하는 것은, 어쩔 수 없는 운명에 놓인 사람을 다시 한번 괴롭히는 처벌, 즉 누구에게도 도움이 되지 않는 비인간적인 처벌이라고 본 것입니다.

그런데 독일 의회는 종래의 형법 전통을 뒤집고 범죄로 처벌하는 조항을 만듭니다. 그렇다고 새로 신설된 자살 조력죄가 모든 자살 방조 행위, 즉 자살을 도운 가족들이나 친구들의 행위를 전반적으로 처벌하는 조항은 아니었습니다. 타인의 자살을 '업무'로 돕는 행위를 처벌하는 조항이었습니다. 독일의 입법자들은 의사들이나 자살 조력 단체들이 상시적으로 광범위하게 자살을 조력해, 그것이 의료 서비스의 한 유형으로 발전하는 것을 걱정하고 막으려 했습니다.

죽음의 과정에 있는 환자, 자살 조력 단체, 호스피스 의학 분야의 의사 그리고 죽음과 관련한 상담을 제공하는 변호사 들이 이 법률 조항에 대해 헌법소원을 제기합니다. 2020년 독일 연방헌법재판소는 자살 방조죄 법 조항에 대해 기본권 침해를 이유로 위헌 판단을 내립니다. 헌법재판소는 다음과 같이 판시합니다.

"생명의 종결에 관한 자기 결정은 인간 인격의 가장 고유한 영역에 있는 기본권이다. 따라서 인간은 자신의 기준과 선택에 따라 그 문제를 결정할 자유가 있다. 자신의 생명을 종결하려는 개인의 결정권은 국가와 사회로부터 존중받아야 한다. 그 권리에는 제3자, 특히 전문적으로 조력할 수 있는 의사의 도움을 받을 권리를 포함한다."

물론 독일 헌법재판소의 결정이 진리는 아닙니다. 그 결정은 여러 위험을 수반하고 있습니다. 나쁜 마음을 먹은 사람들이 결정을 악용하게 된다면, 또는 쉽사리 자살하는 풍조가 도래한다면 그 역시 적잖은 문제입니다. 하지만 헌법재판소는 국가에게 개인의 운명적인 선택을 금지할 권한이 없다고 판단했습니다. 다른 사람들이 보기에 잘못된 선택이라고 해도, 생명에 관한 결정은 온전히 생명의 주인에게 맡겨진 것입니다. 어느 누구도 타인의 삶의 선택을 평가할 자격이 없는 것처럼, 국가도 그것을 금지할 권한이 없다는 헌법재판소의 결정을 독일 사회는 차분하게 받아들이고 있습니다.

행복한 죽음을 위한 법

2018년부터 우리나라에도 연명의료 결정 제도가 시행되고 있습니다. 이제 19세 이상 성인이면 누구나 보건복지부가 지정한 등록 기관에서 사전 연명의료 의향서를 작성하고 등록할 수 있습니다. 임종기에 이른 환자는 의사와 상의하여 연명의료 계획서를 작성할 수도 있습니다.

사전 연명의료 의향서는 연명의료 결정법에 따라, 자신이 장래 임종 과정에 있는 환자가 되었을 때를 대비하여 연명의료 중단 등의 결정 및 호스피스에 관한 의향을 문서로 작성해두는 것입니다.

국립 연명의료 관리 기관에서 집계한 자료에 따르면 2023년 8월 말까지 총 194만 명이 사전 연명의료 의향서를 등록했습니다. 이 중 65세 이상 등록자는 총 148만 5,840명으로 65세 이상 인구 950만 명 중 약 16퍼센트에 해당하는 숫자입니다. 친구와 친지의 중환자실 이야기, 즉 장기간의 무의미한 고통과 남은 가족의 경제적 파산에 관한 이야기는 대대수 노년층에게 큰 공포 드라마가 되었습니다. 우리나라 국민은 평화롭고 고통 없는 죽음을 간절하게 원하고 있습니다. 연명의료 계획서 등록 숫자는 빠르게 늘고 있는 추세입니다.

하지만 이 제도만으로 순조로운 죽음을 기대하기는 어려운 실정입니다. 이 제도가 가지는 한계는 명백합니다. 우선, 여전히 사망에 임박한 상태라는 매우 엄격한 기준이 적용되고 있습니다. 따라서 극심한 고통 속에 허덕이는, 생명이 저주스러운 시간을 살아야 하는 환자들에게는 도움을 줄 수 있는 방법이 없습니다. 이들의 죽음에 관한 요청, 이 환자들의 생명에 관한 자기 결정권도 보호되어야 합니다. WHO가 정의하는 완화 의료, 호스피스 의료는 생명을 위협하는 질환이 있는 환자에 대해 그 범위가 인정됩니다. 연명의료 중단을 요청할 수 있는 이들도 임종기의 환자에 국한하지 말고, 생명을 위협하는 질환이 있고 육체적으로 극심한 고통을 받는 이들로 완화되어야 합니다.

또한 현행 제도는 심폐소생술, 수혈, 인공호흡기 착용 등 연명의료의 처치 내용만이 도식적인 항목으로 정해져 있습니다. 처치 항목에 관한 대답을 예, 아니오로 기재하는 것입니다. 하지만 설령 의료 전문가라고 해도 해당 항목의 조치를 중단한 이후에 어떤 과정이 펼쳐질지 알기 어렵습니다. 사실 사람들에게 중요한 것은 어떤 처치를 받고, 받지 않는 것이 아니라 실제로 어떤 죽음의 과정을 거치게 될 것인가입니다. 현재 제도로는 영양분과 물 공급은 어떤 경우에도 중단되어서는 안 됩니다. 때로는 이를 중단하는 것이 환자의 진정한 뜻이며, 평화로운 죽음을 위해 가장 적합한 조치일 경우도 있습니다. 현행 제도는 의료인들의 관점에서 질문하는 것으로 설계되어 있을 뿐, 정작 당사자가 원하는 죽음이 무엇인지에 대해 질문도 없고, 관심도 없는 상황입니다.

일반 국민의 안락사와 자살 조력에 관한 인식은 드라마틱하게 변화하고 있습니다. '죽음에 관한 권리' 논의는 우리 사회에도 이미 시작되었습니다. 멀리 스위스로 날아가 자살 조력 단체의 도움으로 죽음을 선택한 사람들의 이야기가 종종 대화 소재로 등장합니다. 2022년 7월 여론 조사 결과, 국민의 82퍼센트가 조력 존엄사 입법에 찬성하는 것으로 나타납니다. 사람들이 중요하게 생각한 이유는 첫째, 환자의 권리 보장(48퍼센트), 둘째, 환자와 가족의 고통 경감(33퍼센트)이었습니다.

과연 우리 사회에서도 네덜란드, 스위스, 독일 등과 같이 의사의 조력에 의한 자살 권리가 인정될 수 있을까요. 이에 대해서는 찬반 대립이 있을 것입니다. 잊지 말아야 할 것은 자살의 권리 문제가 '죽음에 관한 권리'의 전부가 아니라는 점입니다. 자살할 권리가 인정되지 않는다고 해서 '죽음에 관한 권리' 모두를 쉽게 부정할 수 있는 것은 아닙니다.

죽음이란 오롯이 죽음을 마주한 사람의 선택과 결정의 문제이어야 합니다. 윤리나 종교의 지침, 국가의 사법 정책이나 사법 판단을 이유로 그가 위치해야 할 결정권자의 자리를 빼앗아서는 안 됩니다. 자녀들이 말하는 '효와 도리'를 앞세워서도 안 될 것이며, 의사의 책임 또는 국가의 생명 보호 의무라는 말로도 결정권을 빼앗으면 안 됩니다.

죽음 문제의 연구자 알폰스 데켄 박사는 죽음을 준비하는 과정에서 고려해야 할 여러 가지 목표들을 제시합니다. 그가 제시한 가장 첫 번째 목표는 '동행'입니다. "의사가 더 이상 도움을 줄 수 없는 단계에 있는 환자를 도와줄 수 있는 것은 삶의 마지막 여정을 함께해주는 것이다."

환자를 보호한다는 명목으로 환자 자신의 결정을 무시하도록 정해진 것이 현재의 법입니다. 그래서 생명에 관한 무거운 결정과 책임을 모두 의사에게 맡겨놓고 있습니다. 의사는 자신에게 책임이 돌아오지 않는 방향으로 결정을 내릴 수밖에 없습니다. 마지막 6개월간 쓴 의료비가 평생 쓴 의료비보다 많은 우리의 의료 상황은 기이합니다. 이미 의식도 소생 가망도 없는 신체를 대상으로 온갖 의료 기술을 동원하는 것은 어떤 관점에서도 정상으로 보이지 않습니다. 환자 자신의 결정으로 더 이상 원하지 않는 고통을 덜 수 있는 방법을 찾아야 합니다. 죽음에 관한 결정권을 당사자에게 넘겨주는 방향으로 입법이 진행되어야 합니다.

죽음에 대한 권리와 관련된 문제는 안락사만이 아닙니다. 유언장을 쓰는 것도 중요합니다. 미국인은 성인의 56퍼센트가 유언장을 쓰는데 한국은 1퍼센트도 되지 않습니다. 마지막 작별 인사와 당부를 전할 수 있고, 상속 분쟁도 줄여주는 유언장이 우리에게는 아직 익숙하지 않습니다. 일본에서는 국가가 유언장을 보관하는 제도를 마련해두었습니다. 유언장을 작성해 담당 관청으로 가져가면 3~4만 원이라는 비용으로 150년 동안 안전하게 보관해줍니다.

죽음이 다가왔을 때 사람들에게 진정으로 필요한 법은 무엇일까요? 죽음의 과정은 이 글을 쓰고 있는 제게도 어느 날 찾아올 것입니다. 저는 죽음에 관해 이런 결정을 하고 싶습니다. 무엇보다도 의식이 있을 때, 온전한 정신으로 세상과 작별하고 싶습니다. 내가 좋아하는 산과 나무를 볼 수 있는 곳, 바람과 햇볕을 느낄 수 있는 곳이면 더욱 좋을 것입니다. 그곳에서 사랑하는 사람들과 마지막 건배를 하고 싶습니다. 눈빛으로 작별을 건네고, 감사의 마음을 전하고, 또한 용서를 구하고 싶습니다. 그리고 그날 하룻밤을 지내고 조용히 세상과 이별하고 싶습니다. 이런 결정이 허락되는 법이야말로 가장 인간적인 법, 아무도 도와줄 수 없는 죽음의 외로움과 고통을 덜어주는 법 아닐까요.

에필로그

이 책을 통해 가장 말하고 싶은 단어를 꼽으라면 바로 '형량'입니다. 이 단어야말로 우리 사회에서 절실한 단어이기 때문입니다. 2015년부터 2021년까지 6년 동안 독일에 머물렀습니다. 독일 민주주의와 그것을 뒷받침하는 법과 제도를 관찰하고 경험하는 시간이었습니다. 절실하게 느낀 것은 우리가 독일에서 배워야 할 것은 법이나 제도가 아니라 '공동체의 문제를 논의하는 방법'이라는 점이었습니다.

법을 정하는 과정에서 정치 세력 간에 싸움이 벌어지곤 합니다. 정당들은 해당 입법에 대한 자신들의 입장을 내세웁니다. 주로 당위를 내세우는 방식입니다. 자신을 정의의 세력으로 포장하고 상대편을 악의 세력인 듯 몰아세웁니다. 그러나 사실 양쪽에서 주장하는 당위들은 각자 다른 방향이지만 모두 옳은 당위인 경우가 많습니다.

한 나라의 법이 한 방향의 당위만으로 만들어질 수는 없습니다. 그러므로 우리가 진짜 싸우고 토론해야 할 대상은 '서로 충돌하고 있는 여러 당위들을 어떻게 형량할 것인가'라는 문제입니다.

각자가 소중히 여기는 이념과 당위만을 주장해서는 항상 평행선을 달릴 수밖에 없습니다. 양쪽 다 맞는 이야기를 하고 있을 뿐 그 이상도 이하도 아닙니다. 진짜 일은 다음부터입니다. 각자의 입장을 이해한 후에 그 형량에 관한 실질적인 토론으로 들어가야 합니다. 이러한 토론은 복잡하고 지루합니다. 내 편을 모으고, 상대편을 공격하면 되는 단순한 일이 아닙니다. 무엇보다 제대로 된 토론을 위해서는 공부하고 연구해야 합니다. 과정이 지루하고 답답하여 인기 없는 정치인이 될 가능성이 높습니다. 그 길을 가지 않고도 멋진 정의파 인기 정치인이 될 수 있다면 굳이 공부하고 노력하려 하지 않을 겁니다. 강력한 사회적 압력이 없다면 정치인들은 투쟁의 정치라는 관행을 포기하지 않습니다. 언론도 마찬가지입니다. 복잡한 법률적 토론보다는 정치인들의 드라마틱한 싸움을 보도하는 것이 시청률과 구독률을 높입니다.

자흐폴리틱, 세상을 바꾸는 법

독일 정치에서 자주 거론되는 말은 자유나 민생, 정의나 평등이 아닙니다. 자흐폴리틱Sachpolitik입니다. 실질, 구체 또는 객관을 의미하는 자흐Sach를 정치Politik와 결합시킨 이 단어는 커다란 이념이나 명분에 따른 대립을 접어두고, 실제적인 과제 해결에 집중하는 정치를 의미합니다. 그렇다고 이념이나 가치를 위해 노력하지 않는 게 아닙니다. 그것을 기본으로 놓되 다른 가치를 실현하려는 상대방을 인정하고 토론하며, 함께 경쟁하고 협력한다는 의미입니다.

독일에서 자흐폴리틱이 실현된 두 가지 사례를 들어 보겠습니다. 의원내각제인 독일에서는 의회 의원 선거를 통해 정부의 수반을 결정합니다. 의회의 과반을 차지하는 정당 대표가 수상이 되고 정부를 구성합니다. 한 정당으로 과반이 부족하면 다른 정당과 연합하여 정부를 구성합니다. 그래서 보수 정당의 대표가 수상이 되고, 진보 정당의 대표가 장관이 되는 경우가 쉽게 발견됩니다. 이들이 함께 일할 수 있는 것은 자흐폴리틱 정신이 정치를 지배하기 때문입니다.

2017년 가을. 수상 메르켈이 소속된 보수 정당은 총선에서 과반 의석을 차지하는 데에 실패했습니다. 지난 선거와 마찬가지로 다른 정당과 연합해야 정부를 구성하고 여당이 될 수 있습니다. 독일에는 두 개의 큰 정당이 있습니다. 보수 정당인 기독민주당CDU(기민당), 그리고 진보 정당인 사회민주당SPD(사민당)입니다. 종전 선거에서 기독민주당의 대표 메르켈이 수상이 될 수 있었던 것은 사회민주당과 연정했기 때문입니다. 그런데 이번에는 돌발 변수가 생겼습니다. 사회민주당이 선거 전부터 더 이상 정부 구성에 참여하지 않겠다고 선언한 것입니다. 기독민주당과 메르켈은 다른 군소 정당들과의 협상에 기대를 걸었지만, 마지막 고비에서 틀어져 버렸습니다. 만일 정부를 구성할 수 없다면 선거를 다시 해야 합니다. 재선거의 기로에 선 메르켈은 다시 한번 사회민주당에 호소했습니다.

사회민주당은 고민했습니다. 정당의 전략으로는 정부 구성에 참여하지 않는 것이 맞았습니다. 하지만 민주주의에 대한 책임이라는 보다 큰 차원의 문제가 걸려 있었습니다. 양대 정당의 의석수가 크게 추락한 그해 선거에서 극우정당AfD이 급작스럽게 부상했기 때문입니다. 재선거를 하면 극우정당의 득표와 의석수가 더 많아질 것으로 예상되었습니다. 독일 국민은 정부를 구성하지 못해 여러 차례 재선거를 했던 1930년대의 위기를 떠올렸습니다. 당시 독일 국민은 기성 정치인을 크게 경멸했습니다. 재선거 때마다 정부를 구성하지 못하는 기존 정당에 대한 반대가 커졌고, 그때 국민의 마음을 사로잡았던 이가 바로 히틀러였습니다.

"제발 정신 좀 차립시다!"

사민당은 기민당과 협상을 벌입니다. 정부 구성에 참여한다면 사민당의 정책을 어느 정도 받아들일 것인지 협상합니다. 이 협상은 여러 날 동안 진행되었습니다. 독일 정치인들의 연정 협상은 매우 구체적입니다. 어느 정당이 어느 장관을 맡을 것인가라는 인사 문제부터 구체적인 정책, 그 정책을 뒷받침하는 법안의 내용까지 두꺼운 책 한 권 분량의 협상 결과가 나옵니다. 막연한 당위에서 그치는 것이 아니라 구체적인 형량에 관한 내용이 담긴 협상 결과입니다. 마지막 진통 과정에서 밤샘까지 불사하며 얻어낸 결과는 사민당에게 나쁘지 않았습니다. 하지만 협상 대표들이 합의한 내용은 사민당이 연정에 참여할 경우를 가정한 계획일 뿐입니다. 연정에 참여할 것인지의 결정은 독일 사민당 당원들의 손에 달려 있었습니다.

2018년 1월에 열린 사민당의 전당 대회. 변수는 당내 청년 그룹의 반대였습니다. 20대 청년 대표는 이렇게 연설했습니다. "연정에서 탈퇴하자. 이미 당원들에게 선언하지 않았던가. 야당으로 복귀하여 진보 정당의 정체성과 방향을 회복하자." 많은 당원들이 그 주장에 동조했습니다.

보수 정당과 치열하게 협상을 벌였던 협상 대표였던 여성 정치인 날레스가 나섰습니다. 그녀는 오랜 시간의 치열한 협상으로 쉬어버린 목소리로 사자후를 토했습니다. 협상 결과가 부족했다는 주장을 반박하는 부분에서 연설은 절정에 달합니다. "제발 정신 좀 차립시다. 우리는 선거에서 이긴 것이 아니란 말입니다. 제기랄!" 급기야 비속어까지 튀어나온 격정적인 연설에 회의장에 모인 당원들은 모두 일어서 기립 박수를 보냅니다.

사민당 당원들은 정부 구성에 참여하기로 결정합니다. 그리고 이 결정은 국민에게 큰 신뢰를 받습니다. 자기 정당의 정치적 목표보다 헌법과 민주주의라는 대의를 위한 결정이었다는 점이 큰 점수를 받았습니다. 2021년 그다음 선거에서 사민당은 승리하여 다수당이 되었습니다. 2024년 3월 현재 독일의 수상은 사민당의 숄츠이고, 사민당은 소수 정당인 녹색당, 친기업적인 자본주의와 민주주의를 정강으로 삼는 자유민주당과 함께 정부를 구성하고 있습니다.

유권자들의 선택이 좋은 법을 만든다

2019년 바이에른주 선거를 앞두고 보수당은 긴장하고 있었습니다. 직전의 선거에서 극우정당이 큰 지지를 얻어 의회에 입성했기 때문입니다. 보수당 지도자들은 극우정당에게 표를 빼앗기게 될까 초조해졌습니다. 바이에른주의 유력 정치인이었던 연방정부의 내무부 장관은 연이어 난민들을 공격하는 발언을 합니다. 또 다른 정치인은 당시 화제가 된 난민들이 극우파에게 공격당하는 동영상은 가짜라는 말까지 하였습니다. 문제는 그가 한국의 국정원에 해당하는 독일 헌법보호원의 수장이었으며, 그의 말은 사실이 아닌 거짓이었다는 점이었습니다. 전통 우파 지도자들이 극우 세력 같은 행보를 보인 것이 선거에서 이기기 위한 얄팍한 전략 때문이었음은 누가 봐도 분명했습니다. 보수당 수뇌부는 문제를 일으킨 장관들의 사임 여부를 놓고 갈등했고, 혼란은 선거 직전까지 계속되었습니다. 선거 결과는 충격이었습니다. 바이에른주에서 항상 압도적 과반으로 승리하던 보수당이 대패합니다. 종전에 보수 정당을 찍었던 유권자들이 극우정당 지지로 돌아서지 않은 것은 다행스러운 일이었습니다. 유권자들은 제3당인 녹색당을 선택했습니다.

정치 평론가들은 실제 과제와 관련 없는 이념 문제를 이슈화하여 시민을 선동하고 싸움을 만든 정치에 대한 냉혹한 심판이라 지적합니다. 이때 독일 언론에서 가장 많이 언급한 단어가 '자흐폴리틱'입니다. 바이에른주 선거 직후 메르켈 수상은 정당 대표직을 내려놓습니다. 2005년부터

14년 동안이나 수상이었던 그녀는 다음 선거가 행해지는 2021년 수상직에서 내려오고 정계에서 은퇴하겠다고 선언합니다.

독일 정치인들의 대결에 헌법이라는 테두리가 있다는 점은 우리와 분명히 다릅니다. 법을 정하는 형량은 수많은 사람의 운명과 생명, 공동체의 미래를 좌우하는 결정입니다. 이익만을 고려하는 상인의 흥정과는 다릅니다. 자기 이익만 내세워 일부 사람들을 추방하거나 그들의 권리를 박탈한다면 그 공동체는 파괴될 수밖에 없습니다. 공동체의 논의에는 중심이 되는 확고한 가치가 필요합니다. 독일의 정치인들은 헌법과 기본권이라는 가치를 중심으로 형량하고 타협합니다. 헌법재판소의 해석을 넘어서는 안 되는 한계선으로 받아들입니다. 만일 정치인이 헌법의 가치를 자기 멋대로 주장하거나 어느 하나의 가치만을 일방적으로 앞세울 경우, 유권자에게 혹독한 심판을 받는다는 것을 알고 있습니다.

우리 정치는 어떠합니까. 정치를 한다기보다는 싸우는 편입니다. 입법을 둘러싸고 갈등과 대립은 있지만 실질적 토론과 조율은 발견하기 어렵습니다. 입법의 실질적인 쟁점에 관한 토론을 이끌어야 할 언론들조차 정당들의 싸움을 중계하는 데에 열중합니다. 싸움 전략과 전망에 관해서는 여러 해설자까지 붙입니다. 스포츠 중계를 연상시킬 정도입니다. 정치인들의 싸움 결과를 예측하고 분석하는 것이 정치 뉴스인 상황이 우리의 현주소입니다. 한심한 것은 논의의 공통된 가치나 넘어서는 안 될 한계가 없다는 것입니다. 각 정당이 각자가 해석한 일방적인 헌법을 주장하여 대한민국에는 여러 개의 헌법이 있는 꼴입니다. 이러니 다른 정당 소속 정치인들이 함께 협력하여 정부를 구성하는 일은 요원합니다.

독일에서 이념이 다른 정당들이 함께 협력하여 정부를 구성하고, 정치인들이 법의 내용을 토론할 수 있는 것은 무엇보다 유권자들의 노력 때문입니다. 독일 유권자들은 실질 정치를 구현하는 정당에게 승리를 안겨주고, 실질 과제와 상관없는 문제로 혼란을 일으키고 선동하는 정당과 언론을 따끔하게 심판합니다. 좋은 정치, 좋은 언론을 만들고, 더 나은 법을 만들 수 있게 하는 주인이 바로 유권자인 시민이라는 것을 알고 있기 때문입니다.

법 공부는 오래 걷기와 같이

형량은 적당한 중간 지대에서 결정하는 안이한 타협이 아닙니다. 그렇다고 100미터 전력 질주 같은 일도, 시원한 결투도 아닙니다. 이 일은 걷기에 가깝습니다. 천천히 걸으면서 생각하고 평가해야 합니다. 상대의 대화를 듣고, 마침내 함께 걷는 법을 발견하는 일입니다. 법을 내 편으로 만드는 방법도 마찬가지입니다. 상대방을 때려눕히는 방법을 습득하는 일이 아닙니다. 상대의 대화를 듣고, 그 주장과 관점을 이해하는 일, 상대방이 나의 관점을 이해할 수 있도록 주장하는 방법을 발견하는 일입니다.

제가 제일 좋아하는 취미가 오랜 시간 걷기입니다. 조금 지루해 보일 수 있지만 최고의 취미입니다. 한참을 걷다 보면 어느덧 더 나은 사람이 된 느낌이 듭니다. 좁았던 마음이 넓어지고, 어리석기만 했던 머리가 총명해집니다. 종종 기대하지 못했던 번쩍이는 영감, 또는 아름다운 자연으로 인한 벅찬 감동에 걸음을 멈출 때도 있습니다. 다비드 르 브르통의 저서 『걷기예찬』 서문에는 이런 말이 있습니다.

"내가 원하는 것은 즐거움에로의 초대일 뿐 잘 걷는 방법의 안내는 아니다. 생각에 잠기기도 하고 걷기도 하는 그 고즈넉한 즐거움."

제가 희망한 것은 즐거운 걸음에로의 초대입니다. 함께 걸으며 법에 관한 오래된 이야기들을 나누고 싶었습니다. 이 이야기들이 여러분 스스로 법의 주인이 되고 또한 법을 내 편으로 사용하는 일에 조금이나마 도움이 되었기를 진심으로 바랍니다.

우리 헌법 개정에 대한 여섯 가지 제안

헌법의 핵심은 권력 구조에 대한 규정입니다. 헌법은 중요한 권력 구조를 시민들의 자유가 보장되도록 짜놓았습니다. 권력들이 서로 물고 물리는 톱니바퀴가 되어 스스로 통제되게 한 것입니다. 헌법 조문에 멋진 말로 시민의 자유를 규정해놓아도 권력 제한 장치가 제대로 설계되어 있지 않다면 소용이 없습니다. 권력 제한의 톱니바퀴가 헛돌고 있을 때 과도한 권력은 시민들의 자유 따위는 언제든 무시할 수 있습니다. 그렇다면 우리의 헌법 개정은 권력 구조의 톱니바퀴에 집중되어야 합니다. 이에 초점을 맞추어 중요한 개헌 사항을 열거해보면 다음과 같습니다.

1. 대통령의 중임 허용

대통령의 권력을 제한하는 것 못지않게 대통령이 부여받은 권한을 제대로 사용할 수 있도록 하는 것이 중요합니다. 임기 동안 자신의 신념에 따라 일을 잘할 수 있도록 해주어야 합니다. 현재 우리 헌법은 대통령의 절대적 단임제를 규정하고 있습니다. 재선 가능성이 없으므로 대통령은 임기를 마치면 권력을 잃는 것이 확실합니다. 그 결과 대통령은 취임 후 얼마 되지 않아 힘을 잃게 됩니다. 자신의 정책을 실현할 수 있는 기간은 기껏해야 2~3년입니다. 애초에 단임제로 규정한 것은 독재의 장기 집권을 방지하기 위해서였습니다. 민주주의가 정착되면서 그 장점은 퇴색되고 이제는 정치적 혼란과 분열을 초래하는 제도로 전락했습니다.

권력은 언제고 위험한 괴물로 변할 수 있습니다. 대통령에게 여러 번의 임기를 허용하는 것은 위험합니다. 하지만 한 번 임기를 마친 대통령에게 다시 선거에 참여해 평가받고 위임받을 기회를 주는 것은 이제는 민주주의 작동을 위해서도, 국가 정책의 연속성을 위해서도 필요한 제도입니다.

2. 대통령 선거의 결선 투표제 도입

대통령 선거에 결선 투표제를 도입해야 합니다. 대통령제 국가에서 대통령의 권한은 막강하기에 다수 국민의 지지를 받은 후보에게 그 직위를 부여하는 것이 타당합니다. 현재의 제도에서는 매우 근소한 표 차이로 당선되고, 채 30퍼센트가 안 되는 득표율로 당선되는 경우도 발생합니다. 이 경우 패배한 후보를 지지한 유권자들은 그 결과를 받아들이기 어렵고, 당선자는 자신의 정책을 실현하기 어렵습니다.

유권자들의 투표를 왜곡시키는 문제도 있습니다. 여러 후보 가운데 가장 선호하는 후보에게 투표하는 것이 아니라 자신의 표가 사표가 되지 않도록 투표하는 경향, 즉 당선될 가능성이 있는 최고 유력 후보자에게 투표하는 경향이 생깁니다. 결선 투표제를 도입하면 유권자들의 투표가 왜곡되지 않고, 더 정당성을 확보한 대통령을 선출할 수 있습니다.

3. 대법관과 헌법재판관의 임기 및 정년 연장

우리 대법관과 헌법재판관의 임기는 다른 민주주의 선진국에 비해 지나치게 짧습니다. 최고 법관들의 짧은 임기는 대법원과 헌법재판소의 독립성을 보장해야 하는 측면에서 보면 잘못된 설계입니다. 법의 수호자들은 장기의 임기가 보장될 때 '종신 직분'의 신념을 갖고 당당하게 법을 선언할 수 있습니다.

대법관 등의 짧은 임기는 이들이 새로운 공직에 대한 유혹, 자신의 신분 보장에 대한 불안을 느끼게 합니다. 이로 인해 대법원과 헌법재판소의 독립성을 취약하게 만듭니다. 대법원과 헌법재판소 판단자들의 짧은 임기는 대통령과 정부의 권력에 대한 통제가 제대로 작동하지 못할 위험을 의미합니다.

대법관과 헌법재판관은 우리나라 '법의 상징'입니다. 법의 상징들이 수시로 바뀐다는 것은 법의 신뢰를 저해하는 요인이 됩니다. 법

우리 헌법 개정에 대한 여섯 가지 제안

률의 위헌성, 헌법의 해석 등 중요한 법 해석이 쉽게 변경될 가능성이 높아 법적 안정성 측면에서도 문제가 생깁니다.

이들은 적어도 '강산이 한 번 바뀔 만큼'의 기간 동안 그 자리에서 법을 지켜야 합니다. 대법관과 헌법재판관의 임기는 최소 12년 이상이어야 합니다. 임기를 늘이게 되면 임기 중 정년에 도달할 가능성이 많기 때문에, 이들의 정년은 75세로 연장될 필요가 있습니다.

4. 법원의 재판에 대한 헌법소원 허용

법원의 재판에 대한 헌법소원이 필요합니다. 법원의 독립성은 보장되고 강화되어야 하지만 동시에 법원의 엘리트주의와 관료주의를 경계하고 통제해야 합니다. 두 가지를 동시에 달성할 수 있는 제도가 바로 법원의 재판에 대한 헌법소원 제도입니다.

아직 우리 법원은 헌법과 기본권을 전면적으로 받아들이지 않습니다. 시대에 뒤처지는 법률 해석, 과거의 판례를 답습하는 판단이 남아 있습니다. 법원의 재판이 헌법과 분리되어 형식화되면, 대통령과 정부에 대한 통제 역시 형식화됩니다. 우리 대법원은 헌법재판소의 판단에 의해 견제되고 헌법의 가치로 자극받아야 합니다. 재판에 대한 헌법소원 제도가 도입되면 대통령 등 정치 권력은 사법의 판단을 더욱 존중하게 됩니다.

우리 공동체의 민주적 토론을 위해서도 재판에 대한 헌법소원이 필요합니다. 사법부가 내린 판단이 논란이 되고 일관되지 않을 때 공동체 여론이 갈라지고 패거리 싸움이 벌어집니다. 법원의 판단이 헌법 가치에 일관되게 부합해야 법을 만드는 정치인, 그것을 감시하는 언론과 시민이 헌법의 궤도 위에서 법과 정책에 관한 논의와 토론을 전개할 수 있습니다.

재판 소원이 도입될 경우 대법원이 헌법재판소에 예속될 것, 헌법재판소에 의한 제4심이 될 것을 우려하는 목소리가 있습니다. 하지만 법원의 재판에 대한 헌법소원은 모든 재판에 대한 새로운 소송을 의미하는 것이 아닙니다. 기본권과 헌법을 위반한 중요한 법 해석에 대한 극히 한정된 통제입니다. 일부 재판에 대한 통제를 지렛대로 삼아 사법부 재판의 영점을 재조정하는 제도, 즉 법원의 재판과 법률 해석이 헌법과 기본권 보호의 방향으로 움직이게 하는 제도입니다. 어떤 방법을 통해, 어떤 범위로 한정할 것인지 등은 제도를 설계하는 과정에서 결정할 중요한 문제입니다.

5. 감사원의 독립성 보장

최근 감사원이 집권 세력의 도구로 사용되는 경향이 점차 강화되고 있습니다. 감사원이 대통령의 권력 도구로 사용될 경우에는 권력 분립의 심각한 왜곡 현상이 나타납니다. 일각에서는 감사원을 국회 소속으로 두어야 한다고 주장하지만, 이 경우 감사원이 여야의 영향력 속에 아무 일도 하지 못하는 기구로 전락할 위험성이 있습니다. 국가 권력 구조의 전체적인 설계 속에 감사원의 독립성

우리 헌법 개정에 대한 여섯 가지 제안

을 보장하는 작동 방식에 대한 새로운 연구가 필요합니다.

6. 방송통신위원회의 독립성 보장

방송통신위원회를 헌법에 규정할 필요가 있는 것은 이 기관이 공
영 방송의 독립성 보장, 방송의 자유, 국민의 인격권과 표현의 자
유와 직결되는 기관이기 때문입니다. 현재의 방송통신위원회는
독립성이 무너져 대통령의 의지에 좌우되는 기관으로 전락해 버
렸습니다. 방송통신위원회의 독립성 상실은 감사원의 권력 예속
과 함께 제왕적 대통령제가 만들어지는 원인 중 하나입니다. 방송
통신위원회의 독립성에 대한 규정을 헌법에 둘 필요가 있습니다.

헌법 개정은 정치의 판을 바꾸는 심각한 정치 이슈입니다. 그래서 정치인
은 자신들이 불리할 때면 헌법 개정 논의를 국면 전환 카드로 꺼냅니다.
정당들은 자신들의 유불리를 따져 찬성하고 반대합니다. 논의할 것인가
문제에 대한 갈등만으로 날을 지새웁니다. 하지만 헌법 개정은 정당의 현
재 상황 속의 유불리와 상관이 없습니다. 그것은 미래 권력의 문제이기
때문입니다. 잘못된 헌법으로 우리 권력이 궤도를 이탈하고 있음을 알면
서 논의 자체를 반대하는 것은 여당이든 야당이든 무책임하다고 하지 않
을 수 없습니다.

논의하는 방식도 문제입니다. 커다란 문제라고 커다란 목소리로 해결
되는 것은 아닙니다. 권력 구조를 만들고 고치는 것은 장치를 만드는 문

제이고, 장치를 만들기 위해서라면 구체적이 되어야 합니다. 쪼그리고 앉아서 살피고, 머리를 맞대고 토론해야 하고, 연장을 들고 직접 조립해야 하며, 장치가 제대로 작동하는지 직접 실험도 해보아야 합니다.

민주주의의 선진국에는 항상 위대한 헌법의 아버지들이 있었습니다. 그들의 목소리는 조용합니다. 외모도 폼 나는 정치가와는 거리가 있습니다. 그들은 허리 굽은 작은 거인들입니다. 돋보기를 눈에 달고 조그마하지만 정교한 손으로 손목시계를 만드는 수공업 기술자. 우리가 헌법을 개정하는 일은 이들이 하는 일과 같아야 할 것입니다. 후대가 존경할 위대한 '헌법의 아버지들'을 기다립니다.

우리 헌법 개정에 대한 여섯 가지 제안

법의 주인을 찾습니다

초판 1쇄 발행	2024년 4월 5일

지은이	김진한
펴낸이	김보경

편집개발	김지혜, 하주현
기획마케팅	박소영, 송성준
영업	권순민
디자인	지노디자인 이승욱
제작	한동수

펴낸곳	지와인
출판신고	2018년 10월 11일 제2018-000280호
주소	04026 서울특별시 마포구 양화로1길 29 2층
전화	02-6408-9979
팩스	02-6488-9992
이메일	books@jiwain.co.kr

©	김진한, 2024
ISBN	979-11-91521-31-3 03360